AF243336

CODE

ADMINISTRATIF,

OU

Recueil par ordre alphabétique de matières, de toutes les Lois nouvelles et anciennes, relatives aux fonctions administratives et de police, des Préfets, Sous Préfets, Maires et Adjoints, Commisaires de police, et aux attributions des conseils de Préfecture, de Département, d'Arrondissement Communal et de Municipalité,

JUSQU'AU 1er. JANVIER 1806.

AVEC

Les instructions et décisions des Autorités supérieures, et la solution des principales difficultés, ou des doutes, relatifs à l'exécution des Lois et des Actes du Gouvernement.

Par M. FLEURIGEON,

Chef de Bureau au Ministère de l'intérieur.

DE L'ADMINISTRATION, SECONDE PARTIE.

PARIS

Chez { L'AUTEUR, RUE FRANÇAISE, 7;
GARNERY, RUE DE SEINE, 6;
FANTIN, LIBRAIRE, QUAI DES AUGUSTINS, 55.

DE L'IMPRIMERIE DE VALADE.

1806.

SUITE DE L'ADMINISTRATION.

COURS ET FRAIS JUDICIAIRES.

Sommaire.

Organisation et compétence. — Dénominations des corps de l'ordre judiciaire, de leurs actes et leur forme. — Attributions aux haute-cour impériale, tribunaux spéciaux ou cours de justice criminelle spéciale ; cours de justice criminelle ; tribunaux de première instance et de police correctionnelle ; tribunaux de paix. — Frais de justice. — Taxe, vérification et paiement. — Menus frais des tribunaux de première instance. — Traitemens des juges. *Id.* des juges d'appel. — *Id.* des juges des cours criminelles. — *Id.* de l'île d'Elbe. — *Id.* des cours spéciales. — *Id.* des cours et tribunaux de Paris. — *Id.* des juges de la cour de cassation. — *Id.* des juges de paix et leurs greffiers. — Isle d'Elbe. — Menus frais. — Greffiers des tribunaux de police dans les villes où il y a plusieurs justices de paix. — Officiers de police judiciaire. — Droits. — Greffiers huissiers des cours et tribunaux. — Jurés et témoins. — Indemnités. — Exécuteurs — Traitement et frais. — Frais de procédure en matière criminelle ou de police correctionnelle. — Impression des jugemens.

Cours.

Organisation et compétence.

Acte constitutionel de l'an 8.

60. Chaque arrondissement communal a un ou plusieurs juges de paix, élus immédiatement par les citoyens pour trois années. (*Voyez droits politiques.*)

Leur principale fonction consiste à concilier les parties, qu'ils invitent, dans le cas de non-conciliation, à se faire juger par des arbitres.

61. En matière civile, il y a des tribunaux de première instance et des tribunaux d'appels. La loi détermine l'organisation des uns et des autres, leur compétence, et le territoire formant le ressort de chacun.

62. En matière de délits emportant peine afflictive ou infamante, un premier jury admet ou rejette l'accusation : si elle est admise, un second jury reconnaît le fait ; et les juges, formant un tribunal criminel, appliquent la peine. Leur jugement est sans appel.

63. La fonction d'accusateur public près d'un tribunal criminel, est remplie par le commissaire du Gouvernement.

64. Les délits qui n'emportent pas peine afflictive ou infamante, sont jugés par des tribunaux de police correctionnelle, sauf l'appel aux tribunaux criminels.

65. Il y a pour toute la république, un tribunal de cassation, qui prononce sur les demandes en cassation contre les jugemens en dernier ressort rendus par les tribunaux, sur les demandes en envoi d'un tribunal à un autre pour cause de suspicion légitime ou de sûreté publique ; sur les prises à partie contre un tribunal entier.

66. Le tribunal de cassation ne connaît point du fond des affaires ; mais il casse les jugemens rendus sur des procédures dans lesquelles les formes ont été violées, ou qui contiennent quelque contravention expresse à la loi ; et il renvoie le fond du procès au tribunal qui doit en connaître.

67. Les juges, autres que les juges de paix conservent leurs fonctions toute leur vie, à moins qu'ils ne soient condamnés pour forfaiture, ou qu'ils ne soient pas maintenus sur les listes d'éligibles.

Sénatus-consulte du 16 thermidor an 10.

79. Il y a un grand juge, ministre de la justice.

80. Il a une place distinguée au sénat et au conseil-d'état.

81. Il préside le tribunal de cassation et les tribunaux d'appel quand le Gouvernement le juge convenable.

82. Il a sur les tribunaux, les justices de paix et les membres qui les composent, le droit de les surveiller et de les reprendre.

83. Le tribunal de cassation, présidé par lui, a droit de censure et de discipline sur les tribunaux d'appel et les tribunaux criminels ; il peut, pour cause grave, suspendre les juges de leurs fonctions, les mander près du grand juge, pour y rendre compte de leur conduite.

84. Les tribunaux d'appel ont droit de surveillance sur les tribunaux civils de leur ressort, et les tribunaux civils sur les juges de paix de leur arrondissement.

85. Le commissaire du Gouvernement près le tribunal de

cassation , surveille les commissaires près les tribunaux d'appels et les tribunaux criminels.

Les commissaires près les tribunaux d'appel , surveillent les commissaires près les tribunaux de première instance.

86. Les membres du tribunal de cassation sont nommés par le sénat , sur la présentation du premier consul.

Le premier consul présente trois sujets pour chaque place vacante.

Dénominations.

Sénatus consulte organique du 28 floréal an 12.

134. Les jugemens des cours de justice sont intitulés Arrêts.

135. Les présidens de la cour de cassation , des cours d'appels et de justice criminelle , sont nommés à vie par l'Empereur , et peuvent être choisis hors des cours qu'ils doivent présider.

136. Le tribunal de cassation prend la dénomination de *cour de cassation.*

Les tribunaux d'appel prennent la dénomination de *cours d'appel.*

Les tribunaux criminels , celle de *cours de justice criminelle.*

Le président de la cour de cassation et celui des cours d'appel divisées en sections , prennent le titre de *premier président.*

Les vice-présidens prennent celui de *présidens.*

Les commissaires du Gouvernement près de la cour de cassation , des cours d'appel et des cours de justice criminelle , prenent le titre de *procureurs généraux impériaux.*

Les commissaires du Gouvernement auprès des autres tribunaux prennent le titre de *procureurs impériaux.*

141. Les expéditions exécutoires des jugemens sont rédigées ainsi qu'il suit :

« N. (*le prénom de l'Empereur*), par la gârce de Dieu et les consti-
» tutions de la république , Empereur des français , à tous présens et à
» venir , SALUT.

» La cour de. . . . . . . *ou* le tribunal de. . . . . . . (*si c'est un tribunal de première instance*) a rendu le jugement suivant :
(*Ici copier l'arrêt ou le jugement.*)

» Mandons et ordonnons à tous huissiers sur ce requis, de mettre ledit
» jugement à exécution ; à nos procureurs généraux , et à nos procureurs
» près les tribunaux de première instance , d'y tenir la main , à tous com-
» mandans et officiers de la force publique , de prêter main-forte lorsqu'il
» en seront légalement requis,

« En foi de quoi le présent jugement a été signé par le président de la
» cour *ou* du tribunal, et par le greffier. »,

De la haute-cour impériale.

Sénatus-consulte organique du 28 floréal an 12.

101. Une haute-cour impériale connaît,

1°. Des délits personnels commis par des membres de la
famille impériale, par des titulaires des grandes dignités de
l'Empire, par des ministres et par le secrétaire d'état, par
de grands officiers, par des sénateurs, par des conseillers
d'état.

2°. Des crimes, attentats et complots contre la sureté intérieure et extérieure de l'état, la personne de l'Empereur et
celle l'héritier présomptif de l'Empire ;

3°. Des délits de *responsabilité d'office* commis par les ministres et les conseillers d'état chargés spécialement d'une partie d'administration publique ;

4°. Des prévarications et abus de pouvoir, commis, soit par
des capitaines généraux des colonies, des préfets coloniaux et
commandans des établissemens français hors du continent, soit
par des administrateurs généraux employés extraordinairement, soit par des généraux de terre ou de mer ; sans
préjudice à l'égard de ceux-ci, des poursuites de la juridiction
militaire, dans les cas déterminés par les lois,

5°. Du fait de désobéissance des généraux de terre ou de
mer qui contreviennent à leurs instructions ;

6°. Des concusions et dilapidations dont les préfets de l'intérieur se rendent coupables dans l'exercice de leurs fonctions ;

7°. Des forfaitures ou prises à partie qui peuvent être encourues par une cour d'appel, ou par une cour de justice criminelle, ou par des membres de la cour de cassation ;

8°. Des dénonciations pour cause de détention arbitraire et
de violation de la liberté de la presse.

10. Le siége de la haute cour impériale est dans le sénat.

103. Elle est présidée par l'archi-chancelier de l'Empire.

S'il est malade, absent ou légitimement empêché, elle est présidée par un autre titulaire d'une grande dignité de l'Empire.

104. La haute cour impériale est composée des princes, des
titulaires des grandes dignités et des grands officiers de l'Empire, du grand juge ministre de la justice, de soixante sénateurs, des six présidens des sections du conseil d'état, de qua-

torze conseillers d'état et de ving membres de la cour de cassation.

Les sénateurs, les conseillers d'état et les membres de la cour de cassation, sont appelés par ordre d'ancienneté.

105. Il y a auprès de la haute cour impériale, un procureur général nommé à vie par l'Empereur.

Il exerce le ministère public, étant assisté de trois tribuns, nommés chaque année par le corps législatif, sur une liste de neuf candidats présentés par le tribunat, et de trois magistrats que l'Empereur nomme aussi, chaque année, parmi les officiers des cours d'appel ou de justice criminelle.

106. Il y a auprès de la haute-cour impériale un greffier en chef, nommé à vie par l'Empereur.

107. Le président de la haute-cour impériale ne peut jamais être recusé ; il peut s'abstenir pour des causes légitimes.

108. La haute-cour impériale ne peut agir que sur les poursuites du ministère public, dans le délits commis par ceux que leur qualité rend justiciables de la cour impériale ; s'il y a un plaignant, le ministère public devient necessairement partie jointe et poursuivante, et procède ainsi qu'il est réglé ci-après.

Le ministère public est également partie jointe et poursuivante dans le cas de forfaiture ou de prise à partie.

109. Les magistrats de sûreté et les directeurs de jury sont tenus de s'arrêter, et de renvoyer, dans le délai de huitaine, au procureur général près la haute-cour impériale, toutes les pièces de la procédure, lorsque, dans les délits dont ils poursuivent la réparation, il résulte, soit de la qualité des personnes, soit du titre de l'accusation, soit des circonstances, que le fait est à la compétence de la haute-cour impériale.

Néanmoins les magistrats de sûreté continuent à recueillir les preuves et les traces du délit.

110. Les ministres ou les conseillers chargés d'une partie quelconque d'administration publique, peuvent être dénoncés par le corps législatif, s'ils ont donné des ordres contraires aux constitutions et aux lois de l'Empire.

111. Peuvent être également dénoncés par le corps législatif,

Les capitaines généraux des colonies, les préfets coloniaux, les commandans des établissemens français hors du continent, les administrateurs généraux, lorsqu'ils ont prévariqués ou abusés de leur pouvoir ;

Les généraux de terre ou de mer qui ont désobéi à leurs instructions ;

Les préfets de l'intérieur qui se sont rendus coupables de dilapidation ou de concussion.

112. Le corps législatif dénonce pareillement les ministres ou agens de l'autorité, lorsqu'il y a eu, de la part du sénat, déclaration de *fortes présomptions de détention arbitraire ou de violation de la liberté de la presse.*

113. La dénonciation du corps législatif ne peut être arrêtée que sur la demande du tribunal, ou sur la réclamation de cinquante membres du corps législatif, qui réquièrent un comité secret à l'effet de faire désigner, par la voie du scrutin, dix d'entre eux pour rédiger le projet de dénonciation.

114. Dans l'un et l'autre cas, la demande ou la réclamation doit être faite par écrit, signée par le président et les secrétaires du tribunat, ou par les dix membres du corps législatif.

Si elle est dirigée contre un ministre ou contre un conseiller d'état chargé d'une partie d'administration publique, elle leur est communiquée dans le délai d'un mois.

115. Le ministre ou le conseiller d'état dénoncé ne comparaît point pour y répondre.

L'empereur nomme trois conseillers d'état pour se rendre au corps législatif le jour qui est indiqué, et donner des éclaircissemens sur les faits de la dénonciation.

116. Le corps législatif discute en comité secret les faits compris dans la demande ou dans la réclamation, et il délibère par la voie du scrutin.

117. L'acte de dénonciation doit être circonstancié; signé par le président et par les secrétaires du corps legislatif.

Il est adressé par un message à l'archi-chancelier de l'Empire, qui le transmet au procureur général près la haute-cour impériale.

118. Les prévarications ou abus de pouvoir des capitaines généraux des colonies, des préfets coloniaux, des commandans des établissemens hors du continent, des administrateurs généraux, les faits de désobéissance de la part des généraux de terre ou de mer aux instructions qui leur ont été données, les dilapidations et concusssions des préfets sont aussi données par les ministres, chacun dans ses attributions, aux officiers chargés du ministère public.

Si la dénonciation est faite par le grand juge ministre de la justice, il ne peut point assister ni prendre part aux jugemens qui interviennent sur sa dénonciation.

119. Dans les cas déterminés par les articles 110, 111, 112 et 118, le procureur général informe sous trois jours l'archi-
chancelier

chancelier de l'empire, qu'il y a lieu de réunir la haute-cour impériale.

L'archi-chancelier, après avoir pris les ordres de l'Empereur, fixe dans la huitaine l'ouverture des séances.

120. Dans la première séance de la haute-cour impériale, elle doit juger sa compétence.

121. Lorsqu'il y a dénonciation ou plainte, le procureur général, de concert avec les tribuns et les trois magistrats officiers du parquet, examine s'il y a lieu à poursuites.

La décision lui appartient ; l'un des magistrats du parquet peut être chargé, par le procureur général, de diriger les poursuites.

Si le ministère public estime que la plainte ou la dénonciation ne doit pas être admise, il motive les conclusions sur lesquelles la haute-cour impériale prononce, après avoir entendu le magistrat chargé du rapport.

122. Lorsque les conclusions sont adoptées, la haute-cour impériale termine l'affaire par un jugement définitif.

Lorsqu'elles sont rejetées, le ministère public est tenu de continuer les poursuites.

123. Dans le second des cas prévus par l'article précédent, et aussi lorsque le ministère public estime que la plainte ou la dénonciation doit être admise, il est tenu de dresser l'acte d'accusation dans la huitaine, et de le communiquer au commissaire et au suppléant que l'archi-chancelier de l'empire nomme parmi les juges de la cour de cassation qui sont membres de la haute-cour impériale. Les fonctions de ce commissaire, et, à son défaut, du suppléant, consistent à faire l'instruction et le rapport.

124. Le rapporteur ou son suppléant soumet l'acte d'accusation à douze commissaires de la haute-cour impériale, choisis par l'archi-chancelier de l'empire, six parmi les sénateurs, et six parmi les autres membres de la haute-cour impériale. Les membres choisis ne concourent point au jugement de la haute-cour impériale.

125. Si les douze commissaires jugent qu'il y a lieu à accusation, le commissaire rapporteur rend une ordonnance conforme, décerne les mandats d'arrêt et procède à l'instruction.

126. Si les commissaires estiment au contraire qu'il n'y a pas lieu à accusation, il en est référé par le rapporteur à la haute-cour impériale, qui prononce définitivement.

127. La haute-cour impériale ne peut juger à moins de soixante membres. Dix de la totalité des membres qui sont

appelés à la composer, peuvent être récusés sans motifs déterminés par l'accusé, et dix par la partie publique. L'arrêt est
rendu à la majorité absolue des voix.

128. Les débats et le jugement ont lieu en public.

129. Les accusés ont des défenseurs : s'ils n'en présentent
point, l'archi-chancelier de l'Empire leur en donne d'office.

130. La haute-cour impériale ne peut prononcer que des
peines portées par le code pénal.

Elle prononce, s'il y a lieu, la condamnation aux dommages
et intérêts civils.

131. Lorsqu'elle acquitte, elle peut mettre ceux qui sont absous, sous la surveillance ou à la disposition de la haute police de l'état, pour le temps qu'elle détermine.

132. Les arrêts rendus par la haute-cour impériale ne sont
soumis à aucun recours;

Ceux qui prononcent une condamnation à une peine afflictive
ou infamante, ne peuvent être exécutés que lorsqu'ils ont été
signés par l'Empereur.

133. Un sénatus-consulte particulier contient le surplus des
dispositions relatives à l'organisation et à l'action de la haute-
cour impériale.

Cours judiciaires et criminelles ; compétence.

Établissement des tribunaux spéciaux.

Loi du 18 pluviose an 9. (B. 68.)

Formation et organisation du tribunal.

1. Il sera établi dans les départemens ou le Gouvernement
le jugera nécessaire, un tribunal spécial, pour la répression
des crimes ci-après spécifiés.

2. Ce tribunal sera composé du président et des deux juges
du tribunal criminel, de trois militaires ayant au moins le
grade de capitaine, et de deux citoyens ayant les qualités requises pour être juges : ces derniers, ainsi que les trois militaires, seront désignés par le premier consul.

3. Le commissaire du Gouvernement près le tribunal criminel, et le greffier du même tribunal, rempliront leurs fonctions respectives de commissaire du Gouvernement et de greffier près le tribunal spécial.

4. Dans le cas où le Gouvernement jugera nécessaire d'établir un tribunal criminel spécial dans le département de la Seine, les trois juges qui, par l'art. 2, doivent être pris dans le tribunal criminel, seront choisis par le Gouvernement dans les deux sections dont il est composé.

Le Gouvernement pourra, dans ce même cas, établir un commissaire autre que celui du tribunal criminel.

5. Le tribunal spécial ne pourra juger qu'en nombre pair, à huit ou six au moins : s'il se trouve sept juges à l'audience, le dernier, dans l'ordre déterminé par l'art. 2, s'abstiendra.

Compétence.

6. Le tribunal spécial connaîtra des crimes et délits emportant peine afflictive ou infamante, commis par des vagabonds et gens sans aveu, et par les condamnés à peine afflictive, si lesdits crimes et délits ont été commis depuis l'évasion desdits condamnés, pendant la durée de la peine, et même avant leur réhabilitation civique.

7. Il connaîtra aussi du fait de vagabondage, et de l'évasion des condamnés.

8. Le tribunal connaîtra, contre toutes personnes, des vols sur les grandes routes, violences, voies de fait, et autres circonstances aggravantes du délit.

9. Il connaîtra aussi, contre toutes personnes, des vols dans les campagnes et dans les habitations et bâtimens de campagne, lorsqu'il y aura effraction faite aux murs de clôture, au toit des maisons, portes et fenêtres extérieures, ou lorsque le crime aura été commis avec port d'armes et par une réunion de deux personnes au moins.

10. Il connaîtra de même, contre toutes personnes, mais concurremment avec le tribunal ordinaire, des assassinats prémédités.

11. Il connaîtra également, contre toutes personnes, mais exclusivement à tous autres juges, du crime d'incendie et de fausse monnaie; des assassinats préparés par des attroupemens armés; des menaces, excès et voies de fait exercés contre des acquéreurs de biens nationaux, à raison de leurs acquisitions; du crime d'embauchage, et de machinations pratiquées hors l'armée, et par des individus non militaires, pour corrompre ou suborner les gens de guerre, les réquisitionnaires et conscrits.

12. Il connaîtra des rassemblemens séditieux, contre les

personnes surprises en flagrant délit dans lesdits rassemblemens.

13. Si, après le procès commencé pour un des crimes ci-
dessus mentionnés, l'accusé est inculpé sur d'autres faits, le
tribunal spécial instruira et jugera, quelle que soit la nature
de ces faits.

14. Il n'est point dérogé aux lois relatives aux émigrés :
ne pourra néanmoins le tribunal spécial suspendre l'instruction et le jugement des procès de sa compétence, quand même
il y aurait des prévenus d'émigration dans le nombre des
accusés.

Poursuite, instruction et jugement.

15. Tous les crimes attribués par le titre 2 au tribunal spécial, seront poursuivis d'office et sans délai par le commissaire du Gouvernement, encore qu'il n'y ait pas de partie
plaignante.

16. Les plaintes pourront être reçues indistinctement par
le commissaire du Gouvernement, par ses substituts, par les
officiers de gendarmerie ou de police qui seront en tournée,
ou résidant dans le lieu du délit.

Elles seront signées par l'officier qui les recevra : elle le
seront aussi par le plaignant ou par un procureur spécial ; et
si le plaignant ne sait ou ne peut signer, il en sera fait mention.

17. Tous officiers de gendarmerie et tous autres officiers de
police qui auront connaissance d'un crime, seront tenus de se
transporter aussitôt par-tout où besoin sera ; de dresser sur-
le-champ, et sans déplacer, procès-verbal détaillé des circonstances du délit, et de tout ce qui pourra servir pour la décharge ou conviction, et de décerner tous mandats d'amener
selon l'exigence des cas.

18. Les procès-verbaux seront envoyés ou remis, dans les
vingt-quatre heures, au greffe du tribunal, ensemble les armes, meubles, hardes et papiers qui pourront servir à la
preuve ; et le tout fera partie du procès.

19. S'il y a des personnes blessées, elles pourront se faire vi-
siter par médecins et chirurgiens qui affirmeront leur rapport
véritable ; et ce rapport sera joint au procès.

Le tribunal pourra néanmois ordonner de nouvelles visites
par des experts nommés d'office, lesquels prêteront serment,
entre les mains du président, ou de tel autre juge par lui commis, de remplir fidèlement leur mission.

20. Tous officiers de gendarmerie, tous officiers de police, tous fonctionnaires publics, seront tenus d'arrêter ou faire arrêter les personnes surprises en flagrant délit, ou désignées par la clameur publique.

21. Tous officiers de gendarmerie ou de police seront tenus, en arrêtant un accusé, de faire inventaire des effets et papiers dont cet accusé se trouvera saisi, en présence de deux citoyens domiciliés dans le lieu le plus proche de celui de la capture, lesquels, ainsi que l'accusé, signeront l'inventaire, sinon déclareront la cause de leur refus, dont il sera fait mention, pour être le tout remis, dans trois jours au plus tard, au greffe du tribunal.

Il sera laissé à l'accusé copie dudit inventaire, ainsi que du procès-verbal de capture.

22. A l'instant même de la capture, l'accusé sera conduit dans les prisons du lieu, s'il y en a, sinon aux plus prochaines, et, dans trois jours au plus tard, à celles du tribunal.

Les officiers de gendarmerie et de police ne pourront tenir l'accusé en chartre privée dans leurs maisons ou ailleurs.

23. Vingt-quatre heures après l'arrivée de l'accusé dans les prisons du tribunal, il sera interrogé : les témoins seront entendus séparément, et hors de la présence de l'accusé; le tout, par un juge commis par le président.

24. Sur le vu de la plainte, des pièces y jointes, des interrogatoires et réponses, des informations, et le commissaire du Gouvernement entendu, le tribunal jugera sa compétence sans appel : s'il déclare ne pouvoir connaître du délit, il renverra, sans retard, l'accusé et tous les actes du procès par-devant qui de droit; dans le cas contraire, il procédera, également sans délai, à l'instruction et au jugement du fond.

25. Le jugement de compétence sera signifié à l'accusé dans les vingt-quatre heures; le commissaire du Gouvernement adressera, dans le même délai, expédition du jugement au ministre de la justice, pour être le tout transmis au tribunal de cassation.

26. La section criminelle du tribunal de cassation prendra connaissance de tous jugemens de compétence rendus par le tribunal spécial, et y statuera, toutes autres affaires cessantes.

27. Ce recours ne pourra, dans aucun cas, suspendre l'instruction ni le jugement; il sera seulement sursis à toute exécution, jusqu'à ce qu'il ait été statué par le tribunal de cassation.

28. Après le jugement de compétence, nonobstant le re-

cours au tribunal de cassation et sans y préjudicier, l'accusé sera traduit à l'audience publique du tribunal. Là, et en présence des témoins, lecture sera donnée de l'acte d'accusation dressé par le commissaire du Gouvernement : les témoins seront ensuite successivement appelés. Le commissaire du Gouvernement donnera ses conclusions ; après lui, l'accusé ou son défenseur sera entendu.

29. Le débat étant terminé, le tribunal jugera le fond en dernier ressort et sans recours en cassation.

Les vols de la nature de ceux dont il est parlé dans les articles 8 et 9, seront punis de mort. Les menaces, excès et voies de fait exercés contre les acquéreurs de biens nationaux, seront punis de la peine d'emprisonnement ; laquelle peine ne pourra excéder trois ans, ni être au-dessous de six mois, sans préjudice de plus forte peine en cas de circonstances aggravantes.

Quant aux autres délits spécifiés dans le titre 2, le tribunal se conformera aux dispositions du code pénal du 25 septembre 1791.

30. A compter du jour de la publication de la présente loi, tous les détenus pour crimes de la nature de ceux mentionnés dans le titre 2, seront jugés par le tribunal spécial : en conséquence, il est enjoint à tous juges de les y renvoyer, avec les pièces, actes et procédures déjà commencées ; et néanmoins, en cas de condamnation, on n'appliquera aux crimes antérieurs à la présente loi, que les peines portées contre ces délits par le code pénal.

31. Le tribunal spécial demeurera révoqué de plein droit, deux ans après la paix générale.

Loi du 23 floréal an 10. (B. 190.)

1. Cet article rétablit la peine de la flétrissure dans le cas de la récidive d'un crime emportant peine afflictive.

2. La connaissance de la contrefaçon ou altération des effets publics, du sceau de l'état, du timbre national, du poinçon servant à marquer l'or et l'argent, des marques apposées au nom du Gouvernement sur toute espèce de marchandises, et, en général, la connaissance de tout crime de faux en écritures publiques ou privées, ou d'emploi fait d'une pièce qu'on savait être fausse, appartiendra à un *tribunal spécial* composé de six juges, qui devront concourir nécessairement au jugement,

3. Les présidens et deux juges de chacun des tribunaux criminel et civil forment le tribunal spécial.

S'il n'y a pas de tribunal de première instance, la cour criminelle se complète en appelant des hommes de loi pris parmi ceux que l'Empereur a désignés à cet effet.

4. Dans les départemens où il n'y a pas de tribunaux spéciaux institués en exécution de la loi du 18 pluviose an 9, le tribunal mentionné aux articles 2 et 3 ci-dessus, connaîtra, en outre, 1°. du crime de fausse monnaie; 2°. du crime d'incendie de granges, meules de blé et autres dépôts de grains.

5. Mode de poursuite conforme à celui prescrit par le titre 3 de la loi du 18 pluviose an 9.

6. La flétrissure a lieu pour la première fois que l'on a commis un des crimes spécifiés dans cette loi.

7. Cette loi ne doit durer que le temps que doit être exécutée celle du 18 pluviose an 9.

Loi du 19 pluviose an 13. (B. 32.)

Art. 1er. Dans les cas prévus par les articles 2, 3, 4, 5, 6, 8, 9 et 10 du titre 1er. de la 4e. section de la seconde partie du code pénal, les violences et voies de fait exercées avec armes, ou par deux ou plusieurs personnes, même sans armes, contre la gendarmerie dans l'exercice de ses fonctions, et contre toute autre force armée agissant sur la réquisition d'une autorité compétente, seront jugées exclusivement par les cours de justice criminelle spéciale, créées par la loi du 23 floréal an 10.

2. Le délit sera réputé commis avec armes, lorsqu'il aura été fait avec fusils, pistolets et autres armes à feu, sabres, épées, poignards, massues, et généralement avec tous instrumens tranchans, perçans ou contondans.

Ne seront réputés armes les cannes ordinaires sans dard ni ferrement, ni les couteaux fermans et servant habituellement aux usages ordinaires de la vie.

3. La poursuite, l'instruction et le jugement auront lieu ainsi qu'il est prescrit par l'article 5 de la même loi.

4. Tous ceux qui, à l'époque de la présente loi, se trouveront être prévenus du crime ci-dessus mentionné, et sur la prévention desquels un jury d'accusation n'aurait pas encore statué, seront renvoyés sans délai, avec les pièces, actes et procédure, devant les cours de justice criminelle spéciale qui devront en connaître.

Cours criminelles.

Elles connaissent de tous les délits qui emportent peine afflictive ou infamante, sauf les attributions données aux cours spéciales créées momentanément. (*Acte constitutionnel de l'an 8, et loi du 3 brumaire an 4.*)

Tribunaux de première instance et correctionnels.

Loi du 16 — 24 août 1790.

Tit. 4. Les juges de première instance connaissent de toutes les affaires personnelles, réelles et mixtes en toutes matières, excepté seulement celles qui ont été déclarées être de la compétence des juges de paix, et celles de commerce dans les arrondissemens où il y a des tribunaux de commerce.

Ils jugent en dernier ressort jusqu'à 1000 fr. de principal, les affaires personnelles et mobiliaires, et celles réelles, dont l'objet est de 50 fr. de revenu déterminé, soit en rente, soit par prix de bail.

Ils sont en même tems tribunaux de police correctionnelle en vertu de la loi du 27 ventose an 8. (B. 15.)

Les *tribunaux correctionnels* connaissent de tous les délits dont la peine n'est ni infamante ni afflictive, et néanmoins excède la valeur de trois journées de travail, ou de trois jours d'emprisonnement. (*Loi du 3 brumaire an 4. B. 204.*)

Ils renvoient aussi hors du territoire français tout étranger prévenu d'un crime qui emporte peine afflictive ou infamante, commis hors du territoire de l'Empire, avec défense d'y rentrer jusqu'à ce qu'il se soit justifié devant les tribunaux compétens. (*Art. 13 de la loi ci-dessus.*)

Tribunaux de paix.

Loi du 16 — 24 août 1790.

Tit. 3. Le juge de paix connaît de toutes les causes purement personnelles et mobiliaires, sans appel, jusqu'à la valeur de 5o fr. , et à charge d'appel , jusqu'à la valeur de 1oo fr.

Il connaît aussi sans appel jusqu'à la valeur de 5o fr. , et à charge d'appel , à quelque valeur que la demande puisse monter.

1°. Des actions pour dommages faits , soit par les hommes , soit par les animaux , aux champs , fruits et récoltes.

2°. Des déplacemens de bornes , des usurpations de terres , arbres , haies , fossés et autres clôtures , *commis dans l'année ;* des entreprises sur les cours d'eau servant à l'arrosement des prés , commises pareillement *dans l'année* , et de toutes autres actions possessoires.

3°. Des réparations locatives des maisons et fermes.

4°. Des indemnités prétendues par le fermier ou locataire , pour non jouissance , lorsque le droit de l'indemnité ne sera pas contesté , et des dégradations alléguées par le propriétaire.

5°. Du paiement des salaires des gens de travail , des gages des domestiques et de l'exécution des engagemens respectifs des maîtres et de leurs domestiques ou gens de travail.

6°. Des actions pour injures verbales , rixes et voies de fait , pour lesquelles les parties ne se seront point pourvues par la voie criminelle.

Il appose les scellés dans tous les cas où ils sont nécessaires et il les lève , mais il ne connaît pas des contestations qui peuvent naître à l'occasion de leur reconnaissance.

Il reçoit les délibérations de famille , pour la nomination des tuteurs , des curateurs aux absens et aux enfans à naître , et pour l'émancipation et la curatelle des mineurs , et toutes autres relatives à ces objets , ainsi que le serment des tuteurs et des curateurs. Il ne connaît pas du contentieux né à ce sujet.

Voyez pour ce qui concerne la police municipale , au livre de la police.

Frais de justice.

Les frais auxquels donne lieu l'exercice de la justice criminelle , embrassent les objets suivans ; savoir :

1°. Ceux de perquisition , capture et traduction des accusés dans les prisons ;

2°. La dépense de ces prisonniers , tant en santé qu'en maladie ,

3°. Les descentes des officiers de justice sur les lieux, pour constater les délits ;

4°. Les salaires des huissiers chargés des exploits et significations ;

5°. Les salaires des témoins appelés en déposition.

6°. Les salaires des greffiers pour les grosses qu'ils expédient, et le remboursement du papier qu'ils emploient ;

7°. Les honoraires des gradués appelés aux jugemens, à défaut de juges en nombre suffisant ;

8°. Les honoraires des experts, médecins, chirurgiens et sages-femmes, appelés pour prêter leur ministère ;

9°. Les frais de translation des prisonniers, pour être jugés sur l'appel ;

10°. Ceux des adjoints et conseils des accusés, institués par la nouvelle procédure criminelle, s'ils requièrent le paiement de leurs honoraires sur le trésor public.

Loi du 20 — 27 septembre 1790.

Les frais de poursuites criminelles faites à la requête (*des procureurs impériaux, ou des commissaires du gouvernement*), ou d'office, sont à la charge du trésor public ; en conséquence, les receveurs des domaines et droits d'enregistrement continueront provisoirement à fournir les deniers nécessaires auxdites poursuites sur les taxes faites aux témoins par les juges, et sur les exécutoires par eux décernés, *après néanmoins que les administrations de département les auront vérifiés et visés.*

Arrêté du 27 floréal an 8. (B. 27.)

Pour le paiement des dépenses judiciaires, réglées par les lois et les arrêtés du Gouvernement, le préfet de chaque département délivre, sur le receveur-général, d'après les états de distribution qui lui sont adressés par le ministre de la justice, les mandats nécessaires.

Le receveur-général acquitte les dépenses relatives à la sous-préfecture du chef lieu, et les receveurs particuliers celles qui concernent les autres arrondissemens communaux.

Les préfets des départemens dans lesquels il n'y a pas de tribunal d'appel, font verser de mois en mois, par le receveur-général de leurs départemens respectifs, dans la caisse du receveur-général du département où est établi le tribunal d'appel, la somme à laquelle est fixe le contingent desdits départemens dans les dépenses de ce tribunal.

Arrêté du directoire exécutif, concernant la taxe, la vérification et l'acquit des frais de justice. Du 6 messidor an 6.
(B. 207.)

Le directoire exécutif, après avoir entendu le ministre de la justice, et vu la loi du 22 frimaire dernier, qui met des fonds à la disposition de ce ministre pour l'acquit des frais de justice pendant le cours de l'an 7 ; celle du 27 septembre 1790, qui porte que les frais de poursuites criminelles faites à la requête des commissaires du directoire exécutif ou d'office, sont à la charge du trésor public, et qu'en conséquence les receveurs des domaines continueront provisoirement de fournir les deniers nécessaires auxdites poursuites, sur les taxes faites aux témoins par les juges, et sur les exécutoires par eux décernés, après néanmoins que les directoires de département les auront vérifiés et visés dans la même forme que le faisaient ci-devant les commissaires départis ; l'art. 32 de la loi du 6 mars 1791, qui ordonne par provision, et en attendant qu'il ait été fait un nouveau tarif, que les droits des officiers ministériels ne seront perçus, même dans les affaires d'appel, qu'eu égard aux tarifs établis dans chaque lieu pour les affaires de première instance ; ou qu'à défaut de tarifs locaux, on prenne pour base ceux qui étaient suivis dans la juridiction ci-devant royale la plus voisine ; l'article 33 de la même loi, qui défend, à peine de concussion et de responsabilité personnelle de la part des juges-taxateurs, d'allouer d'autres ou de plus forts émolumens que ceux qui sont déterminés par les réglemens ; la loi du 26 novembre 1792, où il est dit que les huissiers des tribunaux criminels seront payés pour les actes de leur ministère, comme les huissiers des tribunaux civils ; l'article 37 de celle du 19 vendémiaire an 4, qui circonscrit la compétence des huissiers des juges de paix dans les bornes du ressort de la juridiction à laquelle ils sont attachés ; et celle des autres huissiers, à l'étendue du département où ils sont domiciliés ; la déclaration du 12 juillet 1687, et les arrêts du conseil des 24 octobre 1694 et 12 août 1732, qui veulent que le salaire des témoins, les frais de conduite de prisonniers, et autres dépenses urgentes et nécessaires, soient acquittés sur la simple taxe des juges, qui sont tenus en outre d'arrêter tous les mois, et au plus tard tous les trois mois en présence du magistrat chargé du ministère public, les états des sommes ainsi payées, sur la représentation qui doit leur en être faite par les receveurs du domaine, et de leur en délivrer exécutoires pour être visés dans la forme prescrite; les lois des 16 août 1793 et 6 ventose an 5, qui comprennent dans cette même classe les indemnités accordées aux jurés d'accusation et de jugement qui se déplacent; la loi du 30 nivose an 5; sur les droits d'expédition des greffiers criminels, correctionnels et de police; vu enfin la déclaration du 26 juin 1745 et le tarif y annexé, qui était généralement suivi dans tous les lieux où il n'y en avait point de particuliers, et doit l'être encore sauf les modifications que comporte la constitution; ensemble les autres lois et réglemens, tant anciens que nouveaux, relatifs à la taxe, ainsi qu'à la vérification et à l'acquit des frais de justice;

Considérant qu'il est essentiel de prendre des mesures qui, en assurant l'activité des poursuites, régularisent l'emploi des fonds mis à la disposition du ministre de la justice pour le paiement des frais qui en résultent, et répriment les abus qui, en s'introduisant dans leur taxe, surchargent le trésor public de dépenses illégales ou frustratoires,

Arrête ce qui suit:

1er. Le ministre de la justice ouvrira en masse, aux régisseurs des droits d'enregistrement et du domaine national, le crédit sur le trésor public, de la totalité des sommes mises annuellement à sa disposition pour l'acquit des frais de justice.

2. Les régisseurs des droits d'enregistrement et du domaine national continueront de faire payer par leurs préposés dans les diverses communes de la république, jusqu'à concurrence de ces sommes, et dans la forme déterminée par la loi du 27 septembre 1790, les frais de poursuites faites d'office, ou à la requête du ministère public, dans les affaires criminelles, correctionnelles et de police, lorsqu'il n'y aura point de partie civile, ou qu'un plaignant ne sera point réputé partie civile pour avoir refusé de signer la plainte ou pour s'en être désisté dans les vingt-quatre heures.

3. Au cas que la partie civile ou plaignante justifie de son indigence par un certificat authentique de la municipalité où elle réside, les frais de poursuites seront provisoirement avancés par le domaine; sauf la répétition qui en sera faite dans la forme indiquée par les articles 30, 31 et 32 ci-après, à la diligence des préposés de la régie, et à la requête des commissaires du directoire exécutif près les tribunaux, soit contre cette partie civile ou plaignante, si par la suite elle devient solvable, soit contre le prévenu ou l'accusé, si c'est lui qui succombe.

4. Les préposés de l'enregistrement ne feront le paiement de ces frais, que sur le *visa* ou l'ordonnance des administrations départementales.

5. Néanmoins, les taxes de témoins, l'indemnité des jurés qui se déplacent, les frais de translation et de nourriture des prévenus ou accusés, en route, ainsi que les autres dépenses urgentes spécifiées par les lois et les réglemens, seront acquittés sur les simples mandats ou taxes des juges; sauf par les préposés qui auront fait de semblables paiemens; à les réunir en un seul état à la fin de chaque trimestre, pour être ledit état déclaré exécutoire par les tribunaux respectifs, et visé par l'administration départementale.

6. Les témoins à décharge ne seront salariés sur la caisse du domaine, qu'autant qu'ils auront été assignés à la requête du ministère public, et d'après l'ordonnance expresse du président du tribunal criminel, s'il reconnaît que leurs dépositions soient essentielles ou utiles à la manifestation de la vérité.

7. Il ne sera accordé aux témoins que la taxe comprise aux tarifs qui ont dû être arrêtés par les administrations départementales en exécution de l'article 15 du titre 6 de la loi du 29 septembre 1791; et aux jurés, que l'indemnité fixée par les lois des 16 août 1793, et 6 ventose an 5.

8. Les taxes de témoins et de jurés seront apposées au bas des actes de citation et de convocation. Les exécutoires seront délivrés à la suite des mémoires, au détail des frais, dont la taxe sera faite en marge de chaque article.

9. Les exécutoires seront décernés en présence et revêtus de la signature du commissaire du directoire exécutif, ou de son substitut près le tribunal.

10. Dans toutes les taxes et les exécutoires dont le paiement sera assigné sur les caisses de l'enregistrement, il sera fait mention qu'il n'y a point de partie civile ou plaignante en cause, ou qu'elle a justifié de son indigence par un certificat authentique de sa municipalité.

11. Toutes les fois qu'il y aura partie civile ou plaignante en cause, les taxes et exécutoires seront délivrés directement contre elle, même pour les frais de poursuites faites par le ministère public seul, et sans la participation de cette partie civile ou plaignante; à la réserve de l'indemnité des jurés, qui, dans tous les cas, est une charge publique.

12. Jusqu'à ce qu'il ait été fait par le corps législatif un tarif des droits d'officiers ministériels, les juges de paix suivront, en matière de police judiciaire, pour les taxes qu'il y aura lieu d'accorder aux greffiers et aux huissiers de leurs siéges, les dispositions des articles 2 et 3 titre 9 du décret des 14 et 18 octobre 1790, et 6 de la loi du 6 mars 1791 : à l'égard des actes de procédures suivies devant les tribunaux criminels et correction-

nels, les juges-taxateurs se conformeront à l'article 32 de la même loi du 6 mars 1791, et à la loi du 26 novembre 1792.

13. La loi du 30 nivose an 5, sur les expéditions, copies et extraits à délivrer par les greffiers des tribunaux criminels, correctionnels et de police, sera, au surplus, exécutée selon sa forme et teneur, ainsi que l'arrêté pris en conséquence par le directoire exécutif le 12 germinal suivant.

14. Il ne sera point alloué de frais de voyage aux huissiers des juges de paix hors de l'arrondissement de la juridiction à laquelle ils sont attachés, et, à tous autres huissiers, hors de l'étendue du département où ils ont leur résidence, quand bien même ils auraient instrumenté en vertu de commission ou de *pareatis.*

15. Dans tous les départemens où il n'existe point de réglemens ou d'usages locaux de notoriété contraires, les frais de voyage des huissiers ne seront taxés par lieue, qu'autant que la distance ne sera pas de cinq lieues de poste pour aller et autant pour revenir. A ce terme, et au-delà, leurs frais de transport seront réglés par journée.

16. Il ne leur sera passé qu'un seul droit par journée, quels que soient le nombre et la qualité des actes qu'ils auront faits, des affaires dans lesquelles ils auront instrumenté, et des lieux où ils se seront transportés dans cette même journée. Il ne pourra non plus leur être alloué que les journées strictement nécessaires pour l'expédition des différens actes dont ils auront été chargés, quel que soit d'ailleurs le temps qu'ils prétendraient y avoir employé.

17. Outre le droit de transport, ils ne pourront réclamer que le remboursement des droits de timbre et d'enregistrement dont ils auraient été dans le cas de faire l'avance, et le salaire du scribe pour les copies de pièces qu'ils sont tenus de délivrer aux parties : ces copies seront écrites en minute et en caractères lisibles.

18. Ils désigneront, à chaque article de leurs mémoires, l'affaire où ils auront instrumenté, la date et le nombre des significations, les personnes à qui elles auront été faites, les lieux où ils se seront transportés, et leur distance de celui de leur résidence.

19. Ils n'auront aucun droit de vacation ou de journée, et sous quelqu'autre dénomination que ce soit, pour assistance aux audiences, aux actes de l'instruction, et à toutes les opérations quelconques qui ont trait au service intérieur des tribunaux criminels, correctionnels ou de police.

20. Tout huissier qui refusera de faire le service intérieur des tribunaux, et d'instrumenter dans les procès suivis d'office ou à la requête du ministère public, sera destitué ou interdit, conformément aux lois, sans préjudice des dommages et intérêts, s'il y échet, et des autres peines qu'il aura encourues.

21. Le salaire des recors ou assistans, dans le cas où la loi les prescrit ou les autorise, sera passé en taxe ; mais les sommes portées dans les réglemens à titre de main-forte, seront retranchées du prix des mises à exécution des mandats d'amener et d'arrêt, des ordonnances de prise-de-corps, et des jugemens de condamnation, attendu que cette main-forte doit être aujourd'hui prêtée gratuitement.

22. A moins de circonstances extraordinaires et d'ordres supérieurs, la translation des prévenus et des accusés, ainsi que celles des pièces de leurs procès, sera faite de brigade en brigade.

23. Il ne sera alloué sur les caisses du domaine aucune somme pour notifications faites par les gendarmes nationaux, non plus que pour escorte et déplacement à cet effet, la loi y ayant pourvu d'une autre manière.

Seulement les gardes nationaux non soldés, qui auront été légalement requis de se transporter hors de leur résidence pour l'exécution des actes et mandemens de justice, obtiendront, chacun sur la demande qu'il en fera individuellement, l'indemnité de leurs frais de déplacement, laquelle ne pourra être que celle déterminée par les réglemens, pour capture ou escorte de prévenus, ou à titre de main-forte ; et l'original ou copie en forme de la réquisition en vertu de laquelle ils se seront déplacés, sera annexé à ladite taxe.

Le tout sans préjudice des primes accordées par les lois, tant aux gendarmes nationaux qu'à tous autres qui auraient coopéré à l'arrestation des émigrés, assassins, brigands et malfaiteurs désignés dans ces lois.

24. Les exécutoires et mémoires de frais qui ne seront pas présentés au visa dans l'année où les frais auront été faits, deviendront surannés, à moins que les parties prenantes ne prouvent que les retards proviennent de causes qui ne peuvent leur être imputées à fait personnel.

25. Les administrations centrales ne pourront, sous leur responsabilité, accorder leur visa et l'ordonnance de paiement pour aucune partie de ces dépenses, qu'après s'être assurées que les demandes sont légitimes, et que les prix sont conformes aux lois et aux réglemens.

26. Les administrations centrales formeront, à la fin de chaque trimestre, des états généraux des frais de justice qu'elles auront ordonnancés dans le courant de ce même trimestre : elles y comprendront les exécutoires qu'elles auront visés, suivant l'ordre de numéros où ils auront été portés sur les registres particuliers qu'elles tiendront à cet égard ; et elles adresseront au ministre de la justice ces états généraux, avec l'un des doubles sur papier libre, qu'elles se seront fait remettre par les parties prenantes, des pièces au soutien des articles, et sur chacune desquelles sera répété le numéro correspondant à l'article.

27. Les préposés de la régie ne remettront plus pour comptant aux receveurs généraux, ainsi qu'ils le faisaient, les originaux des pièces justificatives des paiemens qu'ils auront faits de ces dépenses : ils les enverront, à la fin de chaque trimestre, aux régisseurs des droits d'enregistrement, avec des états généraux où les articles seront rangés dans l'ordre des numéros qui leur auront été donnés par les adminitrations centrales, même ceux pour lesquels les parties prenantes ne se seraient point encore présentées, en y faisant seulement cette mention ; sauf à les porter en tête de l'état général qui sera formé postérieurement à leur acquit, et à relater le trimestre auquel ils se rapportent.

28. Le ministre de la justice fera imprimer à cet effet des modèles de ces états généraux, et en adressera un nombre suffisant d'exemplaires tant aux administrations centrales qu'à la régie de l'enregistrement, qui les transmetra à ses préposés.

29. La régie de l'enregistrement rassemblera de suite les états généraux qui lui seront envoyés par ses préposés, et les fera passer au ministre de la justice, avec les pièces au soutien et les observations qu'elle jugera nécessaires.

30. Le ministre de la justice fera procéder à la vérification de tous ces états généraux, et à la confection d'un rôle, par chaque année, des articles ou parties d'article susceptibles d'être répétés ; et ce rôle sera présenté au directoire exécutif, pour être déclaré exécutoire.

31. Il sera fait deux expéditions de ce rôle, dont l'une pour le ministre des finances, et l'autre pour la régie de l'enregistrement, qui en adressera des extraits à ses préposés dans les départemens respectifs, pour en faire le recouvrement contre qui il appartiendra, et dans la forme déterminée pour les amendes et confiscations. La régie rendra compte des sommes recouvrées sur ce rôle, de la même manière que pour ses autres recettes ; et en cas d'insolvabilité des parties dénommées dans

le

le rôle, la régie demeurera déchargée du recouvrement qui les concernerait, en rapportant un certificat de carence de biens, qui sera délivré par l'administration municipale du canton où les redevables seront domiciliés, et qui sera visé par l'administration centrale.

32. Au fur et à mesure qu'il se sera effectué des rentrées, la régie de l'enregistrement en donnera connaissance, avec les détails relatifs aux ministres de la justice et des finances, qui en feront faire mention, en marge de chaque article, sur les expéditions du rôle dont ils seront respectivement dépositaires.

Menus frais des tribunaux de première instance.

Décret du 6 — 27 mars 1791.

37. Il sera provisoirement alloué par an, pour les menus frais de chaque tribunal civil, en papier, registres, bois, lumières et serviteurs on concierges, une somme depuis 300 jusqu'à 800 fr. Cette fixation sera faite par les administrations de département ; dans les communes au-dessus de soixante mille ames, elle peut être portée jusqu'à 1,200 fr. et à Paris, jusqu'à 1,600 fr.

Nota. Ces frais sont définitivement réglés par le Gouvernement.

Traitement des juges de première instance.

Loi du 27 ventose an 8. (B. 15.) et arrêté du 14 fructidor an 10. (B. 211.)

17. Jusqu'à la paix générale, le traitement des juges de première instance est fixé comme il suit :

A 2,400 fr. dans les villes de Bordeaux, Lyon et Marseille,

A 1,800 fr. dans les villes d'Aix-la-Chapelle, d'Anvers, Bruxelles, Cologne, Gand, Liége, Lille, Mayence, Nantes, Rouen et Toulouse ;

A 1,500 fr. dans les villes d'Amiens, Angers, Bruges, Caen, Clèves, Coblentz, Creveld, Bonn, Metz, Montpellier, Nanci, Nîmes, Orléans, Reims, Rennes, Spire, Strasbourg, Trèves et Versailles ;

A 1,200 fr. dans les villes d'Aix, Abbeville, Arras, Avignon, Besançon, Bourges, Brest, Cambray, Clermont (Puy-de-Dôme), Courtrai, Deux-Ponts, Dieppe, Dijon, Dunkerque, Genève, Grenoble, Kaiserslautern, le Havre, la Rochelle, Limoges, Lorient, Louvain, Maestricht, Malines, Mans (le), Mers, Montauban, Namur, Nice, Poitiers, Rochefort, Sarrebruck, Saint-Étienne, Saint-Omer, Toulon, Tournai, Tours, Troyes et Valenciennes;

A 1,000 fr. dans tous les autres départemens.

18. Les présidens ont un supplément de moitié en sus.

Les commissaires du Gouvernement ont le même traitement que les présidens, et leurs substituts, le même que celui des juges.

Traitement des juges d'appel.

Les tribunaux d'appel, composés de vingt à trente juges, se divisent en deux sections.

Ceux composés de 31 juges se divisent en trois sections.

28. Le traitement des juges d'appel est de 2,000 fr. dans les villes d'*Ajaccio*, *Agen*, *Colmar*, *Pau et Riom*;

De 2,400 fr. dans celles d'*Aix*, *Bourges*, *Besançon*, *Douai*, *Dijon*, *Grenoble*, *Limoges*, *Poitiers*.

De 3,000 fr. dans celles d'*Angers*, *Amiens*, *Caën*, *Montpellier*, *Metz*, *Nanci*, *Nîmes*, *Orléans*, *Rennes*, *Trèves*;

De 3,600 francs dans celles de *Bruxelles*, *Liége*, *Rouen*, *Toulouse*;

Et de 4,200 fr. dans celles de *Bordeaux et de Lyon*;

29. Les présidens ont un supplément de moitié en sus; et les vices-présidens un supplément du quart en sus.

Traitement des juges des cours criminelles.

32. Il y a un tribunal criminel dans chaque département.

34. Il est composé d'un président, de deux juges et de deux suppléans.

Le président est choisi tous les ans, par le premier consul, parmi les juges du tribunal d'appel.

37. Jusqu'à la paix générale, le traitement des juges des tribunaux criminels est fixé comme il suit :

A 4,200 fr. dans les villes de Bordeaux et Lyon;

A 3,600 fr. dans celles d'Anvers, Bruxelles, Gand, Liége, Nantes, Rouen et Toulouse;

A 3,000 fr. dans celles d'Angers, Amiens, Bruges, Caen, Montpellier, Metz, Nîmes, Nanci, Orléans, Rennes, Reims, Strasbourg, Versailles;

A 2,400 fr. dans celles d'Aix, d'Aix-la-Chapelle, Bourges, Besançon, Dijon, Douai, Grenoble, Genève, Limoges, Mans (le), Mayence, Mons, Maëstricht, Nice, Namur, Poitiers, Saint-Omer, Troyes, Tours, Toulon;

Et à 2,000 fr. dans les autres villes.

38. Le président du tribunal criminel, outre son traitement de juge d'appel, a pour supplément la moitié du traitement d'un membre du juge du tribunal criminel.

Isle d'Elbe.

Tribunal criminel.

Décret impérial du 22 fructidor an 13.

Composé de trois membres du tribunal civil, de trois militaires ayant au moins le grade de capitaine, et de deux citoyens ayant les qualités requises pour être juge.

A chacun des deux citoyens...................... 500 fr.

Le procureur impérial et le greffier près le tribunal de première instance, exercent les mêmes fonctions près du tribunal criminel.

Tribunal de première instance.

Décret impérial du 22 fructidor an 13.

1. Président..	4,800 fr.
2. Juges..	2,000
2. Suppléans...	
1. Procureur impérial.................................	4,800
1. Greffier...	2,400
Menues dépenses...................................	1,200

Arrêté du 25 vendémiaire an 12. (B. 322.)

5. Les lois et arrêtés sur le mode de paiement de ces dépenses, sur les feuilles d'assistance et l'indemnité des suppléans,

sur les droits de greffe, sur les émolumens et remises attribués aux greffiers, sur leurs cautionnemens et celui des huissiers, seront observées dans toutes celles de leurs dispositions
auxquelles il n'a point été dérogé par l'arrêté du 22 nivose an 11.

L'arrêté du 22 nivose an 11, B. 240, avait organisé différemment les autorités judiciaires dans cette île ; cette partie de l'arrêté est abrogée par le
décret ci-dessus. Il abroge également les dispositions de celui du 25 vendémiaire an 12, relatives aux dépenses de ces tribunaux.

Cours de justice criminelle spéciale.

Arrêté du 5 floréal an 9. (B. 81.)

1. Les deux citoyens appelés à la composition des tribunaux
spéciaux, reçoivent un traitement égal à celui des juges du
tribunal criminel.

2. Les militaires appelés à la composition de ces tribunaux,
dont le traitement est inférieur à celui ci-dessus, reçoivent un
complément proportionnel.

3. Ces traitemens sont acquittés tous les mois par les préposés
de la régie de l'enregistrement, sur les mandats des préfets, et
d'après les états de distribution qui leur en sont adressés par le
ministre de la justice.

Voyez pour les autres dépenses le titre prisons, *partie de la*
police.

P A R I S.

Tribunal de première instance.

41. Il est composé de vingt-quatre juges, et de douze suppléans.

45. Leur traitement est de 3,600 fr. Le président a la moitié
en sus ; les vices-présidens, au nombre de *cinq*, ont le quart
en sus.

Cour d'appel.

47. Elle est composée de trente-trois juges, parmi lesquels sont
choisis le président et deux vice-présidens.

50. Le traitement des juges est de 5,000 fr. Le président a la
moitié en sus ; et les vice-présidens le quart.

Cour criminelle.

52. Elle est composée d'un président, d'un vice-président, choisis parmi les juges du tribunal d'appel, de six juges et de quatre suppléans.

55. Le traitement des juges est de 5,000 fr. Le président a la moitié en sus de son traitement de juge d'appel, et le vice-président le quart.

On trouvera, au titre des conseils-généraux, le total des dépenses judiciaires pour l'an 9.

Cour de cassation.

Ses frais sont payés par le trésor public.

58. Elle est composée de quarante-huit juges, divisés en trois sections.

Elle nomme son président, et les deux autres sections nomment le leur.

71. Le traitement des juges est de............. 10,000 f.
Le président reçoit en sus un supplément de..... 5,000
Les présidens de section, chacun un supplément
de.. 2,000
74. Le greffier reçoit....................... 36,000
75. Le traitement du commis du parquet est de... 2,400
Celui des huissiers de......................... 1,500
Celui du concierge de.......................... 1,000
Celui des garçons de bureau de................. 800

Tribunaux de paix, greffiers et menus frais.

Décret du 6 — 27 mars 1791.

19. Les officiers municipaux sont autorisés à pourvoir économiquement aux menus frais de bois, lumières, papiers et secrétaires de bureaux de paix, qui seront à prendre sur le produit des amendes prononcées sur les appels.

20. Les bureaux de paix exerceront leurs fonctions sans qu'il soit besoin d'aucune installation, et les citations pourront être notifiée par les greffiers des municipalités dans lesquelles les personnes citées auront leur domicile.

39. Les juges des tribunaux de commerce seront installés par les municipalités.

Loi du 26 frimaire an 4. (B. 131.).

4. Les minutes des juges de paix, en matière civile, sont déposées, tous les ans, dans un local de la maison de la municipalité, et les expéditions en sont délivrés par les greffiers de ces juges.

Arrêté du 28 brumaire an 6. (B. 159.)

Les juges de paix veillent à ce que les minutes de leurs actes, en matière civile, soient déposées, dans la première décade de vendémiaire de chaque année, dans le local de la maison de la municipalité désigné par cette autorité.

Ils prennent un reçu de ce dépôt, de la municipalité.

Loi du 8 ventose an 7. (B. 261.).

Le traitement des juges de paix est ainsi fixés : à
Paris.. 2,400 f.
Dans les communes au-dessus de 100,000 habitans. 1,600
Dans celles de 50,000 et au-dessus.............. 1,200
Dans celles de 30,000 et au-dessus............. 1,000
Et dans celles au-dessous de 30,000............ 800

Isle d'Elbe.

Décret impérial du 22 fructidor an 13.

Le traitement des juges de paix sera, à Porto-Longone et à Porto-Ferrajo de........................... 1,200 fr.
La justice de paix établie à Marciana, par l'arrêté du 22 nivôse an 11, est supprimée.

Arrêté du 25 vendémiaire an 12. (B. 328.)

Le traitement du juge de paix de l'isle de Capraja, est de
.... 900 fr.

Cette île est réunie au département du Golo, arrondissement de Bastia, par décret impérial du 9 messidor an 13.

Les *greffiers* auront le tiers de ces traitemens respectifs. (*Loi du 21 prairial an 7. B. 186.*)

Les *menus frais* du bureau de paix et de police municipale, sont fixés à 5o fr. pour chacune des deux premières justices de paix,

Et à 100 fr. pour celle de Capraja.

Dans les autres départemens, l'autorité municipale pourvoit aux menus frais, sur des états approuvés par les préfets. (*Loi du 8 ventose an 7.*).

Greffiers des tribunaux de police dans les villes où il y a plusieurs justices de paix.

Arrêté du 3o fructidor an 10. (B. 216.)

1. Indépendamment des droits d'expédition attribués en matière de police, les greffiers particuliers des tribunaux de police établis dans les villes où il y a plusieurs justices de paix, auront, tant pour traitement fixe que pour subvenir aux frais d'entretien de leur greffe et aux salaires des commis dont ils auraient besoin, les sommes portées dans l'état qui suit.

2. Les traitemens seront acquittés sur les centimes additionnels destinés aux traitemens et dépenses fixes.

3. Il sera payé annuellement, pour menues dépenses de ces tribunaux, les sommes portées en l'état ci-annexé, et sur les fonds réservés aux dépenses variables.

4. Les administrations municipales de chacune de ces villes pourvoiront aux frais de premier établissement, et fourniront un local distinct pour la tenue des audiences et du greffe de ces tribunaux, de manière que leurs minutes ne soient, en aucun cas, confondues avec celles des justices de paix et bureaux de conciliation.

État des sommes à payer pour les tribunaux de police particuliers établis dans les villes où y a plusieurs justices de paix.

TRAITEMENS DES GREFFIERS.		MENUES DÉPENSES.	
A Paris, ci..............	1,800^f	....	900^f
A Lyon, Bordeaux et Marseille, chacun 1,200 f., ci..........	3,600.	{ Pour chaque tribunal, } 400, ci.	1,200.
A Bruxelles, Gand, Toulouse, Nantes, Anvers, Lille, Liège et Rouen, chacun 900 f., ci..............	7,200.	.... 200, ci.	1,600.
A Caen, Nîmes, Montpellier, Rennes, Orléans, Bruges, Angers, Reims, Metz, Clermont, Strasbourg, Versailles et Amiens, chacun 600 f., ci.............	7,800.	.... 100, ci.	1,300.
Et dans les autres villes au nombre de cent trois, chacun à raison de 500 f., ci.....	51,500.	.... 50, ci.	5,150.
Arrêté du 30 messidor an 11. (B. 298.)			
1°. Pour la ville d'Alexandrie, ci........	600.	....	100.
2°. Pour Turin, ci.....	900.	....	200.
3°. Pour Verceil, ci...	500.	....	50.
4°. Pour Mondovi, ci.	500.	....	50.

Officiers de police judiciaire.

Loi du 14 — 26 octobre 1790, titre 9.

2. Il ne peut être exigé des parties ni taxé en dépens que les sommes ci-après, savoir :

Pour chaque notification de citation, ou signification de jugement.. 1 f.

Pour la délivrance d'un jugement définitif....... 1

Pour chacun des jugemens préparatoires, enquêtes ou procès-verbaux de visite délivrés avec le jugement définitif, en cas d'appel........................ 50 c.

Pour la délivrance séparée d'un jugement préparatoire, rendu contre une partie défaillante........ 75

Pour la vacation du greffier assistant le juge de paix, lorsqu'il se transporte sur le lieu............ 1

Pour la vacation des gens de l'art, lorsqu'ils sont appelés par le juge de paix, s'ils ont employé la journée entière, y compris l'aller et le retour...... 3

Et s'ils n'ont employé qu'un demi-jour......... 1 50

Le juge de paix peut augmenter cette dernière taxe, relativement aux gens de l'art d'une capacité distinguée, qu'il se trouve forcé d'appeler.

3. Les notifications des citations aux témoins ou aux gens de l'art, s'ils sont domiciliés dans l'étendue de la même municipalité, sont taxées, pour la première notification.. 1

Et 50 centimes pour chacune des notifications subséquentes faites à des domiciles différens.

Loi du 6 — 27 mars 1791.

6. En cas de transport, l'huissier recevra 70 centimes par lieue en outre du franc pour la citation, sans que ces frais de transport puissent excéder ceux pour deux lieues, le retour compris.

8. Pour apposition de scellés :

Et par vacation de trois heures................. 2

Et pour toutes les suivantes.................... 1

De manière qu'une apposition ne coûte pas plus de... 3

Le greffier a les deux tiers de la somme attribuée au juge de paix.

Ces droits sont de moitié en sus dans les villes au-dessus de 25.000 habitans, et du double à Paris.

Les vacations de reconnaissance et levée de scellés sont payées de même, indépendamment des droits d'expédition du greffe.

Greffiers et huissiers des cours et tribunaux.

Loi du 6 — 27 mars 1791.

32. Par provision, et en attendant qu'il ait été fait un nouveau tarif, les émolumens personnels des greffiers, sur chaque expédition des avoués, sur chaque acte de procédure des huissiers audienciers, pour chaque exploit ou signification, seront des trois quarts des anciens, sans que les greffiers puissent en aucun cas rien percevoir à titre de *parisis*.

Les huissiers ordinaires percevront les mêmes droits que par le passé.

Tous ces droits ne seront perçus sur ce pied, même dans les affaires d'appel, qu'eu égard aux tarifs établis dans chaque lieu pour les affaires de première instance ; et dans les districts (arrondissemens) où il n'y avait pas autrefois de juridiction royale, on prendra pour base le tarif qui était suivi dans la juridiction royale la plus voisine située dans le département.

A Paris, le tarif de 1778, qui avait lieu aux requêtes du palais, servira de base aux proportions ci-dessus déterminées, en ce qui concerne les droits des greffiers et avoués, sans néanmoins qu'il puisse être alloué aux avoués aucuns droits de conseil et de consultation.

A l'égard des huissiers-audienciers et des huissiers ordinaires, exploitant à Paris, la base de proportion sera prise dans le tarif usité au ci-devant Châtelet.

Toute perception de droits contraire aux réglemens est défendue, à peine de concussion.

Loi du 26 novembre 1792.

Les huissiers près les tribunaux criminels ont un traitement de 600 fr. par an pour le service intérieur.

Ils sont en outre payés pour les actes de leur ministère, comme les huissiers des tribunaux civils.

Loi du 21 ventôse an 7. (B. 266).

14. Les greffiers ne pourront exiger aucun droit de recherche des actes et jugemens faits ou rendus dans l'année, ni de ceux dont ils feront les expéditions ; mais lorsqu'il n'y aura pas d'expédition, il leur est attribué un droit de recherche, qui demeure fixé à cinquante centimes pour l'année qui leur sera indiquée ; et dans le cas où il leur serait indiqué plusieurs années, et qu'ils seraient obligés d'en faire la recherche, ils ne percevront que cinquante centimes pour la première, et vingt-cinq centimes pour chacune des autres.

Il leur est en outre attribué vingt-cinq centimes pour chaque légalisation d'acte des officiers publics.

15. Les greffiers présenteront et feront recevoir, conformément aux lois existantes, un commis-greffier assermenté par chaque section.

16. Au moyen du traitement et de la remise ci-après accordés aux greffiers, ils demeureront chargés du traitement des commis assermentés, commis expéditionnaires, et de tous employés du greffe, quelles que soient leurs fonctions, ainsi que des frais de bureau, papier libre, rôles, registres, encre, plumes, lumière, chauffage des commis, et généralement de toutes les dépenses du greffe.

17. Le traitement des greffiers des tribunaux civils, est égal à celui des juges auprès desquels ils sont établis.

18. Celui des greffiers des tribunaux de commerce, sera de la moitié de celui du greffier d'un tribunal civil, s'il avait été établi dans la commune où siége le tribunal de commerce.

Et néanmoins le traitement de ceux des tribunaux de commerce établis dans des communes de six mille habitans et au-dessous, demeure fixé à 800 francs.

19. Il est accordé aux greffiers une remise de 30 centimes par chaque rôle d'expédition,

Et d'un décime par franc sur le produit du droit de mise au rôle, et de celui établi pour la rédaction et transcription des actes énoncés en l'article 5.

20. La remise de 30 centimes, accordée par l'article précédent, ne sera que de deux décimes sur toutes les expéditions que les agens de la République demanderaient en son nom et pour soutenir ses droits : ils ne seront tenus, à cet égard, à aucune

avance ; en conséquence, ces expéditions seront portées pour mémoire sur le registre du receveur de l'enregistrement, et il en sera fait un compte particulier.

21. Le premier de chaque mois, le receveur de l'enregistrement comptera, avec le greffier, du produit des remises à lui accordées par l'article 19, et il lui en paiera le montant sur le mandat qui sera délivré au bas du compte par le président du tribunal.

22. Le traitement fixe du greffier sera également payé mois par mois, par le receveur de l'enregistrement, sur le produit du droit de greffe, d'après les mandats aussi délivrés mois par mois par le président du tribunal.

23. Il est défendu aux greffiers et à leurs commis, d'exiger ni recevoir d'autres droits de greffe, ni aucun droit de prompte expédition, à peine de 100 francs d'amende et de destitution.

24. Les droits établis par la présente seront alloués aux parties dans la taxe des dépens, sur les quittances des receveurs de l'enregistrement mises au bas des expéditions, et sur celles données par les greffiers, de l'acquit du droit de mise au rôle et de rédaction, lesquelles ne seront assujéties à d'autres droits qu'à ceux du timbre.

26. La présente résolution demeura affichée dans tous les greffes des tribunaux civils et de commerce.

27. Il sera statué, par une résolution particulière, sur les greffes des tribunaux civils et correctionnels.

Arrêté du 8 messidor an 8. (B. 32.)

3. Les greffiers jouissent, outre leur traitement, des remises et autres droits qui leur sont attribués par la loi du 21 ventose an 7, pour les affaires d'appel, de commerce et de première instance en matière civile, et par celles du 30 nivose an 5, pour les procédures criminelles et de police correctionnelle.

4. Ils tiennent un état détaillé, par jour et par article, tant du produit de ces émolumens, que des diverses dépenses du greffe ; et ils en font un relevé, ainsi que du registre établi par l'article 13 de la loi du 21 ventose an 7. Le tribunal, après avoir examiné ces pièces en présence du commissaire du gouvernement, donne son avis sur leur contenu, et transmet le tout au préfet pour être vérifié, soit par lui, soit par le sous-préfet, et envoyé chaque mois au ministre de la justice, avec des

observations qui le mettent à portée de procéder au réglement définitif.

Jurés et témoins.

Loi du 6 ventose an 5. (B. 108.)

Les articles 1 et 2 de la loi du 16 août 1793, sont rapportés.

2. Il sera payé comme par le passé, aux jurés d'accusation et de jugement qui se déplaceront, 3 francs par chaque jour de séance, et en outre 75 centimes par lieue pour se rendre au tribunal, et autant pour retourner à leur domicile.

Loi du 16 août 1793.

3. Les indemnités ci-dessus seront payées par les receveurs du droit d'enregistrement sur les mandats du directeur du juré, pour les jurés d'accusation, et du président du tribunal criminel pour les jurés de jugement et les jurés adjoints.

Loi du 16—29 septembre 1791, *titre 6.*

15. Chaque témoin qui demandera une indemnité, sera taxé par l'officier qui l'aura fait assigner, suivant un tarif uniforme, qui sera dressé à cet effet *par les administrateurs de département.*

Exécuteurs.

Loi du 13 juin 1793.

1er. Il y a près de chaque tribunal criminel, un exécuteur de ses jugemens.

3. Son traitement est :
Dans les villes dont la population n'excède pas cinquante mille habitans, de............................... 2,400 f.

Dans celles de cinquante à cent mille habitans, de. 4,000

Dans celles de cent à trois cent mille, de........ 6,000

A Paris, il est de.............................. 10,000

5. Tout casuel et autres droits généralement quelconques, dont jouissaient les exécuteurs, sont supprimés.

Loi du 3 frimaire an 2.

1. Indépendamment du traitement ci-dessus, il est payé à chaque exécuteur une somme de.................... 1,600 f. pour deux aides.

Et à celui de Paris......................... 4,000 pour quatre aides à raison de 1,000 francs chacun.

2. Le transport de la guillotine est fait aux frais de la république. La liquidation des frais est faite par le président du tribunal criminel. Son exécutoire est visé par l'administration du département, et payé par le receveur du droit d'enregistrement.

3. Les exécuteurs obligés de se déplacer, reçoivent pour toute indemnité une somme de 36 francs, à raison de 12 francs par jour : savoir, un jour pour le départ, un jour de séjour, et un jour pour le retour.

4. Les exécuteurs sans emploi, reçoivent un secours annuel de 1,000 fr.

Loi du 22 germinal an 4. (B. 39.)

Les commissaires du Gouvernement près les tribunaux, requièrent des ouvriers pour faire les travaux nécessaires pour l'exécution des jugemens, à la charge de leur en faire compter le prix ordinaire.

Loi du 12 prairial an 2.

Dans la liquidation des frais pour le transport de la guillotine, seront compris les frais faits pour le transport des condamnés, soit au lieu de l'exécution, soit au lieu de la sépulture, ainsi que la fourniture des paniers, son, cordages, sangles, clous et cartons nécesités pour l'exécution des jugemens criminels.

Ces frais seront payés en la formé prescrite par l'art. 2 de la loi du 3 frimaire.

Frais de procédure en matière criminelle ou de police correctionnelle.

La loi du 22 — 25 avril 1790 portait :

Art 9 Il n'est donné aucun conseil à l'accusé contumax ou absent.

10. Il n'est délivré par le greffier qu'une seule copie sans frais, sur papier libre, de toute la procédure, quand bien même il y a plusieurs accusés qui requièrent la deuxième copie. Les autres accusés peuvent se faire expédier telles copies qu'ils veulent, en payant les frais d'expédition.

Celle du 29 frimaire an 8. (B. 339.) contenait les dispositions suivantes :

Conformément à l'art. 320 du code des délits et des peines, il est délivré *gratis*, à chaque accusé, copie des pièces de la procédure.

2. Ces pièces sont imprimées, si les frais d'impression doivent coûter moins que la transcription.

3. Le tribunal autorise ces impressions sur le requisitoire du commissaire.

4. L'impression est faite par les soins et sous la responsabilité du greffier.

5. La copie générale sur laquelle l'impression a lieu, est payée au greffier à raison de quatre décimes le rôle de vingt-huit lignes à la page, et de seize syllabes à la ligne, le papier compris, dans le cas où la transcription a lieu sur papier libre.

Pour correction d'épreuve, il lui est alloué deux décimes par chaque feuille *in-folio* d'impression, caractère *petit cicero*.

Si l'impression est faite dans un autre format et avec d'autres caractères, l'indemnité est réduite dans la proportion qui se trouve entre le format et ces caractères, et ceux ci-dessus fixés

Cette réduction est faite par le président du tribunal, sur l'avis du commissaire du Gouvernement.

Il reçoit en outre pour droit de collation et de signature au bas de chaque pièce, quinze centimes.

Loi du 5 pluviose an 13. (B. 29.)

1. Les citations, notifications, et généralement toutes significations à la requête de la partie publique, en matière criminelle ou de police correctionnelle, seront faites par les huissiers audienciers des tribunaux établis dans les lieux où elles seront données, ou par les huissiers des tribunaux de paix : en conséquence, il ne sera jamais alloué de frais de transport aux huissiers, à moins toutefois qu'ils n'aient été chargés, par un mandement exprès du procureur général, ou du procureur impérial, ou du directeur du jury, chacun en ce qui le concerne, de porter, hors du lieu de leur résidence, lesdites citations, notifications ou significations ; elles pourront aussi être données par les gendarmes.

2. Les citations et significations faites à la requête des prévenus ou accusés seront à leurs frais, ainsi que les salaires des témoins qu'ils feront entendre ; sauf à la partie publique à faire citer, à sa requête, les témoins qui lui seraient indiqués par les prévenus ou accusés, dans les cas où elle jugerait que leur déclaration pût être nécessaire pour la découverte de la vérité ; sans préjudice encore du droit de la cour de justice criminelle, d'ordonner, dans le cours des débats, lorsqu'elle le jugera utile, que des nouveaux témoins seront entendus.

3. Il ne sera délivré gratuitement aux accusés, en quelque nombre qu'ils puissent être, et dans tous les cas, qu'une seule copie des procès-verbaux constatant le délit, et des déclarations écrites des témoins. Les accusés ne pourront requérir d'autres copies de ces actes, ou des copies des autres pièces de la procédure, qu'à leurs frais.

4. En matière de police correctionnelle, ceux qui se constitueront parties civiles, seront personnellement chargés des frais de poursuite, instruction ou signification des jugemens.

En toute affaire criminelle, la partie publique sera seule chargée des frais d'exécution ; elle fera l'avance des frais d'instruction, expédition et signification des jugemens, du remboursement desquels ceux qui se seront constitués parties civiles seront personnellement tenus ; sauf, dans tous les cas, le recours des parties civiles contre les prévenus ou accusés qui auront été condamnés.

Loi du 30 nivose an 5. (B. 102.)

4. Il est taxé aux greffiers trente-huit centimes seulement par rôle, dans tous les cas où la loi ordonne l'usage du papier timbré et la formalité de l'enregistrement ; mais il leur est tenu compte en outre du montant de ces dépenses.

5. Ils seront indemnisés de la même manière de toutes copies et expéditions qu'ils sont requis de faire, soit par les tribunaux, soit par le ministère public, pour l'administration de la justice et l'exécution des lois et actes du Gouvernement.

6. Les dispositions des articles 3 (5 de la loi du 29 frimaire an 8), 4 et 5, sont communes aux greffiers des tribunaux correctionnels et de police, pour la taxe des copies et des expéditions qu'ils sont tenus de faire et de délivrer gratuitement.

Loi

Loi du 18 germinal an 7. (B. 270.)

Tout jugement d'un tribunal criminel, correctionnel ou de police, portant condamnation à une peine quelconque, doit prononcer en même-tems, au profit de la république, le remboursement des frais auxquels la poursuite et punition des crimes et délits ont donné lieu.

Les indemnités aux parties souffrantes, sont payées avant les frais adjugés à la république.

Arrêté du 12 germinal an 5. (B. 116.)

1. Les greffiers, avant de remettre, à qui de droit, les copies, extraits ou expéditions qu'ils sont tenus de fournir aux frais de la république, doivent les représenter au commissaire du Gouvernement près le tribunal.

2. Ce commissaire les vérifie, et si elles ne sont pas conformes aux bases établies par les lois et réglemens, il en réfère de suite au président du tribunal, lequel, en sa présence, arrête le nombre de rôles à passer en taxe.

3. Le commissaire délivre au greffier un certificat constatant la nature de l'affaire à laquelle se rapportent les copies, extraits ou expéditions, le nom de la personne à qui elles sont fournies, l'époque de la représentation qui lui en est faite, et le nombre de rôles à allouer. Il en tient note sur un registre.

4. Sont rejetés de la taxe et du *visa* tous les articles de frais de cette espèce, qui ne sont pas appuyés de ce certificat.

Impression des jugemens.

Arrêté du 27 brumaire an 6. (B. 159.)

Aucun jugement des tribunaux criminels, ne doit être imprimé en entier aux frais du trésor public.

2. A la fin de chaque mois, le commissaire du Gouvernement fait imprimer en placards, un état sommaire des jugemens, portant condamnation à une peine quelconque, que le tribunal criminel à rendus, tant sur accusation admise, que sur appel en matière correctionnelle.

32

3. Cet état, signé du commissaire, énonce seulement la date du jugement, les nom, prénom, domicile, âge et profession du condamné, la nature et le lieu du délit, la peine prononcée et l'indication de la loi qui l'a motivée.

4. Il doit contenir de plus le signalement du condamné, s'il l'est à une peine afflictive ou infamante, ou à la détention par voie de police correctionnelle.

5. Ne sont pas compris dans cet état les jugemens contre lesquels on s'est pourvu en cassation.

6. Le nombre d'exemplaires à tirer en placards de cet état, est fixé à raison d'un par chaque commune de l'arrondissement, et d'un par chaque 5,000 habitans d'une commune au-dessus de cette population, d'un pour le greffe du tribunal et de deux pour le ministère de la justice.

8. Les frais de cette impression sont payés, comme tous autres frais de justice.

9. Les exemplaires destinés aux communes, sont adressés aux maires, qui sont tenus de les faire afficher aux lieux les plus apparens.

10. Il n'est alloué, pour l'apposition des affiches, aucune somme à la charge du trésor public.

DÉPARTEMENS.

Sommaire.

Mise en activité de la constitution dans les départemens de la *Roër*, de la *Sarre*, de *Rhin-et-Moselle*, et du *Mont-Tonnerre*. — Limites de ces départemens. — Rentrée des départemens du Golo et du Liamone sous l'empire de la constitution ; annulation des actes qui y seraient contraires. Organisation des autorités administratives, judiciaires et politiques de l'île d'Elbe. — Commandant militaire dans les départemens du Golo et du Liamone ; attribution de la police de ces départemens et de la grande voierie. — Département du Nord ; changement de chef-lieu, ainsi que de la sous-préfecture du premier arrondissement. — Sous-préfecture de Thouars, fixée à Bressuire (deux Sèvres). — Gouvernement pour les départemens au-delà des Alpes (le ci-devant Piémont); attributions. — Commandant général pour ces départemens. — Département de la Stura ; création d'un nouvel arrondissement à Céva. — Suppression du département du *Tanaro*. — Organisation de la ci-devant république *Ligurienne* en trois départemens. — Création d'un nouvel arrondissement pour le département des *Alpes maritimes*.

Mise en activité de la constitution.

Arrêté du 11 messidor an 10. (B. 199.)

1. A compter du premier vendémiaire prochain, la constitution de la république sera mise en activité dans les départemens de la Roër, de la Sarre, de Rhin-et Moselle et du Mont-Tonnerre.

2. La loi du 13 ventose an 9, concernant la formation et le renouvellement des listes d'éligibilité prescrites par la constitution, sera publiée et affichée dans ces départemens, ainsi que tous les arrêtés qui ont été pris par le Gouvernement sur cet objet : l'exécution de cette loi y aura lieu de manière qu'en observant les intervalles qu'elle a fixés, les opérations soient terminées au 10 nivose an 11.

3. La loi du 28 pluviose an 8 sera publiée, affichée et exécutée dans ces départemens, ainsi que les arrêtés y relatifs.

4. Le commissaire-général du gouvernement dans ces quatre

départemens, et préfet du département du Mont-Tonnerre, cessera, le même dit jour, ses fonctions de commissaire-général, et continuera d'exercer celles de préfet.

5. Les pièces, registres et cartons contenant les affaires du commissariat général, seront renvoyés par ledit commissaire aux ministres que ces objets concerneront respectivement. Les maisons et mobilier affectés à ce service, qui n'auront pas été reconnus nécessaires à celui de la préfecture, seront remis à la disposition du directeur des domaines nationaux.

6. Conformément au §. 3, art. 12 et suivans de la loi du 28 pluviose, il y aura un maire et un ou plusieurs adjoints, ainsi qu'un conseil municipal par tout où il y a aujourd'hui un maire, quel que soit le nombre des communes réunies sous son administration.

Tous fonctionnaires administratifs, autres que ceux établis par ladite loi, cesseront leurs fonctions : les nominations seront faites suivant les dispositions qu'elle prescrit.

7. Des arrêtés ultérieurs détermineront celles des lois de la république qui devront être proclamées postérieurement dans ces départemens.

8. Tous les ministres sont chargés, chacun en ce qui les concerne, de l'exécution du présent arrêté, qui sera inséré au Bulletin des lois.

Limites des quatre départemens de la rive gauche du Rhin.

Arrêté du 16 messidor an 10. (B. 201.)

1. Les départemens de la Roër, de la Sarre, de Rhin-et-Moselle et du Mont-Tonnerre, conserveront définitivement les limites qui leur ont été assignées par l'arrêté du commissaire-général du Gouvernement, chargé de l'organisation de ces quatre départemens, en date du 4 pluviose an 6, et le tableau général dressé le 26 ventose an 7, à l'exception toutefois des parties de territoire du département de la Roër cédées à la République batave.

Rentrée des départemens du Golo et du Liamone sous l'empire de la constitution

Arrêté du 27 fructidor an 10. (B. 215.)

1. A dater du premier brumaire an 11, les départemens du

Golo et du Liamone, rentreront sous l'empire de la constitution.

2. L'administrateur général cessera ses fonctions.

3. Dans le courant de vendémiaire, les tribunaux qui sont annullés par la loi qui met des départemens hors de l'empire de la constitution, seront réorganisés. Le ministre ne pourra présenter que des individus qui aient été licenciés, ou qui aient exercé près des tribunaux au moins pendant dix ans.

Arrêté du 21 floréal an 11. (B. 277.)

1. Toutes institutions d'autorités, toutes attributions aux autorités constitutionnelles, qui n'ont pas été faites ou données par la loi, dans les départemens du Golo et du Liamone, cesseront au moment de la publication dans lesdits départemens, du présent arrêté.

2. Il n'est pas dérogé à l'arrêté du 22 nivose dernier.

Reglement sur l'administration de l'île d'Elbe.

Arrêté du 22 nivose an 11. (B. 240.)

1. Il sera nommé pour l'île d'Elbe, et pour celles voisines de Capraja, de la Pianosa, Palmajola et Montechristo, qui en dépendront, un commissaire général et un conseil.

Capraja dépend aujourd'hui du département du Golo.

Du commissaire général.

2. Le commissaire général correspondra avec les ministres dans l'ordre de leurs attributions et selon la nature des affaires.

3. Il sera chargé en chef, sous leur direction respective, de l'administration générale de l'île d'Elbe.

4. L'administration sera réglée par les lois de la république.

Toutefois elles ne seront exécutoires que du jour de leur publication dans l'île, ainsi qu'il sera dit au titre 8, section 3.

5. Le commissaire général pourra suspendre provisoirement les fonctionnaires publics de l'île, dans l'ordre administratif et judiciaire; à la charge d'en rendre compte sans délai aux ministres, suivant le département du ministère auquel le fonctionnaire suspendu appartiendra.

6. Le commissaire général exercera toutes les fonctions attribuées par les lois aux préfets de département, indépendamment de celles qui lui sont attribuées ci-après.

7. Il aura un secrétaire général, nommé par le premier consul ; ses fonctions seront les mêmes que celles des secrétaires généraux de département.

Du conseil.

8. Il y aura dans l'île d'Elbe un conseil composé de cinq membres, qui portera le nom de *Conseil d'administration.*

Ils seront nommés par le premier consul, sur la présentation d'un nombre double, qui sera faite par le collège électoral, de la manière qui sera expliquée ci-après.

9. Les fonctions de ce conseil seront, 1°. toutes celles qui sont attribuées aux conseils d'arrondissemens communaux, pour la répartition des impositions directes entre les communes, par la loi du 28 pluviose an 8 ;

2°. Toutes celles qui sont attribuées aux conseils généraux de département, par la même loi, hors la répartition des contributions entre les arrondissemens ;

3°. Toutes celles qui sont attribuées aux conseils de préfecture de département.

10. Ce conseil sera présidé par le commissaire général.

11. En cas d'absence ou empêchement, la présidence sera déférée à un des membres du conseil, désigné par le premier consul, et qui portera le titre de vice-président du conseil.

12. Le secrétaire général tiendra la plume aux séances du conseil, et enregistrera toutes ses décisions.

13. Deux huissiers nommés par le commissaire général feront le service du conseil.

Des municipalités.

14. Il y aura dans l'île d'Elbe, et celles voisines, sept municipalités ; savoir : à Porto-Ferrajo ; à Porto-Longone ; à Capraja ;

A Marciana, pour le village du même lieu, celui de la marine de Marciana et de Paygio ;

A Campo, pour la commune de ce nom et les villages de la marine de Campo et Sant'Ilario ;

A Rio, pour la commune de ce nom et le village de la marine de Rio ;

A Capo-Liveri.

15. Le nombre et la nomination des officiers municipaux seront reglés en raison de la population, conformément à la loi du 28 pluviose.

Dans tous les cas cependant, le maire de Porto-Ferrajo, et ses adjoints au nombre de deux, seront nommés par le premier consul.

16. Ils exerceront les fonctions qui leur sont attribuées par la même loi du 28 pluviose, sous l'autorité du commissaire général.

17. Chaque commune aura un conseil municipal, d'après les bases et avec les attributions fixées par la même loi.

De la justice et de la police.

Décret impérial du 22 fructidor an 13. (B. 56.)

1. La justice de paix de Marciana est supprimée ; les communes qui forment son arrondissement seront réunies à ceux de Porto-Ferrajo et de Porto-Longone.

Le commissaire général de l'île d'Elbe fera cette réunion suivant les localités, sauf l'approbation de notre grand-juge minitre de la justice.

2. Les justices de paix de l'île d'Elbe seront composées de même que les autres justices de paix de l'Empire.

3. Le traitement de chacun des juges de paix sera de douze cents francs ;

Les greffiers auront le tiers de ce traitement.

Les menus frais des bureaux de paix et de police sont fixés à cent cinquante francs pour chaque justice de paix.

4. Les juges de paix de l'île d'Elbe connaîtront,

1°. Des matières civiles et de celles de simple police, conformément aux lois ;

2°. Des affaires de commerce en dernier ressort jusqu'à la valeur de cent francs ; et à charge d'appel, jusqu'à la valeur de cinq cents francs.

Ils seront officiers de police judiciaire comme les juges de paix des autres parties de l'Empire.

5. Il y aura dans l'île d'Elbe un tribunal de première instance, qui sera composé ainsi qu'il suit ; savoir :

Un président, dont le traitement sera de quatre mille huit cents francs ;

Deux juges, qui auront chacun deux mille francs de traitement ;

Deux suppléans ;

Un procureur impérial, dont le traitement sera de quatre mille huit cents francs, y compris ses frais de bureau ;

Un greffier, dont le traitement sera de deux mille quatre cents francs, tant pour lui que pour son commis-greffier.

Il sera mis à la disposition du tribunal jusqu'à concurrence de la somme de douze cents francs par an pour ses menus dépenses.

6. Le tribunal de première instance de l'île d'Elbe connaîtra en premier et dernier ressort, dans les cas déterminés par la loi, des matières civiles et de commerce qui excéderont la compétence des juges de paix; et lorsqu'il y aura lieu à l'appel, il sera porté à la cour d'appel séant à Gênes.

Il prononcera sur l'appel des jugemens rendus en premier ressort par les juges de paix.

Il connaîtra, en outre, des matières de police correctionnelle, dans les formes et selon les règles prescrites par les lois. L'appel de ses jugemens correctionnels sera porté à la cour de justice criminelle séant Gênes.

7. Il y aura dans l'île d'Elbe un tribunal criminel, qui sera composé du président et de deux juges du tribunal de première instance, ou, à leur défaut, de leurs suppléans, de manière que le tribunal de première instance fournisse trois membres au tribunal criminel; plus, de trois militaires ayant au moins le grade de capitaine, et de deux citoyens ayant les qualités requises pour être juges.

Ces deux citoyens, qui seront choisis par nous parmi les habitans de l'île d'Elbe, jouiront chacun d'un traitement de cinq cents francs.

Les trois juges militaires, qui seront également nommés par nous, et qui seront toujours choisis parmi les officiers de la garnison de l'île, n'auront pas d'autre traitement que celui qui sera affecté à leur grade militaire.

8. Ce tribunal connaîtra de tous les délits emportant peine afflictive ou infamante, autres que ceux qui sont de la compétence des tribunaux militaires de terre ou de mer.

La poursuite, l'instruction et le jugement auront lieu conformément aux dispositions de la loi du 18 pluviose an 9, sans néanmoins qu'il soit besoin d'un jugement préalable de competence, mais sans préjudice du recours en cassation.

9. Le procureur impérial et le greffier du tribunal de première instance rempliront respectivement les fonctions de procureur général et de greffier près le tribunal criminel.

10. Le titre 2 de l'arrêté du 22 nivose an 11, l'arrêté du 25 vendémiaire an 12, et le décret impérial en date du 1er. germinal an 13, relatifs à l'administration de la justice à l'organisation et aux dépenses judiciaires dans les îles d'Elbe et de Capraja, sont rapportés en ce qui concerne l'île d'Elbe : néanmoins les choses resteront en l'état où elles se trouvent jusqu'à ce qu'il ait été pourvu à l'exécution du présent décret.

1er. *Arrêté.* — 24. Il ne pourra y avoir dans l'île d'Elbe et celles réunies plus de huit notaires.

Ils seront examinés, nommés, et leur résidence sera fixée, par le commissaire général, après avoir pris l'avis du conseil d'administration.

Des finances.

25. Les impositions indirectes pour l'île d'Elbe et celles adjacentes, seront, l'enregistrement, le timbre, les hypothèques.

Des impositionsdirectes, il ne sera établi que la contribution foncière.

26. Les ports et territoire de l'île d'Elbe seront francs de droits de douane.

27. Il pourra être établi des octrois pour les villes, sur la proposition du commissaire général et du conseil.

28. Le commissaire général proposera, après avoir pris l'avis du conseil d'administration et de justice, le nombre et le grade des employés, et les formes particulières jugées nécessaires pour la répartition et la perception des impôts dans l'île d'Elbe.

Il y sera statué par le Gouvernement, sur le rapport des ministres, dans la forme prescrite pour les réglemens d'administration publique.

29. Le budget de toutes les dépenses de l'île, pour l'administration et la justice, le traitement des fonctionnaires publics et employés de tout genre et de tout grade, le commissaire général excepté, sera formé, présenté au Gouvernement, et arrêté de la manière exprimée en l'article précédent.

3o. Il sera nommé un receveur général du produit de toutes les impositions établies dans l'île d'Elbe : ces produits seront affectés aux dépenses locales, telles qu'elles seront réglées par le budget.

Les revenus domaniaux seront perçus, et il en sera compté séparément, au profit du trésor public. Parmi les revenus domaniaux seront compris tous les produits de biens ecclésiastiques.

31. Les produits présumés et les dépenses arrêtées pour l'île d'Elbe, seront portés au budget général de l'État.

32. Il sera pris, sur le rapport du ministre du trésor public, des mesures pour régler la forme des ordonnances, et le mode de régularisation des recettes et dépenses.

De l'instruction publique.

33. Il y aura une école primaire dans chaque municipalité.

34. L'instituteur enseignera la langue française à ses élèves.

35. Il sera établi une école secondaire dans l'île, au lieu qui sera fixé par le Gouvernement.

36. Nul des jeunes gens de l'île ne pourra aller étudier dans d'autres écoles que celles du territoire continental de la république, sans la permission du commissaire général.

37. Il sera reçu dans les lycées ou prytanées de la république, dans le cours de l'an 11, dix enfans des habitans de l'île d'Elbe, ainsi qu'il a été déjà arrêté par les consuls.

Du culte.

38. Chaque municipalité formera une paroisse et aura un curé.

39. Il sera établi une succursale et un desservant pour les communes où ils seront jugés nécessaires par le Gouvernement.

40. L'île d'Elbe et celles en dépendantes font partie du diocèse d'Ajaccio.

41. Il y aura dans et pour l'île un vicaire général, qui sera sous l'autorité de l'évêque d'Ajaccio.

42. Le traitement de ce grand vicaire et celui des curés et desservans seront réglés sur la proposition du commissaire général et du conseil d'administration, de la même manière que pour le territoire continental de la république.

De la guerre et de la marine.

43. La conscription militaire et maritime sera organisée, dans l'île d'Elbe, conformément aux lois.

44. Il pourra être établi un lazaret et une administration de santé à Porto-Ferrajo.

45. Cette administration, si le lazaret est établi, sera organisée par le commissaire général, après avoir pris l'avis du conseil.

46. Elle suivra les réglemens sanitaires de Marseille.

47. Il y aura à Porto-Ferrajo un commandant d'armes, chef de brigade.

48. Il sera sous les ordres du général commandant la vingt-troisième division militaire.

49. Les officiers d'artillerie, du génie, de l'administration militaire, que le ministre de la guerre jugera convenable d'envoyer, seront sous les ordres du même général.

5o. Il y aura pour l'île d'Elbe et celles en dépendantes, huit brigades de gendarmerie, dont six à pied et deux à cheval.

Le commissaire général déterminera le lieu de leur résidence.

Elles seront commandées par un lieutenant.

Elles feront partie de la vingt-sixième légion.

51. Il y aura à Porto-Ferrajo un commissaire de marine, qui sera sous les ordres du préfet maritime du sixième arrondissement.

Des prud'hommes pêcheurs.

52. Il sera établi une juridiction de prud'hommes pêcheurs.

53. Le commissaire général en réglera l'organisation, après avoir pris l'avis du conseil d'administration.

54. Les prud'hommes pêcheurs suivront les lois et réglemens établis pour ceux du continent de la république.

Organisation politique.

Des assemblées de canton.

55. Les lois et réglemens relatifs aux assemblées de canton, seront publiés et exécutés dans l'île d'Elbe.

56. Les assemblées de canton seront formées et organisées pour l'île d'Elbe, ainsi qu'il est prescrit pour les départemens du continent où il n'y a pas eu de liste de notabilité.

57. Les assemblées de canton nommeront, pour le collège électoral, un nombre de membres proportionné à leur population; suivant le tableau ci-joint, n°. 2.

58. Elles nommeront deux candidats pour les fonctions de juge de paix, et quatre pour celles de suppléant.

59. Les soixante membres du collège électoral seront pris sur une liste des cent cinquante plus imposés de l'île.

6o. Il sera procédé, pour la formation de cette liste, selon les lois et réglemens existans.

Des colèges électoraux.

61. Il n'y aura dans l'île d'Elbe qu'un collège électoral.

62. Il sera de soixante membres.

63. Il nommera, quand il y aura lieu, trois citoyens sur lesquels sera pris le député de l'île d'Elbe au corps législatif.

L'île d'Elbe est placée dans la troisième série du tableau annexé au sénatus-consulte organique du 16 thermidor an 10. Sénatus - consulte du 28 pluviose an 11. (B. 249.)

64. Il présentera dix candidats, sur lesquels le premier consul nommera les cinq membres du conseil d'administration.

65. La convocation, la tenue et les opérations du collège électoral de l'île d'Elbe, seront soumises aux lois et réglemens existans, comme il est dit article 56 pour les assemblées de canton.

Des lois et réglemens.

66. Le commissaire général sera chargé par le Gouvernement, de publier les lois ou les articles de lois de la république qui devront être exécutés dans l'île d'Elbe.

67. Il pourra proposer au Gouvernement, après avoir pris l'avis du conseil d'administration, d'ordonner la publication en entier ou en partie de celles qu'il croira nécessaires.

68. Il pourra également proposer les réglemens que les localités ou les circonstances rendront nécessaires.

69. Il y sera statué par le Gouvernement, en la forme prescrite pour les réglemens d'administration publique.

Décret impérial du 2e. jour complémentaire an 13.

1. L'île de Capraja, réunie au département du Golo par notre décret impérial du 9 messidor dernier, continuera d'être traitée comme étrangère, relativement au régime des douanes.

2. Le bureau établi dans l'île de Capraja, pour la perception des droits de navigation, est maintenu.

D'après cette réunion, le tableau qui avait été formé des membres à nommer par chaque canton pour le collége électoral, ne peut plus être exécuté. Ce collége devait être composé de 6o membres, et l'île de Capraja devait en fournir 7.

La suppression du canton de Marciana exige aussi une nouvelle distribution par canton.

Attributions du général commandant la 23e. division militaire dans les départemens du Golo et du Liamone.

Arrêté du 22 nivose an 11. (B. 240.)

1. Le général de division commandant la 23e. division militaire, indépendamment des fonctions qu'il a à remplir en cette qualité, aura, dans les départemens du Golo et du Liamone seulement, les attributions suivantes :

1°. Il veillera à l'exécution exacte des lois et arrêtés relatifs à la police ;

2°. Il fera arrêter et traduire devant les tribunaux correctionnels, ceux qui contreviendront à ces lois et réglemens ;

3°. Il ordonnera et fera exécuter les désarmemens des communes ou familles qui sont prévenues d'assassinats, ou d'autres délits contre l'ordre public ; .

4°. Il fera arrêter et traduire les prévenus devant le tribunal criminel ;

5°. Il décernera des mandats d'amener contre ceux qui sont

dans les cas prévus par l'art. 46 de l'acte constitutionnel, et
§. 3 de l'art. 45 du sénatus-consulte du 16 thermidor an 10;

6°. Il donnera son avis sur tous les travaux qui seront pro-
posés et exécutés pour l'ouverture des routes et communications nationales ou vicinales.

7°. Il fera exécuter, de concert avec les préfets, les lois
sur la conscription militaire et la conscription maritime.

2. Pour tout ce qui est relatif aux délits de police correctionnelle, arrestation et punition des prévenus, les substituts
des commissaires du Gouvernement, de service près les tribunaux de police correctionnelle, correspondront directement
avec le général de division commandant.

Ils seront tenus de lui communiquer toujours la plainte,
et ensuite, s'il y a lieu, toutes les pièces de l'instruction et
de la procédure, toutes les fois qu'il les requerra, ou lorsqu'ils jugeront l'affaire assez importante pour lui en donner
connaissance ; le tout cependant sans arrêter la marche de la
procédure.

Ils lui adresseront copie du jugement, dans le jour où il
sera rendu, soit qu'il condamne, soit qu'il absolve le prévenu,
afin que, dans ce dernier cas, le général de division puisse
s'assurer s'il n'est pas détenu pour autre cause.

3. Pour tout ce qui sera relatif aux délits qui sont dans
les attributions des tribunaux criminels ou spéciaux, les relations du général de division commandant auront lieu avec les
commissaires du Gouvernement près les tribunaux criminel, de
la manière réglée par l'article précédent.

4. Pour ce qui sera relatif aux mandats décernés d'après le
§. 5 de l'art. 1er. du présent arrêté, le général de division
commandant en rendra compte sans délai au grand-juge, ministre de la justice, et au ministre de l'intérieur.

5. Pour ce qui est relatif aux travaux des routes et communications, les préfets et les ingénieurs en chef des ponts et
chaussées seront tenus de lui communiquer les plans et devis de
tous leurs travaux.

Le général de division donnera et enverra sur cet objet son
avis motivé au ministre de l'intérieur.

6. Le directeur de la poste aux lettres du lieu de la résidence du général de division commandant, sera tenu de lui envoyer les lettres et paquets à son adresse, deux heures avant de
commencer la distribution générale ; et dans le cas où le ba-
teau de poste arriverait et déposerait ses dépêches dans un autre port, ils lui seront envoyés extraordinairement.

7. Pour tout ce qui intéresse la police et la tranquillité des

deux départemens du Golo et du Liamone, les autorités civiles et administratives seront tenues d'informer directement le général de division commandant, de tous les événemens qui viendront à leur connaissance. De son coté, il correspondra, pour toutes ses opérations, et notamment pour toutes les attributions extraordinaires résultant du présent arrêté, savoir, sur les lieux avec les préfets des départemens du Golo et du Liamone, et avec le grand-juge, ministre de la justice, les ministres de l'intérieur et de la guerre.

8. Le général commandant la division ne pourra, sous aucun prétexte faire ni requérir la disposition d'aucune somme sur les caisses civiles et militaires.

Il sera mis seulement, s'il en est besoin, des fonds à sa disposition par un ou plusieurs départemens du ministère, d'après l'autorisation des consuls.

9. Les règles d'administration et de comptabilité générale seront rigoureusement observées dans l'île de Corse. En conséquence, le général commandant la division, ni aucun administrateur de la guerre ou de la marine, ne pourra s'immiscer dans aucune partie de l'administration de la préfecture, des finances ou du domaine, ni disposer des fonds y affectés.

10. Les fonds versés entre les mains des payeurs de la guerre ou de la marine ne sortiront de leurs caisses que sur les mandats des ordonnateurs respectifs, sans qu'en aucun cas les préfets de département puissent exercer à cet égard aucune autre action que celle de surveillance qui leur est attribuée par les lois.

11. Le grand-juge, ministre de la justice, et les ministres de l'intérieur, des finances, du trésor public, de la guerre, de la marine, et le directeur de l'administration de la guerre, sont, chacun en ce qui le concerne, chargés de l'exécution du présent arrêté, qui sera inséré au Bulletin des lois.

Préfecture du département du Nord.

Arrêté du 3 thermidor an 11. (B. 299.)

1. D'ici au 1er. vendémiaire de l'an 12, le siége de la préfecture du département du Nord, qui, par arrête du 17 ventose an 8, avait été fixé à Douai, sera placé à Lille.

2. La préfecture sera établie dans la maison nationale dite *de l'Intendance* et ses dépendances.

Sous-préfecture du premier arrondissement du département du Nord.

Arrêté du 3 thermidor an 11.

1. D'ici au 1er. vendémiaire an 12, le siége de la sous-préfecture du 1er. arrondissement du département du Nord, qui, par arrêté du 17 ventôse an 8, avait été fixé à Bergues, sera placé à Dunkerque.

2. La sous-préfecture sera établie dans la maison nationale dite *de l'Intendance.*

Décret du 3 nivose an 13. (B. 25.)

Portant translation de la sous-préfecture de Thouars, département des deux Sèvres, à Bressuire.

Etablissement d'un Gouverneur général dans les départemens au-delà des Alpes.

Décret impérial du 24 floréal an 13. (B. 45.).

1. Il n'y aura plus d'administrateur général dans les départemens au-delà des Alpes.

Les règles d'administration et de comptabilité générale y seront observées comme dans les autres départemens de l'Empire, et les préfets correspondront directement avec les ministres.

2. Il y aura un gouverneur général des départemens au-delà des Alpes.

Il aura le commandement des troupes, et les attributions ci-après déterminées.

3. Le gouverneur général des départemens au-delà des Alpes,

1°. Veillera à l'exécution exacte des lois et arrêtés relatifs à la haute police, tant par rapport à la tranquillité publique que par rapport à la sûreté au-dehors;

2°. Il fera arrêter et traduire devant les tribunaux correctionnels, ceux qui contreviendront à ces lois et réglemens;

3°. Il fera arrêter et traduire les prévenus d'assassinats et autres délits, devant le tribunal criminel,

4°. Il décernera des mandats d'amener contre ceux qui se trouveraient dans les cas prévus par l'article 46 de l'acte constitutionnel, et le §. 3 de l'article 55 du sénatus-consulte du 16 thermidor an 10 ;

Il fera exécuter, de concert avec les préfets, les lois sur la conscription militaire.

4. Les procureurs-généraux impériaux près les cours de justice criminelle, et les substituts de procureurs impériaux de service près les tribunaux de police correctionnelle, ou ceux qui en remplissent les fonctions, correspondront avec le gouverneur général pour ce qui sera relatif aux délits qui sont dans les attributions respectives de ces tribunaux.

5. Pour ce qui sera relatif aux mandats décernés d'après le §. 4 de l'article 3 du présent décret, le gouverneur général en rendra compte, sans délai, au grand-juge ministre de la justice, aux ministres de l'intérieur et de la police générale.

6. Pour tout ce qui intéresse la haute police et la tranquillité des départemens au-delà des Alpes, les autorités civiles et administratives seront tenus d'informer directement le gouverneur général de tous les événemens qui viendront à leur connaissance. De son côté, il correspondra pour toutes ces opérations, et notamment pour toutes les attributions extraordinaires résultant du présent décret, savoir, sur les lieux avec les préfets des départemens au-delà des Alpes, et avec le grand-juge ministre de la justice, les ministres de l'intérieur, de la police générale et de la guerre.

7. Le gouverneur général exercera sa surveillance sur l'administration militaire et les travaux militaires qui s'exécuteront dans les départemens, mais sans pouvoir modifier ou suspendre l'exécution des ordres donnés par le ministre de la guerre ou en son nom.

Il exercera pareille surveillance sur toutes les administrations civiles.

Il proposera au Gouvernement ses vues sur les améliorations dont elles lui paraîtront susceptibles, et indiquera les abus qui auraient pu s'y glisser.

8. Le gouverneur général ne pourra, sous aucun prétexte, faire ou requérir la disposition d'aucune somme sur les caisses civiles ou militaires.

Il sera mis seulement, s'il en est besoin, des fonds à sa disposition par un ou plusieurs départemens du ministère, d'après l'autorisation de sa majesté l'Empereur.

9. Le prince *Louis*, connétable de l'Empire, est nommé gouverneur général des départemens au-delà des Alpes.

10. Tous les ministres sont chargés, chacun en ce qui le concerne, de l'exécution du présent décret.

Nomination d'un commandant général des départemens au-delà des Alpes.

Décret impérial du 24 floréal an 13. (B. 45.)

1. Le général de division *Menou* est nommé commandant général des départemens au-delà des Alpes.

2. En cette qualité, et en l'absence du gouverneur général, il remplira les fonctions et exercera les attributions déterminées par notre décret de ce jour.

3. Il correspondra spécialement avec le ministre de la guerre.

Néanmoins, et dans les cas qui le requerront, il pourra correspondre avec le grand-juge ministre de la justice, et avec le ministre de la police générale.

4. Il ne cessera de remplir les fonctions et d'exercer les attributions du gouverneur général, que sur un ordre émané de nous, et en vertu duquel notre frère le prince *Louis* entrera en exercice de son gouvernement.

5. Le commandant général des départemens au-delà des Alpes jouira, pendant la durée de son commandement, d'un traitement annuel de deux cent mille francs.

Formation d'un nouvel arrondissement dans le département de la Stura.

Décret impérial du 7 prairial an 13. (B. 47.)

1. Il sera formé, dans le département de la Stura, un nouvel arrondissement dont le chef-lieu est fixé à Ceva.

2. Cet arrondissement comprendra les cinquante-deux communes portées au tableau ci-joint n°. 1, qui seront détachées de l'arrondissement de Mondovi.

3. Les communes de Roccavignale, Altare et Mallere, seront détachées du département du Tanaro, réunies au département de la Stura, et feront partie de l'arrondissement de Ceva.

4. Les communes de Lodisio, Brovida, Prunetto et Levice, seront détachées du département de la Stura, et réunies à celui du Tanaro, arrondissement d'Alba.

5. Seront réunies à l'arrondissement de Mondovi, départ
tement de la Stura, les communes de Chiusa, Beinette et Pe-
veragno, faisant actuellement partie de celui de Coni, et les
communes de Bessé, Trinita et Saint-Alban, faisant partie de
celui de Savillan.

6. Les délimitations des justices de paix du département de
la Stura, seront rectifiées d'après le tableau n°. 2 annexé au
présent décret.

*État nominatif des communes du département de la
Stura qui formeront l'arrondissement de Ceva.*

Ceva.	Nasino.	Caretto.	Paroldo.
Bagnasco.	Ormea.	Cosseria.	Rocca-Ciglie.
Malpotremo.	Priola.	Rochetta-Cairo.	Battifollo.
Nucetto.	Millesimo.	Salicetto.	Lesegno.
Perlo.	Biestro.	Camerana.	Mombasiglio.
Priero.	Castelnovo.	Gotta-Secca.	Scagnello.
Roassio.	Cengio.	Monesiglio.	Dogliani.
Sale.	Montezemolo.	Mulassano.	Belvedere.
Toricella.	Murialdo.	Castellano.	Bonvicino.
Garessio.	Plodio.	Ciglie.	Farigliano.
Alto.	Rochetta-Cengio.	Igliano.	Lisio.
Bardinetto.	Cairo.	Marsaglia.	Viola.
Caprauna.	Clavesana.	Monbarcaro.	Bastia.

Suppression du département du Tanaro.

Décret impérial du 17 prairial an 13. (B. 47.)

1. Le département du Tanaro est supprimé.
L'arrondissement d'Asti fera partie du département de Ma-
rengo;
L'arrondissement d'Acqui, du département de Montenotte;
Celui d'Alba, du département de la Stura.

2. L'arrondissement de Ceva sera détaché du département de
la Stura, pour appartenir à celui de Montenotte, et les arrondissemens de Bobbio, Voghèra et Tortone, du département de
Marengo, pour appartenir à celui de Gênes.

3. Ces changemens ne devront être exécutés que le premier
vendémiaire prochain.

*Fixation de limites entre l'empire français et le royaume
d'Italie.*

Décret impérial du 18 prairial an 13. (B. 47.).

1. Le Pô jusqu'à l'embouchure du Tésein, de même que la
Sesia jusqu'à son embouchure, serviront de limites entre l'Empire français et le royaume d'Italie. Le lit de la Sesia, ainsi que
celui du Pô dans cette partie, les îles, la pêche, les passages,
et tout ce qui tient à la navigation et à la police, resteront dans
le domaine de l'Empire français.

2. Les citoyens de l'un et l'autre état se conformeront aux
lois et réglemens sur les douanes.

Organisation de la ci-devant république ligurienne.

Décret impérial du 17 prairial an 13. (B. 49.)

Division du territoire.

1. Le territoire de la république ligurienne est divisé en trois
départemens :
Le département de Gênes, ayant pour chef-lieu Gênes ;
Le département de Montenotte, chef-lieu Savone ;
Le département des Apennins, chef-lieu Chiavari.

2. Le département de Gênes se compose de cinq arrondissemens ayant pour chefs-lieux Gênes, Novi, Bobbio, Voghèra et
Tortone.
L'arrondissement de Gênes comprend la juridiction de
Gênes ;
Celui de Novi comprend les pays de la juridiction de
Lemmo ;
Ceux de Bobbio, Voghèra et Tortone, conservent leurs délimitations actuelles.

3. Le département de Montenotte se compose de quatre arrondissemens ayant pour chefs-lieux Port-Maurice, Savone,
Ceva et Acqui.
L'arrondissement de Port-Maurice comprend la juridiction
des Olivis depuis la rive gauche de la Tagglia ; celui de Savone,
la juridiction de Colombo : ceux de Ceva et d'Acqui conservent
leurs limites actuelles.
Les pays situés sur la rive droite de la Tagglia font partie du

33 *

département des Alpes-maritimes, et forment un arrondissement dont le chef-lieu est San-Remo.

4. Le département des Apennins, dont le chef-lieu est Chiavari, se compose de l'arrondissement de Chiavari, comprenant
tout le pays de la juridiction de l'Entella; de celui de Sarzana,
comprenant la juridiction actuelle de Golpho di Venere, et de
l'arrondissement de Bardi.

5. Les arrondissemens détachés, par la présente organisation, des départemens du Tanaro, de la Stura et de Marengo,
continueront d'en faire partie jusqu'au premier vendémiaire,
et n'appartiendront qu'à cette époque aux départemens de Montenotte et de Gênes.

6. Il y aura, dans chaque département, un préfet, un conseil de préfecture, un conseil général de département ; dans
chaque arrondissement, un sous-préfet et un conseil d'arrondissement.

Ordre judiciaire.

7. Il y aura à Gênes une cour d'appel composée de la même
manière que celle de Turin ; elle comprendra dans son ressort, les départemens de Montenotte, de Gênes, des Apennins
et de Marengo, ce dernier à compter du premier vendémiaire
seulement.

8. Il y aura, dans chaque chef-lieu de département, une
cour criminelle, et dans chaque chef-lieu d'arrondissement un
tribunal de première instance. Les arrondissemens sont divisés
en cantons ; chaque canton aura un juge de paix.

Organisation maritime.

9. Il y aura à Gênes un arsenal de construction maritime et
un préfet maritime.

Le ministre de la marine proposera, pour le port de Gênes,
un projet d'organisation maritime.

10. L'inscription maritime sera établie dans les trois départemens de Montenotte, de Gênes et des Apennins, et les
classes organisées comme dans les autres départemens de la Méditerranée.

Organisation militaire.

11. Les départemens de Gênes, de Montenotte, des Apennins et de Marengo, forment la vingt-huitième division militaire.

12. Ces départemens auront un gouverneur général, avec les mêmes fonctions et les mêmes pouvoirs que celui qui a été établi pour les départemens au-delà des Alpes.

13. Il y aura sous le gouverneur, un général commandant la division, un directeur du génie, un directeur d'artillerie.

14. Il sera formé pour ces quatre départemens une légion de gendarmerie, composée d'une compagnie par département.

Commerce, douanes et contributions.

15. Gênes aura un port franc.

16. Les douanes qui séparent la Ligurie des départemens au-delà des Alpes, seront levées dans le cours de l'année.

17. Le ministre des finances présentera un projet d'organisation tant pour le port franc et les changemens de la ligne des douanes, que pour les changemens à apporter dans les impositions actuellement existantes, tant directes qu'indirectes.

18. Tous les ministres sont chargés de l'exécution du présent décret.

Changemens opérés par suite de la réunion de la Ligurie.

DÉPARTEMENT.	ARRONDISSEMENS.	Territoires dont ils sont composés.
Alpes – Maritimes, *huitième division militaire.*	Nice......................	Alpes-Maritimes.
	Puget-Theniers.......	
	San–Remo, au lieu de Monac...........	Territoire Ligurien et Alpes-Maritimes.
Sture...........	Alba.....................	Tanaro.
	Coni....................	
	Mondovi...............	Sture.
	Saluces.	
	Savigliano.............	
Doire...........		
Pô.............		
Sésia.............		

27ᵉ. *division militaire.*

DEPARTEMENS.	ARRONDISSEMENS.	Territoires dont ils sont composés.
Appenins	Bardi	Ligurien.
	Chiavari	
	Sarzana	
Gènes	Bobbio	Marengo.
	Gènes	Ligurien.
	Novi	
	Tortonne	Marengo.
	Voghuera	
Marengo	Alexandrie	Marengo.
	Asti	Tanaro.
	Casal	Marengo.
Montenotte	Acqui	Tanaro.
	Ceva	Sture ; Mondovi.
	Port-Maurice	Ligurien.
	Savonne	

28e. division militaire.

États de Parme, de Plaisance et de Guastalla.

DÉPENSES ADMINISTRATIVES.

Sommaire.

Division des dépenses. — Recettes et dépenses générales. — Dépenses fixes des départemens et arrondissemens. — *Id.* variables. — Recettes départementales. — Autres pour les frais d'arpentage des territoires municipaux. — *Id.* pour améliorations diverses. — Loi du 11 frimaire an 7 , relative aux dépenses administratives. — Fonds pour remises ou modérations et secours. — Emploi de ces fonds de non-valeur. — Fixation annuelle des dépenses administratives. — Mode de paiement. — Epoque de l'activité des fonctionnaires , où de laquelle le paiemement du traitement est dû. — Souspréfets : leurs remplaçans n'ont pas droit au traitement. — Impressions ; vérification des frais. — Comptabilité des administrateurs. — Arriéré des dépenses administratives. — Vacances de places.

Dépenses administratives.

Loi du 28 messidor an 4. (B. 31.)

2. Les dépenses des administrations centrales , des corps judiciaires, de la police intérieure et locale , de l'instruction publique et des prisons , sont , à compter du 1er. vendémiaire an 5, à la charge des départemens , sous le nom de *dépenses d'administration*.

Il y est pourvu par un prélèvement en centimes additionnels , qui , dans aucun département , ne peut excéder le cinquième des contributions.

3. Les frais de bureaux des administrations municipales , ainsi que les traitemens des secrétaires en chefs et des employés , continuent à être a la charge des communes.

Les ministres de l'intérieur et de la justice furent , dès-lors , chargés d'ordonnancer ces dépenses en masse , par la loi du 4 pluviose an 5, qui régla les sommes à imposer à cet effet , en sus des contributions publiques.

Extrait de la loi du 11 frimaire an 7. (B. 247.)

1. Toutes les dépenses de la république sont divisées en quatre classes :

1°. Dépenses générales, qui sont supportées par tous les français ;

2°. Dépenses municipales, qui sont supportées par les seuls contribuables de la commune ; (*Voyez, Communes.*)

3°. Dépenses communales, qui sont supportées par les seuls contribuables de chaque arrondissement communal ;

4°. Enfin, dépenses départementales, qui sont supportées par tous les contribuables de chaque département.

Recettes et dépenses générales.

2. Les dépenses générales sont celles :
De la dette publique,
De l'indemnité des électeurs,
Du sénat conservateur,
Du corps législatif,
Du tribunat,
Du gouvernement,
De ses commissaires près les tribunaux,
Des ministres,
Du conseil d'état,
De la haute cour de justice,
Du tribunal de cassation,
De la trésorerie nationale,
De la comptabilité nationale,
De l'institut national,
Des écoles spéciales et de service public,
De la gendarmerie nationale,
Des invalides,
De l'impression et de l'envoi des lois,
De la guerre,
De la marine et des colonies.
Des relations extérieures,
De la police générale,
Des frais de justice,
De la confection, entretien et réparation des grandes routes,
De la navigation intérieure, et de l'entretien et réparation des ports ;

Des primes et encouragemens à l'agriculture, au commerce et aux arts.

De la bibliothèque nationale,

Du muséum,

Du jardin des plantes,

Des hôtels des monnaies,

De la régie des poudres et salpêtres,

Des manufactures nationales, des sourds-muets, des aveugles travailleurs,

Des constructions, grosses réparations et frais de premier établissement des édifices consacrés à un service public, et des autres dépenses qui intéressent l'universalité des citoyens de la république. (*Voyez à la suite, dépenses variables.*)

Il sera statué ultérieurement sur la classification des dépenses relatives aux hospices civils.

3. Les recettes générales se composent du produit des propriétés nationales de toute nature, et des diverses espèces de contributions publiques établies par le corps législatif.

Dépenses fixes des départemens.

Loi du 2 ventose an 13. (B. 34.)

Traitemens des

Préfets,

Secrétaires généraux,

Membres des conseils de préfecture,

Sous-préfets,

Professeurs et bibliothécaires de l'instruction publique,

Receveurs généraux et particuliers, y compris leurs remises.

Ces traitemens montaient en l'an 11, à 8,421,051 fr.

Cours d'appel,

Juges et greffiers des cours criminelles,

Juges et greffiers des tribunaux de première instance,

Juges et greffiers de paix,

Greffiers des tribunaux de commerce,

Juges des tribunaux spéciaux.

Ceux de l'ordre judiciaire, non compris les tribunaux spéciaux, s'élevaient à 943,621 fr.

Dépenses variables.

De préfectures et sous-préfectures, consistant en traitemens d'employés, frais de bureau de toute espèce, frais d'impression, frais de tournées, loyers, entretien des bâtimens et dépenses imprévues ;

D'instruction publique, consistant en salaires de jardiniers-botanistes, employés, achat et entretien d'instrumens d'études, dépenses des écoles, loyers, entretien des bâtimens, etc.

De l'ordre judiciaire, consistant en menues dépenses des tribunaux, gages des concierges, loyers, menues et grosses réparations des prétoires et prisons ; gages des concierges, guichetiers, etc. ; nourriture et entretien des détenus, service de la chaîne ; dépenses imprévues.

Enfans trouvés et secours à payer aux citoyens qui sont chargés d'enfans abandonnés.

Ces dépenses ont été réglées pour l'an 11 à 13,763,892 fr.

Les dépenses fixes sont payées par le trésor public, sur les ordonnances du ministre de l'intérieur, au moyen du produit des centimes additionnels, dont la quotité est fixée pour chaque département en particulier.

Antérieurement à l'an 14, cette quotité de centimes additionnels était la même pour tous les départemens, il en résultait qu'elle était trop forte ou trop faible pour un grand nombre de ces départemens, et que ceux qui étaient imposés au-delà de leurs besoins, contribuaient à l'acquit des dépenses de ceux qui ne produisaient pas une somme égale à celle de leurs frais d'administration. Le nouveau mode paraît plus juste.

Recettes départementales.

Loi du 2 ventose an 13. (B. 34.)

33. Il sera réparti sur le principal des contributions foncière et mobiliaire, pour l'an 14, pour être versé au trésor public et pour servir à l'acquit *des dépenses fixes*, le nombre de centimes porté au tableau nº. 5. (*Voyez la loi au Bulletin.*)

Ce nombre de centimes est de 756 pour les 108 départemens ; ils donnent pour terme moyen 7 centimes par département.

34. Il sera également réparti,

1º. Sur le principal des deux contributions le nombre de centimes nécessaires à l'acquit *des dépenses variables*, énoncés au tableau nº. 6, après que le conseil général du département en aura réglé le montant, sans pouvoir excéder le *maximum* porté au même tableau.

2°. Sur le principal de la contribution foncière seulement, un centime et demi, qui formera un fonds commun, pour subvenir aux frais de l'arpentage et de l'expertise dans les divers départemens.

Les conseils généraux pourront, en outre, proposer d'imposer jusqu'à concurrence de quatre centimes au plus, soit pour réparation, entretien de bâtimens et supplément de frais de culte, soit pour constructions de canaux, chemins ou établissemens publics. S. M., en son conseil d'état, autorisera, s'il y a lieu, ladite imposition.

Décret impérial du 9 ventose an 13.

1. Les centimes que les conseils généraux sont autorisés à voter, en exécution de l'art. 34, titre 8 de la loi du 2 ventose présent mois, soit pour **réparations**, entretien de bâtimens et supplément de frais de culte, soit pour construction de canaux, chemins ou établissemens publics, seront compris de suite dans les mandemens et dans les rôles des contributions foncière, personnelle, somptuaire et mobiliaire de l'an 14.

2. Les délibérations prises à ce sujet par les conseils généraux, seront envoyées par les préfets au Ministre de l'intérieur, pour être statué définitivement par sa Majesté, en son conseil d'état, sur les **propositions** contenues dans ces délibérations.

Le nombre de centimes affecté aux dépenses variables monte à 973, qui produisent pour terme moyen, 9 centimes par département.

Ce terme moyen est donc de 16 centimes pour les dépenses fixes et pour celles variables. Cette quotité était la même pour les années précédentes. mais le trésor public ne retenait alors pour les dépenses fixes que cinq centimes et sept vingt-septièmes par département ; en en prenant 7, il a diminué la somme des dépenses variables de un centime vingt vingt-septièmes.

D'après l'art. 37 de la loi du 11 frimaire an 7, B. 247, le produit des centimes additionnels destinés à l'acquit des dépenses départementales, restait entre les mains du receveur-général du département, pour être employé sur les mandats de l'administration.

Le produit de ces centimes additionnels destinés à former le *fonds de supplément* affecté au déficit des recettes municipales (*de canton*) et départementales, restait également entre les mains du receveur-général, pour être employé sur les mandats de l'administration départementale, 1°. à couvrir le déficit de la recette de chaque administration de canton ; 2°. et ensuite celui des recettes départementales. (art. 43.)

Un troisième produit destiné à former le *fonds commun* des départemens, et destiné, savoir, un cinquième à faire face aux cotes irrécouvrables et aux remises et modérations, et quatre cinquièmes aux secours à accorder pour grêle, gelée, incendies, inondation et autres événemens imprévus; aux supplémens à accorder encore aux départemens auxquels le *maximum* des centimes additionnels n'aurait pas suffi, et enfin au paiement des frais de l'agence des contributions, devait être perçu, savoir, un cinquième par le receveur du département, et les quatre autres cinquièmes par le trésor public. (Art. 16 et 48.)

Ces dispositions sont rapportées implicitement par la loi du 21 ventose an 9, et l'arrêté du 9 floréal suivant. D'après ces loi et arrêté, il ne doit rester dans la caisse du receveur du département que le produit d'un centime, pour être employé, par le conseil de préfecture, sur les ordonnances du préfet, en remises et modérations aux contribuables et aux communes. Tous les autres produits destinés aux dépenses départementales et d'arrondissemens communaux doivent être versés au trésor public.

Dépenses d'arrondissemens communaux.

Loi du 11 frimaire an 7. (B. 247.)

Art. 8. Les dépenses d'arrondissemens communaux, sont celles :

1°. Du traitement des juges dé paix et de leurs greffiers ;

2°. De celui des sous-préfets ;

3°. De celui des commis employés par eux ;

5°. Des frais de bureau en papier, encre, plumes, chauffage, lumières, impressions et affiches ;

6°. Du port des lettres et paquets par la poste, ou des frais de messager employé à la communication entre les sous-préfets et les maires des communes ;

Des tribunaux de première instance ;

Des maisons d'arrêt et prisons ;

Des traitemens et remises des receveurs particuliers.

9. Les recettes communales se composent :

3°. De la quantité de centimes additionnels aux contributions foncière et personnelle qu'il sera jugé nécessaire d'établir pour compléter le fonds des dépenses communales, lesquelles ne pourront, dans aucun cas, excéder le *maximum* qui sera déterminé chaque année, après la fixation du principal de l'une et l'autre contribution.

Dépenses départementales.

13. Les dépenses départementales sont celles :

1°. Des tribunaux d'appel, criminels, spéciaux, correctionnel et de commerce;

2°. Des préfectures;

3°. Des écoles centrales et des bibliothèques, muséum, cabinets de physique et d'histoire naturelle, et jardins de botaniqua en dépendans;

4°. De l'entretien et réparation des édifices publics servant à ces établissemens, et des prisons;

5°. Des taxations et remises du receveur général;

6°. Enfin des autres dépenses autorisées par les lois, et nécessaires à l'administration du département.

14. Chaque administration départementale, pourra ajouter à l'état de ses dépenses une somme destinée à pourvoir aux dépenses imprévues.

Cette somme ne pourra excéder le dixième du montant des dépenses ordinaires, telles qu'elles sont désignées en l'article précédent.

L'emploi n'en pourra être fait qu'avec l'autorisation spéciale du ministre de l'intérieur, pour chaque dépense non portée en l'état, ou, en cas d'urgence, qu'en en référant immédiatement au même ministre.

15. Les recettes départementales se composent des centimes additionnels aux contributions foncière et personnelle, qu'il sera jugé nécessaire d'établir pour pourvoir à l'acquit des dépenses départementales.

Ces centimes additionnels ne pourront, dans aucun cas, excéder le *maximum* qui sera déterminé chaque année, après la fixation du principal de l'une et l'autre contribution.

16. Chaque département imposera, en sus des centimes additionnels destinés à couvrir ses dépenses ordinaires, un nombre déterminé de centimes par franc de l'une et de l'autre contribution foncière et personnelle, destinés à pourvoir dans chaque département en particulier :

1°. Aux remises ou modérations accordées pour pertes de revenus;

2°. Aux secours effectifs à accorder pour cause de grêle, gelée, incendies, inondations, et autres événemens imprévus.

17. Le produit des centimes additionnels formant le *fonds de non valeur* mentionné dans le précédent article, sera employé dans l'ordre, et de la manière qui seront réglés ci-après.

42. Le receveur général du département et ses préposés jouiront, sur le produit des centimens additionnels destinés aux dépenses départementales, d'une remise égale à celle qui leur est attribuée par la loi sur leurs autres recettes.

Le montant de cette remise, ainsi que leur traitement fixe, et le montant de la remise qui leur est attribuée sur le principal des contributions foncière et personnelle, seront acquittés sur le produit des centimes additionnels, et feront partie des dépenses départementales. (*Voyez receveurs, au titre des contributions.*

De l'emploi du fonds de supplément , *et du* fonds commun des départemens.

46. Le produit des centimes additionnels destinés à former le *fonds de non valeur* , établi par l'article 16 , sera employé , savoir :

Pour faire face aux cotes irrécouvrables pour cause d'insolvabilité, ou de non jouissance , et aux remises et modérations accordées pour perte de revenu. ·

Et le surplus pour secours effectifs à accorder à raison de grêle , gelée , incendie, inondations et autres événemens imprévus , jusqu'à concurrence des crédits qui seront ouverts par le ministre , et conformément aux régles qui seront établies.

Arrêté du 27 germinal an 12.

1. Les préfets enverront chaque année au ministre de l'intérieur , avant le 1er. messidor , l'état des dépenses variables ou extraordinaires à faire pour l'année suivante sur les centimes additionnels affectés à ces dépenses, avec leur avis et celui du conseil général de département.

2. Ces états seront présentés par le ministre de l'intérieur, avec son avis , au Gouvernement , qui réglera ces dépenses pour chaque département, par un arrêté d'administration publique.

3. Le préfet ne pourra dépenser , *sous peine de responsabilité personnelle* , ni le ministre de l'intérieur ordonnancer des sommes plus fortes que celles autorisées par l'arrêté.

4. S'il y a de l'économie sur les sommes dont la dépense aura été autorisée , les sommes en résultant pourront être mises à la disposition du préfet l'année suivante, par le ministre de l'intérieur, pour travaux ou embellissemens utiles au département.

5. Indépendamment du compte à rendre des centimens départementaux au conseil général du département, selon le paragraphe 6 de l'article 6 de la loi du 28 pluviose an 8, le préfet enverra au ministre de l'intérieur, dans le premier trimestre de chaque année, le compte de l'emploi desdits centimes alloués pour dépenses variables.

6. Il en sera fait rapport au Gouvernement, pour chaque département séparément, qui, s'il y a lieu, fera examiner lesdits comptes *par une commission du conseil d'état*, à laquelle, en ce cas, les pièces justificatives seront envoyées par les préfets.

Mode de paiement.

Arrêté du 25 vendémiaire an 10. (B. 116.)

1. Les traitemens des préfets, secrétaires - généraux, conseillers de préfecture et sous-préfets,

Ceux des professeurs des diverses écoles des départemens,

Seront ordonnancés par le ministre de l'intérieur, et acquités par le trésor public.

2. Les traitemens des *juges* et *greffiers* des tribunaux d'appel,

Des juges et greffiers des tribunaux criminels;

Des juges et greffiers des tribunaux de première instance,

Et des greffiers des tribunaux de commerce,

Seront ordonnancés par le ministre de la justice, et acquités également par le trésor public.

3. Les dépenses relatives aux enfans abandonnés, aux prisons, dépôts de mendicité, telles que traitemens de concierges, guicheliers, officiers de santé, et autres employés, nourriture des détenus; ameublement, grosses réparations des prisons et prétoires, service des chaînes, et toutes autres dépenses se rapportant à celles ci-dessus énoncées; aux frais de justice de tout genre,

Seront payées, comme les autres dépenses variables, sur les mandats des préfets.

4. Le ministre des finances prendra sur le produit des onze centimes additionnels imposés en conformité de l'article 6 de la loi du 21 ventose an 9, en sus du principal des contributions directes, les sommes nécessaires pour le paiement des dépenses énoncées dans l'article précédent.

Il ordonnancera par ordonnances d'à-compte, au profit des

préfets, par douzième chaque mois, conformément à l'état annexé.

5. Les fonds restant libres chaque année, sur ceux destinés aux dépenses dont il est parlé à l'article 3. Et aux dépenses variables en général, seront laissés aux préfets, pour être employés en améliorations des établissemens confiés à leur service.

6. En cas d'insuffisance des sommes mises à la disposition des préfets, pour quelqu'un des articles de dépense portés au tableau joint au présent arrêté, ils pourront y suppléer avec les fonds excédant pour les autres articles.

7. Le compte des dépenses désignées dans l'article 3. Sera soumis aux conseils généraux de département, qui feront connaître leurs vues tant sur la suppression des abus qu'ils auraient remarqués dans le service, que sur les améliorations qu'ils croiraient convenables, et arrêteront ledit compte.

Résumé des dépenses qui en l'an 9 étaient ordonnancées par les ministres de l'intérieur et de la justice, et qui, en l'an 10, le seront par les préfets.

1°. Frais de procédures instruites d'office ou à la requête du ministère public, payables sur exécutoires.................. 5,852,801 f. 67 c.

2°. Dépenses des prisons, conformément à ce qui est détaillé dans l'article 3 de l'arrêté, à l'exception de l'article premier, et de celui qui suit.................. 4,000,000 00

3°. Dépenses relatives aux enfans trouvés, et aux secours à payer aux citoyens chargés des enfans abandonnés.......... 1,484,890 00

TOTAL........... 11,337,691 f. 67 c.

Extrait de la lettre du ministre de l'intérieur.

Du 29 pluviose an 10.

» Ne perdez pas de vue que le traitement n'est dû qu'à dater » de l'installation, et non de la nomination, comme quelques » fonctionnaires paraissent l'avoir pensé. Le produit des va- » cances est réversible au trésor public. »

Les citoyens qui remplissent par intérim les fonctions de souspréfet,

préfet, n'ont pas droit au traitement attaché à ces fonctions; mais on leur doit le remboursement des frais que ce service leur a occasionné. (*Décision du ministre de l'intérieur.*)

Impressions.

.*Vérification des frais.*

Extrait d'une instruction du 5 brumaire an 11.

Composition.

C'est la somme payée à l'ouvrier pour la main-d'œuvre, suivant que le travail est plus ou moins compliqué.

On prend pour base le prix de la journée de l'ouvrier, suivant la localité.

Pour les ouvrages avec filets, accolades, on ajoute une plus-value, suivant la nature et la portée de l'ouvrage.

Tirage.

On alloue ordinairement par mille du tirage sur papier couronne, écu et carré, le prix de la journée d'un compositeur; pour le grand raisin, un quart en sus; et proportionnellement pour les formats supérieurs. La feuille tirée des deux côtés se compte double.

Etoffes.

C'est la somme représentative de l'usure des caractères, presses, ustensiles, encre et autres matières servant à l'impression.

On alloue cinquante pour cent du montant de la composition et du tirage.

Si les modèles ne comportent qu'une demi-feuille tirée d'un seul côté, ou un quart de feuille, et qu'ils soient demandés à plusieurs mille, on ne compte le tirage que pour la moitié ou le quart; mais alors il est dû deux ou quatre compositions, suivant le nombre du tirage.

Bénéfice.

On le fixe ordinairement à vingt-cinq pour cent du même montant.

Papier.

Le prix est réglé d'après la sorte et la qualité, fine, moyenne ou bulle, à dix pour cent au dessus du-prix marchand.

On ajoute de plus à la quantité employée, une main de passe par rame, ou une demi-main lorsque les nombres sont forts.

Pliage, rognage, empaquetage et port.

On fixe ces frais ensemble à 2 francs par rame.

Frais de brochure, d'affiche et autres extraordinaires.

Sont comptés à part.

Comptabilité.

Loi du 11 frimaire an 7.

30. Le sous-préfet rend compte chaque année, des dépenses de son administration, au conseil de l'arrondissement.

31. Le préfet rend compte des dépenses départementales et communales, au conseil général du département.

32. Le projet des dépenses d'arrondissement et de département pour l'année suivante, est envoyé par le préfet au ministre de l'intérieur ; il est fixé et arrêté définitivement par le Gouvernement.

66. Tous administrateurs et receveurs de département qui ne rendront pas compte dans le délai fixé par l'article 62 ci-dessus, seront, avec l'autorisation du Gouvernement, dénoncés par le ministre de la justice au même commissaire, et condamnés à consigner le dixième du montant présumé des recettes departementales, telles que l'état en aura été arrêté par les ministres de la justice et de l'intérieur.

67. Dans les poursuites dirigées contre les administrations centrales ou municipales, les condamnés ne seront pas solidaires, et chacun d'eux ne sera tenu à fournir que sa cote-part à la consignation.

La consignation aura lieu, sans préjudice des autres poursuites qui seraient nécessaires pour contraindre les administrateurs ou receveurs en retard.

Le montant n'en sera remboursé qu'à la remise et l'apurement du compte.

Arriéré.

Arrêté du 17 pluviose an 10.

Il ordonne aux receveurs des départemens de verser, *en bons à vue*, au trésor public, les sommes restant dans leurs caisses, provenant des centimes additionnels des années antérieures à l'an 8.

Arrêté du 3 germinal an 10. (B. 171.)

1. Les fonds provenant des centimes additionnels de l'an 8, et années antérieures, versés au trésor public en bons à vue, conformément à l'arrêté du 17 pluviose dernier, ne pourront être employés qu'en vertu des décisions spéciales des consuls.

2. Au conseil des finances de chaque mois, à compter de germinal, le ministre du trésor public fera connaître aux consuls le montant desdits bons versés au trésor public, pendant le mois précédent, par chaque département, et la portion de ces mêmes bons provenant des recettes antérieures dont il n'aura pas été disposé.

3. Les préfets qui auraient encore à faire acquitter des dépenses imputables, d'après les lois, sur lesdits centimens, feront parvenir au ministre de l'intérieur, les demandes de fonds nécessaires pour leurs départemens respectifs, avec les renseignemens justificatifs.

Le ministre de l'intérieur, après avoir examiné lesdites demandes de fonds, les comprendra, s'il y a lieu, dans l'apperçu des besoins qu'il adresse chaque mois au ministre du trésor public.

4. Le ministre du trésor public s'assurera que les demandes des préfets n'excèdent pas les fonds disponibles de chaque département, sur les centimes additionnels versés en bons à vue, et que le trésor public a recouvré la partie des fonds communs que ces mêmes départemens pouvaient être tenus d'y verser pour couvrir l'insuffisance des autres départemens. Il proposera ensuite aux consuls, au conseil des finances du 15 de chaque mois, d'ouvrir au ministre de l'intérieur, un crédit de pareille somme imputable sur lesdits centimes.

Les ordonnances que le ministre de l'intérieur délivrera en conséquence, au nom des préfets, seront acquittées par le payeur général des dépenses diverses, ou ses préposés.

5. Dans les départemens où les dépenses restant à acquiter sur les centimes additionnels des années 8, et antérieures, n'absorberaient pas le montant des bons à vue versés aux trésor public sur les mêmes centimes, l'excédant pourra, sur la demande des préfets, sauf l'approbation des consuls, être employé en amélioration et objets d'utilité publique dans lesdits départemens.

Arrêté du 15 vendémiaire an 11. (B. 220.)

1. Les fonds provenant des centimes additionnels de l'an 8, et années antérieures, versés au trésor public en bons à vue, conformément aux arrêtés des 17 pluviose et 3 germinal an 10, seront mis successivement à la disposition du ministre de l'intérieur, par à-compte de trois cent mille francs pour chaque mois.

2. Le ministre de l'intérieur est autorisé à répartir, chaque mois, ladite somme de trois cent mille francs entre les départemens qui ont encore des dépenses à acquiter sur lesdites années, et dans la proportion de leurs besoins.

3. Après l'entier acquittement des dépenses départementales sur l'exercice de l'an 8, et années antérieures, les fonds provenant des centimes desdites années, versés au trésor public, qui n'auraient pas été employés, seront appliqués par le ministre de l'intérieur, sur la demande des préfets, en améliorations et objets d'utilité publique, dans les départemens dont les versemens en bons à vue sur lesdits centimes auraient excédé les dépenses qui leur restaient à acquitter.

Ces sommes seront toujours déduites des fonds qui seront accordés au ministre de l'intérieur pour chaque mois, et portées en distribution au conseil général des finances.

Décret impérial du 22 nivose an 13.

1. Les créances restant à acquitter pour dépenses départementales arriérées, antérieures au premier vendémiaire an 5, sont renvoyées au conseil général de liquidation, pour être liquidées et payées conformément aux lois, comme toutes les autres dépenses générales antérieures à cette époque.

2 Le restant des fonds provenant de centimes additionnels de l'an 8, et années antérieures, continuera à être employé à

l'acquit des dépenses départementales arriérées sur les exercices de l'an 5, et années postérieures, ou à des objets d'utilité publique, conformément aux dispositions de la loi du 11 frimaire an 7 et des arrêtés susdates pris sur cette matière.

Vacances de places.

Lettre du ministre de l'intérieur du 12 ventose an 12.

Je vous invite, citoyen préfet, à m'informer exactement à l'avenir, et à mesure des mutations, des dates précises des installations de tous les fonctionnaires de l'ordre administratif dont les traitemens sont compris au nombre des dépenses fixes départementales : vous savez que ces traitemens ne sont dus que du jour de l'installation, et que ceux qui tiennent ces places par *interim* n'y ont aucun droit, à l'exception des suppléans, qui, aux termes de l'article 6 de l'arrêté du Gouvernement du 19 fructidor an 9, peuvent recevoir, en cas d'absence seulement du titulaire, proportionnellement au tems de leur service, la moitié du traitement du membre qu'ils remplacent.

Vous voudrez bien, chaque fois, me faire connaître aussi,

1º. La durée de l'*interim* qui se sera écoulé entre cette installation et la cessation des fonctions du dernier titulaire ;

2º. La somme restée disponible sur le traitement pendant la vacance de la place ;

3º. Par qui l'*interim* a été tenu, les droits que celui-ci peut avoir à un indemnité, et la somme à laquelle vous pensez qu'on pourrait la fixer.

Ces renseignemens me sont nécessaires pour la vérification des états de traitemens des divers fonctionnaires, que vous devez me fournir à l'échéance de chaque trimestre, conformément à ma circulaire du 29 pluviose an 10, ainsi que pour arrêter ceux que vous m'adressez à la fin de chaque exercice.

Vous voudrez bien, citoyen préfet, timbrer toutes les lettres que vous m'écrirez à ce sujet, de ces mots : *Première division, bureau de la comptabilité administrative.*

DÉPOTS DANS LES GREFFES.

La loi du 11 germinal an 4 (B. 36) ordonna aux greffiers, géoliers et autres dépositaires d'effets mobiliers déposés à l'occasion de procès civils ou criminels terminés, ou à l'occasion desquels l'action était prescrite, d'en dresser des états, et de les envoyer aux administrations centrales.

Celles-ci furent chargées de faire vendre ces effets, d'envoyer les matières d'or et d'argent aux hôtels des monnaies, et le numéraire dans les caisses publiques.

Les commissaires du pouvoir exécutif près de ces administrations suivirent l'exécution de la loi.

Ils ouvrirent aussi les caisses, malles ou paquets en présence des dépositaires, et en dressèrent procès verbal. L'administration centrale disposa ensuite de leur contenu comme il est dit plus haut, et fit tenir état estimatif de tous les objets, pour le montant être remis dans l'année de délai à ceux qui le réclameraient, en justifiant qu'il était le produit de leur propriété.

DESSÉCHEMENS.

Loi du 1er. mai 1790.

Chaque assemblée de département dût s'occuper de faire dessécher les marais, les lacs et les terres de son territoire habituellement inondés, dont la conservation dans cet état n'était pas jugée d'une utilité préférable au desséchement pour les particuliers ou les communes dans l'arrondissement desquelles ces terres étaient situées, en commençant, autant qu'il était possible, les améliorations par les marais les plus nuisibles à la santé, et dont le sol pouvait devenir le plus propre à la production des subsistances, et chaque administration de département dût employer les moyens les plus avantageux aux communes pour parvenir au desséchement.

D'après le décret du 24 août suivant, les municipalités furent tenues d'envoyer sous trois mois à l'assemblée de leur district un état raisonné des marais ou terres inondées de leur arrondissement, et l'assemblée de district dût le faire passer dans le mois, avec ses observations, à celle du département. Cet état devait contenir les noms des propriétaires, la situation et l'étendue de ces terrains, les causes de leur submersion, le préjudice qu'ils portaient au pays, les avantages qu'il pourrait tirer de leur culture, les moyens d'effectuer le desséchement, et l'aperçu des dépenses qu'il exigerait.

Ces dispositions sont toujours en vigueur, et les conseils généraux ce d'arrondissement doivent délibérer sur ces desséchemens, et les moyens les plus favorables pour les effectuer.

Les fonds nécessaires sont autorisés par le Gouvernement.

2. Les administrations de département communiquent ces états et mémoires à toutes personnes qui veulent en prendre connaissance. Les administrations de département font vérifier sur le lieu la nature des marais dont le desséchement leur est indiqué et les observations ; le procès-verbal est imprimé et rendu public, envoyé à toutes les municipalités de l'arrondissement, et le rapport de tous les mémoires et procès-verbal de vérification est fait à l'administration centrale.

Lorsqu'elle a déterminé le desséchement d'un marais des domaines nationaux, des communes ou des particuliers, le propriétaire est requis de déclarer dans l'espace de six mois s'il veut le faire dessécher lui-même, le temps qu'il demande pour l'opérer, et les secours dont il a besoin pour cette entreprise. L'administration peut, selon les circonstances ou l'étendue du marais, accorder un délai au propriétaire, et lui fait connaître, dans tous les cas, si elle peut lui procurer les secours qu'il demande.

Le corps législatif, conservateur des biens nationaux non vendus, décide de ce qui les concerne, et les préfets sur l'avis des sous-préfets déclarent ce qu'ils croient être le plus utile pour les marais des communes.

Loi du 26 octobre 1790 — 5 janvier 1791.

Si le propriétaire ne veut pas faire ce desséchement, ou s'il ne le fait pas dans les termes convenus, l'administration du département fait exécuter le desséchement en payant au propriétaire en argent ou en terres desséchées la valeur de son marais. Il est évalué par des experts. Si le propriétaire s'y refuse, son expert est nommé d'office par (le sous-préfet); en cas de partage, les deux experts en nomment un troisième.

Si le marais est indivis, tout co-propriétaire peut en entreprendre le desséchement entier, et il rembourse aux autres leur portion dans la forme et aux conditions ci-dessus prescrites.

L'adjudication par l'administration de département du desséchement d'un marais se fait aux enchères, reçues trois fois, de quinze jours en quinze jours, annoncées dans tous les arrondissemens du département par des affiches explicatives des charges et conditions. L'adjudication se fait en présence d'un administrateur du département (1) du lieu où est situé le marais. L'adjudicataire peut être payé par l'abandon d'une partie du marais à dessécher.

L'entrepreneur doit s'obliger à indemniser, à dire d'experts, les propriétaires riverains et ceux dont les biens seraient traversés par les eaux du marais, ainsi que ceux des digues, usines et moulins qu'il faudrait supprimer. Il donne une caution solvable. L'administration de département peut accorder une prime à raison des difficultés de l'opération, ou donner en propriété une petite portion du marais desséché aux ouvriers qui se sont distingués par leur constance et leur activité.

Les administrations de département vendent les parties de marais desséchées, devenues domaine public, à des ouvriers ayant le moyen de défricher eux mêmes. La condition de la vente est une redevance amortissable par huitième, ou telle autre condition paternelle que les administrations trouvent juste.

La contribution sur ces terrains ne devait être que de trois deniers par arpent pendant vingt-cinq ans, et celle pour les terrains desséchés en vertu de l'édit de 1764 que d'un sou. (Voyez *la loi du* 3 *frimaire an* 7. (B. 243.)

Les concessions de marais à condition de desséchement sont révoquées, si ces marais ne sont pas desséchés à moitié, et les anciens propriétaires rentrent dans lesdits marais à l'époque de rigueur déterminée par les administrations de département.

Les concessionnaires troublés font cesser incessamment les obstacles.

En cas de contestation sur la propriété, ou de prétention d'usage et de servitude, il est dressé procès-verbal par deux commissaires nommés par le directoire de district (aujourd'hui le sous-préfet) des prétentions, titres et moyens respectifs, et le conseil de préfecture du département prononce par voie de conciliation, sauf l'appel devant le tribunal civil; mais ces contestations ne peuvent empêcher les travaux du desséchement.

Une loi du 13 — 18 juin 1790, autorisa les directoires de district à vérifier les dégâts commis sur les terrains afféagés et les marais desséchés, et à apprécier les indemnités. Elle suspendit en conséquence toutes procédures relatives aux dédommagemens reclamés; mais il ne s'ensuit pas que cette attribution soit restée à l'autorité administrative.

----

(1) Par un commissaire du département, nommé par le préfet, lequel peut être le sous-préfet de l'arrondissement, ou le maire de la commune où le marais est situé.

Arrosemens.

Un décret du 21 — 27 mai 1791 a autorisé un projet d'arrosement des vallées d'Arc, Marignane et Marseille, proposé par les citoyens Fabre frères, sous la direction de l'administration du département des Bouches-du-Rhône. Cette opération consistait, 1º. à intercepter les eaux de la rivière d'Arc par le moyen de deux étangs à construire, l'un à Langesse dans le terroir de Meyreuil, et l'autre à la hauteur de Ventabrens,

2º. A dériver les eaux interceptées pour les porter tant du côté d'Aix, Aiguilles, Lafare et Laucon que du côté de Trebillane, les Pennes, Allauch et Marseille.

Un décret du 25 septembre — 9 octobre 1791, accorda diverses sommes à nombre de départemens pour des desséchemens.

Décret du 3 — 20 septembre 1792.

Les digues et canaux construits tant au-dehors qu'à l'intérieur de l'île de Noirmoutier pour la défense ou pour l'exploitation des propriétés particulières, continueront à être entretenus aux frais des propriétaires, sous la surveillance des administrations de district. Il sera proposé par ces administrations une déduction sur le produit net de ces terrains, en raison de leur entretien, pour l'assiette des contributions, qui sera arrêtée par l'administration centrale.

2. L'entretien et les réparations ordinaires de la digue de la pointe du Devin et des balises nécessaires à la sûreté de la communication entre l'île et le continent sont à la charge du département ; mais pour les nouvelles constructions et augmentations jugées nécessaires à la sûreté de l'île, il sera accordé, sur le trésor public, au département de la Vendée, des secours qui seront fixés par le corps législatif, d'après l'avis de l'ingénieur en chef, des corps administratifs et du pouvoir exécutif.

3. A l'avenir celui qui construira une digue en mer pour cultiver un attérissement jouira, pour la contribution foncière des exemptions portées aux articles 2 et 5 du titre 3 de la loi du 1er. décembre 1790 pour le desséchement des marais, et ne pourra être augmenté qu'après les vingt-cinq premières années, et toujours néanmoins sous la déduction ordonnée par l'article 1er. ci-dessus. (*Voyez la loi du 3 frimaire an 7.*)

4. Ces règles sont communes à toutes les îles et à toûs les terwritoires maritimes.

Loi du 4 pluviose an 6. (B. 179.)

1. Les propriétaires des marais desséchés dans les départemens de la Vendée, des Deux-Sèvres et de la Charente-inférieure, connus sous le nom de desséchemens des anciennes provinces d'Aunis, Poitou et Saintonge, et tous autres propriétaires de marais desséchés, sont autorisés à se réunir pour l'entretien de leurs desséchemens, et pour délibérer sur leurs intérêts communs.

2. Ils sont tenus de prévenir l'administration municipale de canton et celle de département (les maires, sous-préfet et préfet) du lieu, du jour et de l'objet de leur assemblée.

3. Si la nation a des intérêts dans les desséchemens, elle est représentée dans ces assemblées par un commissaire nommé par l'administration centrale (le préfet.)

4. Les délibérations sont prises à la majorité des suffrages, et homologuées par (le préfet,) pour être rendues exécutoires, et l'exécution en être poursuivie devant les tribunaux par les agens, syndics ou directeurs de ces sociétés.

Par une lettre du 15 du même mois, le ministre de l'intérieur a décidé que cette loi était applicable à la conservation de toutes les propriétés exposées aux inondations.

Un décret du 14 frimaire an 2, ordonna le desséchement de tous les étangs.

A l'exception de ceux nécessaires à alimenter les fossés de défense des villes de guerre, les usines métallurgiques, les canaux de navigation intérieure, le flottage ; les papeteries, les filatures, les moulins à foulon, à scier et à poudre.

Les réservoirs d'un arpent destinés à l'irrigation des prairies ou à abreuver les bestiaux ne durent pas être considérés comme étangs ; mais ceux qui contenaient plus d'un arpent durent y être réduits.

Les communes purent demander la conservation de ceux indispensablement nécessaires pour le service des moulins et autres usines.

Ce décret fut rapporté par celui du 13 messidor an 3.

DIVISION TERRITORIALE.

Sommaire.

Division administrative ; *observations*. — Division territoriale. — Loi du 4 mars 1790 , qui établit les principes de la délimitation entre les départemens , les arrondissemens et les communes. — Compétence des autorités administratives relativement aux délimitations de communes. — Transport de contributions. — Délimitation des départemens situés le long du Rhône ; prohibition aux répartiteurs. — Arrondissemens des cantons ou des justices de paix.

Division administrative.

L'expérience a prouvé que les maires étaient généralement trop peu instruits et choisis nécessairement dans une classe de citoyens trop occupés des travaux les plus intéressans et les moins propres à donner des connaissances administratives , pour être chargés de l'application des lois et de donner les renseignemens dont le Gouvernement a besoin.

Sous l'ancien régime , les communes étaient au moins aussi multipliées qu'elles le sont aujourd'hui. Elles n'avaient pour administrateur qu'un syndic; mais elles en avaient assez. parce que ce syndic n'avait à remplir d'autres fonctions que celles d'assembler les propriétaires pour former les rôles de la contribution foncière ; de percevoir les différentes contributions , d'assembler et de conduire les jeunes gens au tirage de la milice , et enfin , de réunir les habitans , soit pour délibérer sur leurs intérêts communs, soit pour leur faire connaître les journées de corvées qui leur étaient demandées. L'état civil était entre les mains des curés ; la police , entre celles des justices seigneuriales . et l'administration générale n'étant fondée que sur des bases générales et fixes , on avait rarement besoin de recourir à des renseignemens locaux, et encore les intendans et leurs subdélégués les demandaient-ils ordinairement aux curés.

Aujourdhui , une seule portion des habitans délibère sur les intérêts communs; les maires tiennent l'état civil , font la police , appliquent toutes les lois d'administration générale , et seuls, ils peuvent donner officiellement tous les renseignemens dont le Gouvernement a besoin pour distribuer la justice dans des proportions convenables.

Ces fonctions sont au-dessus de la capacité de la plupart des maires ; l'administration générale est languissante , et elle pèse nécessairement sur les administrés , en raison , soit de la mal-adresse ou de l'impuissance , soit de l'insouciance ou de la mauvaise volonté de ces fonctionnaires.

Ce système administratif existe depuis 1789 , et il semble d'après les demandes de presque tous les préfets , qu'on ne peut en sortir. ou qu'on ne peut l'améliorer qu'en réunissant plusieurs communes sous une seule administration municipale.

Mais cette amélioration est-elle certaine, est-elle possible, et peut-on établir au surplus un *meilleur mode* d'administration pour l'application des lois?

L'expérience a déjà prouvé que la réunion des communes ne produirait aucun homme assez instruit pour seconder le Gouvernement. Depuis l'an 4 jusqu'à l'an 8, le dernier degré de l'autorité administrative était composé de la réunion de dix à vingt agens d'autant de communes formant le canton. Ces administrations étaient aussi peu instruites ou aussi peu actives que chacun de leurs membres en particulier, et quoiqu'elles eussent un secrétaire qui pouvait être choisi parmi les hommes les plus instruits du canton et du dehors, l'administration générale n'était pas mieux servie.

On pourrait vouloir atténuer la vérité de cette observation, en répondant que cet effet n'avait lieu que parce qu'en dernière analyse, c'était chaque membre en particulier qui faisait exécuter dans sa commune; mais cependant cet agent local était plus fort que les maires actuels, au moyen des instructions de l'assemblée et du mode délibéré par elle. — Au surplus, une cause générale et très-active, autre que celle de l'incapacité, empêchera toujours le Gouvernement de trouver dans la composition actuelle des municipalités, des agens utiles; c'est celle de l'intérêt personnel, presque toujours en opposition avec l'intérêt général.

Si donc, dans quelque localité, une réunion de deux ou trois communes produisait un maire un peu moins ignorant que ceux des communes réunies, son intérêt particulier ne serait pas moins en opposition avec les vues du Gouvernement, soit qu'il en pénétrât, ou soit qu'il n'en pénétrât pas les résultats.

D'un autre côté, ce maire, agriculteur ou livré à tout autre genre de travail, remplirait beaucoup moins facilement les diverses fonctions de la mairie de plusieurs villages éloignés les uns d's autres, et il serait également moins à portée de fournir les renseignemens qu'on lui demanderait.

Mais ces réunions sont-elles généralement possibles? D'abord on doit observer qu'elles sont desirées beaucoup plus spécialement pour les localités montueuses, de difficile accès, que pour les pays plats, et que c'est précisément dans les localités hérissées de montagnes, de bois, de rochers, de torrens, et souvent couvertes de neige, que ces réunions ne peuvent s'opérer sans détruire entièrement l'administration des communes réunies et l'application d's lois générales.

C'est dans ces localités que la police a le plus besoin d'être près des habitans, de les connaître particulièrement, et d'avoir toujours l'œil ouvert sur toutes les parties du territoire.

C'est dans ces localités que l'autorité publique doit être entourée des administrés, pour faire exécuter les lois sur le recrutement des armées et la désertion, sur la levée et le versement des contributions, et pour établir l'état civil des citoyens.

Les lois sur cette partie veulent qu'un enfant soit présenté dans les trois jours de sa naissance à l'officier de l'état civil, et que cet officier se transporte dans tous les lieux où il y a un individu décédé pour vérifier la cause de sa mort. Ces fonctions ont paru au Gouvernement si essentielles, et il a si bien senti la nécessité d'établir près des habitans l'officier de l'état civil, qu'il s'est fait autoriser à en créer plusieurs pour les communes qui avaient des écarts d'un difficile accès dans de certains tems de l'année, et qu'il en a établi d'extraordinaires pour quelques-unes de ces communes.

Les tems de grand froid où de chaleurs excessives existent pour la plupart des communes de l'Empire, et conséquemment le grave inconvénient du transport d'enfans débiles, pendant ces saisons, se ferait sentir partout. Les réunions de communes seraient la cause indubitable de la mort de beaucoup d'enfans, et, d'un autre côté, l'autorité locale se dispenserait d'aller vérifier la cause des décès.

Déja, dans plusieurs parties de l'Empire, on ne peut persuader aux habitans qu'il est de leur intérêt personnel de faire les déclarations relatives à l'état civil ; si on éloigne d'eux l'officier public, on doit craindre de les affermir dans leur indifférence.

Enfin, en principe, l'administration est établie pour les habitans et non pour le Gouvernement ; mais d'ailleurs il paraît moralement prouvé que le Gouvernement, ou l'administration générale ne gagnerait rien à former de grandes municipalités, ni sur l'exactitude des fonctionnaires locaux, ni sur l'activité de l'administration.

On ne pense pas cependant que le Gouvernement doive rejeter les demandes partielles de réunions de communes, mais on croit que ces réunions ne doivent être prononcées que sur la demande ou sur le consentement des communes intéressées.

On croit enfin que la remise provisoire de l'administration d'une commune au maire d'une commune voisine est un moyen efficace de porter les habitans de la commune déléguée à se procurer, ou à leurs enfans, assez d'instruction pour se racheter de la dépendance étrangère et incommode dans laquelle leur ignorance les a mis.

Ces réflexions sont autant dans l'intérêt des communes que dans celles du Gouvernement, et elles ne semblent prouver que les vices du système adopté et suivi depuis 1790 ; mais on a l'intention spéciale de les diriger vers l'intérêt particulier du Gouvernement, comme le moyen le plus sûr d'opérer celui des communes.

A en juger d'après la presque unanimité des préfets pour demander la réunion des communes, il semblerait qu'on devrait distribuer la population pour les établissemens administratifs ; mais ce moyen étant impraticable, ce sont les établissemens administratifs qui doivent être subordonnés à la population et aux localités.

Jusqu'à présent, les divers établissemens exécutifs de l'administration ont été jetés çà et là sans aucun plan général : la justice de paix est établie dans un lieu, le receveur des droits d'enregistrement dans un autre, la gendarmerie dans un troisième, souvent le bureau de la poste est aussi établi dans un autre, et dans toutes les communes il y a un percepteur. Ce défaut d'ensemble dans les établissemens publics, le grand éloignement des fonctionnaires supérieurs et le défaut de communications publiques et régulières ôtent toute ressource au Gouvernement pour faire suppléer l'incapacité des maires.

En établissant un système régulier dans le placement des services publics, on croit que le Gouvernement parviendrait à donner à son administration toute l'activité, la force et le succès qu'il desire. Ce système, présenté par feu M. Guiraudet, préfet de la Côte-d'Or, consisterait, 1°. A réduire le nombre des justices de paix à celui des bureaux de poste, et à fixer le chef lieu de chacune dans la commune où le bureau est établi ; 2°. A réunir dans ce chef-lieu toutes les recettes publiques qui se trouveraient établies dans l'arrondissement du canton ; 3°. A y établir également un seul percepteur pour toutes les communes du canton ; 4°. A y établir aussi une brigade ou demi-brigade de gendarmerie ; 5°. Enfin, à y établir un sous-préfet chargé de l'application directe des lois aux communes de l'arrondissement, et de donner au préfet tous les renseignemens dont il aurait besoin.

L'utilité d'un sous-préfet, qui devrait être étranger aux intérêts locaux, qui aurait les connaissances qu'exigerait l'Empereur, qui aurait une infinité de moyens pour correspondre avec les communes de son arrondissement, par les relations journalières de leurs habitans avec les établissemens réunis, et par les tournées de la gendarmerie, et dont la correspondance avec le préfet serait directe, ne semble pas devoir être mise en doute. Il serait encore utile sous le rapport de la police, puisque cet homme éclairé, ami du bon ordre et de la justice, serait à portée de connaître par lui-même la plupart des habitans de son arrondissement, et de donner à leur sujet des renseignemens précieux.

Ce fonctionnaire devrait encore remplir, pour toutes les communes, les fonctions du ministère près le tribunal de paix, soit parce que les adjoints aux maires sont incapables de bien remplir ces fonctions, soit parce qu'il est contre les principes que celui qui a constaté un délit, en poursuive directement la punition.

Ce sous-préfet, chargé de l'application des lois, ferait donc lui-même la levée des conscrits, les rôles des contributions publiques et toutes autres opérations ordonnées par le Gouvernement, et il surveillerait facilement toutes les parties, puisque tous les établissemens publics seraient réunis près de lui.

Quant à la dépense, elle peut être calculée exactement.

Il y a dans l'Empire, non compris la Ligurie, 1,544 bureaux de poste. En supposant que la réunion des établissemens exigeât une augmentation dans le nombre des bureaux de poste, à cause de certaines localités négligées par cet établissement, on ne pense pas que cette augmentation dût en porter le nombre au-delà de 1800, et c'est sur cette base qu'on va donner l'aperçu de la dépense de ces 1,800 sous-préfectures.

A raison du peu d'étendue de chaque arrondissement, on croit que 4,000 fr. pour traitement et frais de bureau seraient suffisans pour chaque sous-préfecture, et les 1,800 couteraient. . . . . . . 7,200,000 fr.

Il faut retrancher de cette somme. 1°. Celles que coutent les sous-préfectures actuelles, qui montent à. . . . 1,892,850

2°. Près de la moitié des frais de justice de paix supprimés, qui produirait 3,401,737 fr. et qu'on ne compte que pour 3,000,000

3°. Les frais de la direction des contributions publiques, établis par la loi à. . . . . . . , ... 2,923,500
Et qui montent beaucoup plus haut.

4°. Enfin, le traitement des secrétaires généraux de préfecture, dont les services seraient beaucoup plus utiles dans une sous-préfecture, lequel forme une dépense de. 377,000

$$\overline{}$$

8,193,350

Il résulte de ce calcul, fondé sur ce qui existait en l'an 9, que le nouvel établissement couterait 993,000 fr. de moins que les sous-préfectures actuelles et autres établissemens qui sont nécessaires dans l'état actuel des choses.

La gendarmerie serait d'autant plus suffisante et en même-tems plus facile à distribuer qu'en l'an 9. Elle fut portée à 2,500 brigades, dont 1,750 à cheval, non compris celle des départemens au-delà des Alpes,

Les communes gagneraient aussi de leur côté environ 600,000 fr. de frais de piétons.

Enfin, par cette répartition des agens d'exécution, les préfets se trouveraient débarrassés d'une administration directe, qui les détourne nécessairement de la surveillance qu'ils doivent exercer sur toutes les parties, et ils économiseraient des frais de bureaux.

Les fonctions qui resteraient aux maires, consisteraient dans la police de la commune et dans la tenue des registres de l'état civil. Cette dernière est la seule délicate et l'une de celles qui font remarquer leur incapacité ; mais on peut les aider efficacement dans l'exercice de cette fonction, en faisant remplir les feuilles des registres des formules imprimées des actes de chaque espèce. Le ministre de l'intérieur a toujours recommandé cette mesure ; mais soit l'insouciance de quelques préfets, soit, plus spécialement, le défaut de fonds pour subvenir à cette dépense, quoique minime, il s'en faut de beaucoup qu'elle ait été adoptée généralement Le fait est qu'on ne s'est plaint de l'irrégularité des actes que dans les départemens où elle est négligée.

Division territoriale.

Coustitution.

1. La république française est une et indivisible.

Son territoire européen est distribué en départemens et arrondissemens communaux.

Décret du 20 janvier 1790.

Les villes, villages, paroisses et communautés qui ont été jusqu'ici mi-parties entre les différentes provinces, se réuniront pour ne former qu'une même municipalité, dont l'assemblée se tiendra dans le lieu où est le clocher.

Loi du 15 janvier — 4 mars 1790.

2. Dans toutes les démarcations fixées entre les départemens et les districts, il est entendu que les villes emportent le territoire soumis à l'administration directe de leurs municipalités, et que les communautés de campagne comprennent de même tout le territoire, tous les hameaux, toutes les maisons isolées, dont les habitans sont cotisés sur les rôles d'imposition du chef-lieu.

3. Lorsqu'une rivière est indiquée comme limite entre deux départemens ou deux districts, il est entendu que les deux départemens ou les deux districts ne sont bornés que par le milieu du lit de la rivière, et que les deux directoires doivent concourir à l'administration de la rivière.

4. La division de la France en départemens et en districts,

n'est décrétée, quant à présent, que pour l'exercice du pouvoir administratif, et les anciennes divisions relatives à la perception des impôts et au pouvoir judiciaire, subsisteront jusqu'à ce qu'il en ait été autrement ordonné.

Loi du 14 — 28 juin 1791.

Cette loi a déclaré nulles et comme non-avenues toutes réserves portées aux procès-verbaux de division des départemens et districts, ainsi que tous arrêtés des corps administratifs, contraires à la fixation de leurs limites, et a ordonné que toutes les communes qui se seraient détachées du département ou du district, s'y réuniraient sans délai, sauf à statuer sur les demandes en rectification de limites, conformément à l'instruction du 20 août 1790.

Loi du 19 — 20 avril 1790.

8. Les limites contestées entre communes sont réglées par les administrations de département (les préfets), et à l'égard des héritages qui, par suite de ces prétentions respectives, ont été imposés sur plusieurs rôles, les administrations de département (les conseils de préfecture), ordonnent et font faire la radiation des taxes sur les rôles des communes dans le territoire desquelles ces héritages ne sont pas situés, ainsi que la réimposition au profit des propriétaires ou fermiers qui ont payé ces taxes, quand leur opposition n'aurait pas été formée dans le délai fixé par les anciens réglemens.

Par arrêtés des 12 brumaire an 11 et 27 vendémiaire an 12. (*Voyez-les au titre des contributions*) le Gouvernement a ordonné l'arpentage général de toutes les communes, et qu'à cet effet les limites des territoires municipaux seraient contradictoirement et invariablement fixées.

Le ministre des finances joignit à ces arrêtés une instruction portant, entre autres choses, que l'*usage* avait consacré une législation d'après laquelle il était reconnu plus utile de s'en tenir aux *convenances*, que de consulter des prétentions fondées *sur des titres contestés*, ou dont la révolution avait détruit *le mérite primitif* ou *l'objet féodal*.

En conséquence, il a invité les préfets à préférer les limites naturelles qui se trouveraient à portée aux prétentions des communes.

Cette instruction renferme une doctrine contraire aux lois ci-dessus, et aux décisions journalières du Gouvernement.

Elle est également contraire aux intérêts des communes. Ces communes n'ayant pour leurs dépenses ordinaires et extraordinaires que les cinq centimes qu'il leur est permis d'imposer, et les plus faibles revenus en biens communaux, il leur importe beaucoup d'en conserver la masse.

Le

Le moyen ne doit donc être employé que lorsqu'il peut y avoir compensation de territoire entre les communes auxquelles on desire donner de nouvelles limites plus régulières ou naturelles.

Le changement des limites actuelles et concédées par la loi du 4 mars 1790, entraînerait encore d'autres inconvéniens plus graves, relativement à l'administration, aux droits de vaine pâture et de parcours, et ne dispenserait pas les communes des frais de bornage.

Le changement de limites n'en porte aucun dans la propriété, mais seulement dans l'administration. Il est certain que la garde et l'entretien des biens sont d'autant mieux surveillés qu'ils sont administrés par la commune qui en est propriétaire, et le système proposé par le ministre des finances tend à disséminer une partie des biens de chaque commune sous l'administration des communes voisines.

Sous le rapport de la vaine pâture qui presque toujours n'est exercée que par les habitans d'une commune sur leurs propres propriétés et sur celles communales, ces habitans ne pourraient en jouir qu'avec les plus grandes difficultés, sur la portion de leurs propriétés qui aurait été mise sous l'administration d'une autre commune ; et souvent la faculté ne pourrait être rendue réciproque, parce que cet usage n'existerait pas dans cette autre commune.

Sous celui du parcours il existe une difficulté insurmontable dans la nature de ce droit. Cet usage, dans les pays où il existe, est un droit de réciprocité ; mais il arriverait souvent que la commune à laquelle on réunirait une portion de territoire soumise au parcours, ne serait pas celle qui aurait le droit de l'exercer.

Cependant on ne pourrait, ou on ne devrait pas, priver les communes dont on prendrait des portions de territoires, de l'exercice de leurs droits sur ces terrains, dont elles conserveraient d'ailleurs la propriété ; mais alors le besoin de bornes qu'on voudrait détruire par l'adoption de limites naturelles, se multiplierait au contraire, ainsi que la surveillance pour empêcher que l'exercice de ces droits ne s'étendît sur d'autres parties d'un territoire qui n'y serait pas soumis.

Quant aux enclaves proprement dites ; c'est-à-dire aux terrains qui, absolument enfermés dans la circonscription d'une commune, sont cependant imposés et administrés dans une autre, ce n'est que par abus qu'il s'en trouve de tels. Les lois des 1er. décembre 1790 et 2 messidor an 7, conformes à cet égard à l'édit du 24 octobre 1639, ont statué que ces terrains devaient être administrés et imposés dans la commune où ils sont enclavés. Il suffit donc d'exécuter leurs dispositions.

C'est d'après ces difficultés, et particulièrement d'après le vœu formel de la loi du 4 mars 1790, et les décisions conformes du Gouvernement, que le ministre de l'intérieur s'est toujours refusé à proposer à l'Empereur d'approuver les arrêtés qui changeaient les limites des communes, et qui n'étaient point appuyés du consentement formel des conseils municipaux.

Lorsqu'il n'est question que de fixer les limites du territoire d'une commune, la reconnaissance et l'aveu du maire suffisent ; mais s'il s'agit de changer ces limites, soit sans compensation, soit au moyen d'une compensation de territoire, le conseil municipal de la commune qui doit perdre une partie du sien, ou les conseils des communes qui doivent concourir au changement, doivent être entendus sur le projet de changement.

Dans le premier cas, l'approbation du préfet est définitive, sauf le cas de réclamation.

Mais si l'opération tend à changer en quelque partie les limites avouées ou contestées, à constituer un droit nouveau en faveur d'une ou de plusieurs communes, les arrêtés des préfets ne doivent être que des avis sur l'objet, parce que le Gouvernement a seul l'autorité nécessaire pour concéder les droits nouveaux demandés par les communes.

Alors les préfets doivent adresser au ministre de l'intérieur, avec leur avis, toutes les pièces et le plan topographique sur lesquels ils l'ont appuyé.

Distractions et réunions de communes : transport de contributions.

Loi du 24 germinal an 6. (B. 196.)

Dans les départemens où il est distrait quelque commune ou partie de commune d'un canton pour la réunir à un autre canton du même département, l'administration centrale (le conseil de préfecture) transporte, par un arrêté qu'elle prend dans le plus bref délai, sur le canton auquel la réunion a été faite, le montant des contributions foncière, personnelle, mobiliaire et somptuaire que la commune ou partie de commune réunie aurait dû supporter dans le canton dont elle a été séparée, et dégrève d'autant ce dernier canton.

Les administrations municipales (les conseils de préfecture) procèdent de même, dans le plus court délai, relativement aux distractions et réunions de territoire qui ont lieu de commune à commune dans le même canton. Leurs arrêtés à cet égard ne sont exécutés qu'après le *visa* de l'administration centrale, qui peut les rectifier.

Le gouvernement fait les transports d'un département à l'autre.

Tout transport est fait en principal et centimes additionnels, et d'après la répartition existante.

Arrêté du directoire exécutif, du 29 nivose an 7. (B. 255.)

1. Les communes ou parties de communes réunies par une loi, ou d'après les lois existantes, par un arrêté du Gouvernement ou une décision du ministre de l'intérieur, à un département, ne peuvent être imposées à la contribution de l'an 7 que dans ce département.

2. Les communes contestées par deux départemens, qui n'ont pas été assignées par une loi, arrêté ou décision, à l'un de ces départemens, ne peuvent, pour l'an 7, être imposées que dans le canton qui, par le fait, est en possession de les administrer.

3. Dans le cas où le fait de la possession d'une commune serait incertain entre deux cantons, la commune sera provisoirement imposée, pour l'an 7, dans le canton dont le chef-lieu

est le plus voisin du centre de cette commune contestée.

4. Les portions de terrains contestées entre deux communes seront provisoirement imposées dans la commune du centre de laquelle elles sont le plus voisines. (*Les articles* 5, 6 *et* 7, *sont rapportés par l'arrêté qui suit.*)

Arrêté du 3 ventose an 10. (B. 164.)

Les consuls de la république, sur le rapport du ministre de l'intérieur, et vu la loi du 4 mars 1790, qui détermine en quoi doivent consister les territoires des communes, et qu'elle doit être la ligne divisoire entre les départemens et les districts, lorsqu'une rivière est indiquée comme limite respective.

Vu l'arrêté du directoire exécutif du 29 nivose an 7, portant réglement provisoire de l'assiette des impositions pour l'an 7, sur les territoires litigieux entre les départemens, à raison de leur division par le fleuve du Rhône.

Vu les procès-verbaux de division des départemens du Gard, des Bouches-du-Rhône, de Vaucluse, de la Drôme et de l'Ardèche, ensemble les extraits de la carte de France, délivrés et certifiés par le garde des archives de la république.

Considérant que la loi du 4 mars 1790, ne donne d'autre faculté administrative au département, sur le territoire duquel s'étend une portion du territoire d'une commune appartenant au département limitrophe, que celle de pouvoir faire jusqu'à la limite administrative établie, ou jusqu'au milieu de la rivière ou du fleuve qui la forme, des actes de simple police répressive; tels que dispersion d'attroupemens, surveillance de brigandage, arrestation en cas de flagrant délit, poursuite de malfaiteurs, etc.; que conséquemment les officiers de police des départemens respectifs peuvent exercer concurremment leurs fonctions sur le territoire situé sur le département emprunté; mais que ce n'est qu'une faculté nécessaire accordée par la loi à ceux de ce dernier département;

Considérant que, suivant les procès verbaux de division, les départemens du Gard et des Bouches-du-Rhône sont limités par le milieu de ce fleuve; que ceux de l'Ardèche et de la Drôme le sont également par le milieu du Rhône; mais que le département de Vaucluse est délimité par la rive gauche de ce fleuve dans toute l'étendue dudit département; *le conseil d'état entendu,* arrêtent :

1. Conformément à la loi du 4 mars 1790, les territoires des communes seront imposés aux contributions publiques par le département dans les arrondissemens communaux duquel se trouveront les chefs-lieux desdites communes.

2. Lorsqu'une commune aura des portions de territoire situées dans la circonscription d'un département autre que celui
où elle a son chef-lieu, l'autorité administrative que pourra
exercer sur ces territoires le département dans les limites
duquel ils se trouvent, ne consistera que dans la faculté d'exercer des actes de simple police répressive, tels que la dispersion
d'attroupemens, la surveillance du brigandage, la poursuite
des prévenus à la clameur publique, et l'arrestation en cas de
flagrant délit.

3. Les officiers de police des départemens respectifs peuvent, en conséquence; exercer concurremment, et pour ces
seules parties de leurs attributions, leurs fonctions sur ces
parties de territoire.

4. Les départemens du Gard et des Bouches-du-Rhône
seront délimités, seulement pour l'exercice de cette police, par
le milieu du Rhône.

La ville de Vallabrègues appartiendra au départemeet du
Gard, conformément aux procès-verbaux de délimitation.

Le département de Vaucluse sera délimité par la rive gauche
du fleuve ; ceux de la Drôme et de l'Ardèche le seront par le
milieu de ce fleuve.

5. Toute assiette de contribution publique et locale, contraire
à l'article premier du présent arrêté, est déclarée, dès ce moment, nulle et abusive.

Tous maires et répartiteurs seront déclarés personnellement
responsables sur leurs biens, envers le trésor public et les receveurs de deniers publics, de toutes entraves apportées à la
perception par l'effet d'une répartition contraire aux précédentes dispositions.

6. Tous les habitans d'une commune, sur quelque département que soit situé le territoire qu'ils habitent, seront citoyens
du département où sera le chef-lieu de leur commune.

Ils devront, en conséquence, faire dans ce dernier leurs actes civils, et y exercer leurs droits politiques.

7. Les art. 5, 6 et 7 de l'arrêté du directoire exécutif du
29 nivôse an 7, sont rapportés.

Justices de paix.

Le Gouvernement a décidé le 21 frimaire an 12, qu'il ne serait
plus fait de changemens aux arrondissemens des justices de paix,
à moins qu'ils ne fussent fondés sur des erreurs matérielles,

DOMAINES NATIONAUX.

Sommaire.

Consistance. — Biens domaniaux ou nationaux proprement dits. — Biens ecclésiastiques. — Annullation de ventes illicites. — Biens de l'abbaye de Clairac. — *Id.* des congrégations. — Presbytères et églises, sacristies, parvis, tours et clochers des paroisses supprimées. — Biens des fondations faites en faveur d'ordres ou de corps supprimés. — Argenterie des églises. — Biens des jésuites. — *Id.* des jésuites de Trèves et des congrégations étrangères. — *Id.* de la congrégation de Saint-Dominique de Langogne. — *Id.* des ecclésiastiques de la ci-devant Belgique. — *Id.* des religionnaires ; restitution. — *Id.* des portions congrues. — Edifices destinés au culte. (*Voyez Communes.*)Biens des ordres monastiques et des congrégations des départemens de la rive gauche du Rhin. — *Id.* de l'ordre de Malte. — Salines et salins de Montmoro, Dieuze, Moyenvic, Château-Salins et Peccais. — Châteaux de Dieuze ; domaines et étangs de l'Indre. — Appanages. — Domaine de Fenestranges. — Forêt de Brix. — Champart d'Averne. — Droit corporels et incorporels. — Comté de Ferrette et terres de Béfort, Delle, Tann, Altkirch et Issenheim. — Forêt de Beaufort. — Comté de Sancerre. — Gardes de la porte. — Concessions en Corse. — Biens des émigrés. — Hospice militaire de Lunéville. — Forêt de Sénonches. — Principauté de Dombes. — Biens de la liste civile. — *Id.* des arquebusiers. — Fiefs reversibles. — Mobilier du ci-devant prince de Salm. — Biens soit disant communaux. — Eaux de Vichy. — Biens des arquebusiers. — Aliénations et engagemens de domaines et droits domaniaux antérieurs à la révolution. — Inféodations et acensemens. — Baux à cens ou à rente. — Echanges. — Biens dévolus à la France par le traité de Lunéville. — *Id.* des tribunaux consulaires. — Matières d'or et d'argent et effets déposés aux comités révolutionnaires. — Biens des communautés d'orfèvre et d'autres supprimées. — Droits seigneuriaux. — Prestations établies par des titres constitutifs de redevances seigneuriales et droits féodaux. — Biens des protestans des confessions d'Ausbourg et Helvétique ; exception. — Bâtimens réservés pour le service public. — *Id.* pour les poudres et salpêtres. — Biens affectés au Sénat. — *Id.* à la légion d'honneur. — *Id.* à l'instruction publique. — *Id.* aux militaires vétérans. — Biens échus par déshérence.

Administration. — Autorités. — Compétence. — Actions judiciaires nationales et contre la nation. — Administrateurs locaux. — Protection aux acquéreurs. — Estimation des biens. — Affiches. — Séquestre. — Dénonciateurs de biens soustraits. — Administration des immeubles. — Vente du mobilier. — Droits féodaux et incorporels non supprimés. — Inventaire des titres d'anciennes aliénations. — Biens de la liste civile et des émigrés. — *Id.* du comtat d'Avignon. — Forêts et bois nationaux. — Mobilier national; administration et vente. — Glaces et meubles de luxe. — Établissemens publics; logement. — Réparations aux édifices nationaux. — Édifices dévastés par l'effet de la guerre de la Vendée; remise aux propriétaires. — Scellés, gardiens et inventaires pour la conservation des biens. — Poursuites contre les gardiens et dépositaires infidèles. — Baux. — Fermages; paiement. — Créanciers sur les biens nationaux; liquidation. — Biens des condamnés. — *Id.* indivis. — Usufruitiers de maisons. — Bac. — Verrerie de Maseimhal. — Remboursemens de rentes faits à la nation.

Vente. — Garantie constitutionnelle. — Forme des ventes. — Classement de ces biens. — Estimation. — Soumissions. — Affiche des biens à vendre. — Police des ventes. — Enchères et adjudications. — Conditions des ventes. — Franchises. — Droits de chauffage et de pâturage. — Mobilier national. — Cloches des églises supprimées. — Défense aux préposés à la vente du mobilier, d'acquérir. — Frais d'expertise des effets mobiliers. — *Id.* de vente des biens. — Résiliation des baux. — Biens des fondations dans les églises. — *Id.* ecclésiastiques. — *Id.* de l'ordre de Saint-Lazare et du Mont-Carmel. — *Id.* des émigrés. — *Id.* des collèges et des établissemens d'instruction publique. — Usines et Moulins. — Salines et marais salans. — Canal d'Essones. — Biens de la Belgique. — *Id.* de la liste civile. — Fermages des biens ruraux. — Mode de partage des fruits et fermages entre la république et les acquéreurs. — Baux emphitéotiques. — Baux à ferme; annullation. — Vente aux administrateurs. — Modes de ventes; lois des 4 avril et 25 juillet 1793. — Bois, bocquetaux et parties de bois. — Petites fermes et métairies enclavées dans les bois. — Créances nationales; lois des 6 ventose et 13 fructidor an 3. — Maisons mises en loterie; lois des 28 ventose an 4, 16 brumaire an 5, 9 vendémiaire et 16 frimaire an 6. — Fermiers; droits à la récolte. — Enchérisseurs par spéculation; lois des 26 vendémiaire et 27 brumaire an 7. Rentes emphitéotiques ou à vie; lois des 30 ventose an 9, 15 et 16 floréal an 10. — Coupes de bois et paiement. — Bois des échangistes. — Mobilier de la marine; loi du 5 ventose an 12. — Déclaration de command ou élection d'ami. — Droits de timbre, d'enregistrement et frais de vente. — Remise aux administrateurs de département. — Suspension de démolition de bâtimens et de coupes de bois. — Mise en possession des acquéreurs. — Remplacement des procès-verbaux d'adjudication perdus. — Validité ou invalidité des ventes; juges.

Paiement des adjudications. — Valeurs admissibles et époques; les lois qui les fixent, sont successivement rapportées à ce titre. — Débiteurs; poursuite par la voie de la contrainte par corps. — Déchéance. — Folle enchère. — Mandats de paiement pour les restitutions et frais de vente. — Titres de propriété; remise.

De la consistance du domaine national.

Décret du 22 novembre — 1er. décembre 1790.

1°. Le domaine national, proprement dit, s'entend de toutes les propriétés foncières et de tous les droits réels ou mixtes qui appartiennent à la nation, soit qu'elle en ait la possession et la jouissance actuelle, soit qu'elle ait seulement le droit d'y rentrer par la voie de rachat, droit de reversion ou autrement. (*Loi du 22 novembre. — 1er. décembre 1790, art. 1er.*)

2°. Les chemins, routes et rues à la charge de la nation, les fleuves et rivières navigables ou flottables, les rivages, lais et relais de la mer, les ports, les havres, les rades, et en général toutes les portions du territoire national qui ne sont pas susceptibles d'une propriété privée, sont considérées comme des dépendances du domaine public. (*Même loi, art. 2, et code civil, art.* 538.)

3°. Tous les biens et effets, meubles ou immeubles, demeurés vacans et sans maîtres, et ceux des personnes qui décèdent sans héritiers légitimes, ou dont les successions sont abandonnées, appartiennent à la nation. (*Même loi, art.* 3, *et code civil, art.* 539.)

4°. Les portes, murs, fossés, remparts des places de guerre

et des forteresses, font aussi partie du domaine national. Il en est de même des anciens murs, fossés et remparts, de celles qui ne sont point places fortes, mais les communes qui en avaient la jouissance en 1790, y seront maintenues, si elles sont fondées en titre, ou si leur possession remontait à cette époque à plus de dix ans. A l'égard de celles dont la possession aurait été troublée ou interrompue depuis quarante ans, elles y seront rétablies. Les particuliers qui justifieront de titres valables, ou d'une possession paisible et publique depuis quarante ans, seront également maintenus dans leur propriété et jouissance. (*Même loi, art. 5, et code civil, art. 540 et 541.*)

5°. Les îles, ilots, atterrissemens qui se forment dans le lit des fleuves ou des rivières navigables ou flottables, appartiennent à la nation, s'il n'y a titre ou prescription contraire. (*Code civil, art. 560.*)

6°. Tous les biens particuliers ou acquis à titre singulier par le ci-devant roi, appartiennent au domaine public. (*Loi du* 1ᵉʳ. *décembre* 1790, *art. 6 et* 7.)

7°. Tous les biens ecclésiastiques et en patronage laïc, excepté les chapelles desservies dans l'enceinte des maisons particulières par un chapelain ou desservant, à la seule disposition du propriétaire, font également partie du domaine national. (*Lois des* 2 — 4 *novembre* 1789 *et* 2 *juillet* — 24 *août* 1790, *art.* 1ᵉʳ.)

8°. Tous les biens des *apanages*, des *séminaires diocésains*.

Est ajourné ce qui concerne les biens des *fabriques*, des *fondations* établies dans les églises paroissiales, des *séminaires-colléges*, des *colléges*, des *établissemens d'étude* ou de retraite, ou destinés à l'enseignement public. (Ces biens ont été rendus.)

Les biens des *hôpitaux*, *maisons de charité* et autres destinés au soulagement des pauvres, ainsi que ceux de *l'ordre de Malte* et de tous autres *ordres religieux* et *militaires*. (*Lois du* 23 *octobre.* — 5 *novembre* 1790, *tit.* 1ᵉʳ. *art.* 1ᵉʳ.)

(Ces biens ont été rendus, à l'exception de ceux des ordres religieux.)

Sont exceptés, quant à la jouissance, les titulaires ecclésiastiques qui tiennent des maisons de leurs corps à vie ou à bail à vie, qui en jouiront jusqu'après leur décès. (*Loi du* 24 *juillet* — 24 *août* 1790, *art.* 26.)

Les chanoines ou leurs héritiers qui ont un droit à la totalité ou à une partie du prix de la revente d'une maison coloniale. (*Même loi, art.* 27.)

Les titulaires qui ont bâti ou reconstruit entièrement à neuf leur maison d'habitation à leur frais. (*Même décret, art.* 29.)

En cas de vente, ils seront indemnisés pour le défaut de jouissance. (*Même loi, art.* 30.)

Les édifices qui servaient à loger les commissaires départis ou intendans, les gouverneurs, les commandans et autres fonctionnaires publics, ainsi que les hôtels des ci-devant pays d'états, que les communes justifieront avoir construits sur leur terrain et à leur frais seuls, ou avoir acquis sans contribution des provinces, continueront à appartenir à ces communes, qui pourront en disposer. S'ils ont été construits sur un terrain national, il sera procédé à une ventilation. Les autres sont déclarés biens nationaux. (*Loi du* 16 *octobre* — 5 *novembre, art.* 1er.)

Les hôtels-de-ville continueront à appartenir aux communes où ils sont situés. Les corps administratifs y seront établis si faire se peut. (*Même loi, art.* 2.)

Les *palais de justice ordinaire*, continueront à servir à l'usage auquel ils étaient destinés, et seront, ainsi que les *prisons*, à la charge des justiciables. Tous autres, exceptés ceux des *juridictions consulaires* et ceux fournis par les ci-devant seigneurs laïcs, sont déclarés biens nationaux. (*Même décret, art.* 3.)

Ces palais recevront aussi les corps administratifs. (*Même loi, art.* 4.)

Imprimerie royale. Une partie des caractères, poinçons, matrices, gravures, etc. (*Loi du* 14 — 24 *août* 1790.)

Biens ecclésiastiques.

Loi du 2 — 4 *novembre* 1789, qui déclare que tous les biens ecclésiastiques sont à la disposition de la nation.

Du 7 — 27 *novembre* 1789, les biens ecclésiastiques, les produits et récoltes et notamment les bois, sont placés sous la sauve-garde des assemblées administratives, municipalités, communes, etc.

Du 3 *novembre*, les titulaires de bénéfices, furent tenus par le décret de ce jour, de faire par-devant les municipalités, la déclaration détaillée de tous les biens mobiliers et immobiliers dépendans de leurs bénéfices, et de toutes les charges dont ils étaient grévés, d'affirmer qu'il ne s'était fait aucune soustraction des titres, papiers et mobilier desdits bénéfices.

Le délai de deux mois fixé pour ces déclarations, fut porrogé par décret du 16 — 24 janvier 1790, jusqu'au 1er. mars suivant.

Du 14 — 27 *novembre*, les monastères et chapitres ayant des bibliothèques, durent déposer aux greffes des municipalités des états et catalogues des livres qu'ils possédaient.

Une autre loi du 5 — 12 février 1790, ordonna de nouveau à ces titulaires, même aux chevaliers de Malte et de Saint-Lazare, de déclarer le nombre de bénéfices et les pensions qu'ils possédaient.

Une loi du même jour, réduisit les communautés religieuses de chaque ordre, à une par commune où il y en avait d'établies, et ordonna la vente des biens des autres.

Une autre du 20 — 26 mars, chargea les municipalités, d'aller faire état et inventaire du mobilier et des créances actives ou passives des maisons religieuses de leur arrondissement, ainsi qu'un état des individus composant ces maisons.

Un décret du 2 juillet 1790, déclara tous les bénéfices en patronage laïcs, tous titres et fondations de pleine collation laïcale, excepté les chapelles desservies dans l'enceinte des maisons particulières, soumis à toutes les dispositions des décrets concernant les bénéfices de pleine collation ou patronage ecclésiastique.

Les fondations pour subvenir à l'éducation des parens des fondateurs furent exceptées.

Ces dispositions furent confirmées par le décret du 12 juillet — 24 août suivant.

Annullation de ventes illicites.

La loi du 7 — 14 octobre 1790, annulla toutes les ventes des biens du clergé et des établissemens publics, faites depuis la publication du décret du 2 novembre 1789, autrement qu'en vertu des décrets sur l'objet.

Presbytères et églises, sacristies, parvis, tours et clochers des paroisses supprimées.

La loi du 6 — 15 mai 1791, déclara biens nationaux, les presbytères et bâtimens qui servaient à loger les desservans des églises supprimées.

Que les sommes dues par les communes, à raison de ces maisons, seraient payées par la caisse de l'extraordinaire.

Et que les églises, sacristies, parvis, tours et clochers des paroisses supprimées seraient vendus.

Fondations.

Le décret du 26 septembre 1791, déclara biens nationaux ceux dépendant des fondations faites en faveur d'ordres, de corps et de corporations supprimées ou des individus qui les composaient, et ce, nonobstant toutes causes, même de réversion, sauf ce qui serait statué sur les clauses écrites, dont l'exécution serait réclamée.

Néanmoins, les individus jouissant à titre de secours pour subvenir à leurs besoins, durent continuer à jouir personnellement.

Les fondations dans les paroisses furent maintenues.

Argenterie des églises.

La loi du 10 — 12 septembre 1792, ordonna l'envoi aux hôtels des monnaies, de tous les meubles, effets et ustensiles en or et en argent des églises conservées.

Biens des Jésuites.

Le décret du 18 juillet 1793, ordonna que les biens des ci-devant Jésuites seraient régis, vendus et payés comme les domaines nationaux.

2. Les administrateurs de districts durent mentionner dans le procès-verbal, si les biens vendus provenaient ou non des fondations.

Biens des jésuites de Trèves, et des congrégations étrangères.

Le décret du 13 pluviose an 2, déclara biens nationaux appartenant à la république, ceux provenant des jésuites de Trèves, concédés par le ci-devant roi, au séminaire de la même ville, et ceux situés en France des *abbayes*, *corps* et *communautés*, *chapitres*, *bénéficiers*, *collégiales*, *séminaires*, *prieurés*, *hospices*, *hôpitaux*, *fabriques*, *confrairies* ou congrégations étrangères, pour être administrés et vendus comme les autres.

Les fermiers, administrateurs, et tous autres détenteurs ont dû rendre compte dans le mois, et les administrations de district dans les trois mois.

Nota. Les biens des hospices, hôpitaux et établissemens d'instruction publique ont été rendus. (*Voyez à la suite la loi du 2 brumaire an 4.*)

Biens de la congrégation de Saint Dominique de Langogne.

Un décret du 26 floréal an 2, déclara que la maison acquise par la citoyenne Saint-Leger, supérieure du ci-devant tiers-ordre ou congrégation de Saint-Dominique de Langogne, département de la Lozère, était nationale.

Biens de la ci-devant abbaye de Clairac.

La loi du 1er. — 6 mai 1792, déclara que les biens de la ci-devant abbaye de Clairac, concédés au chapitre de Saint-Jean-de-Latran de Rome, faisaient partie des domaines nationaux.

Biens des congregations.

La loi du 18—22 août 1792, mit sous la main de la nation, pour être vendus comme domaines nationaux, les biens des congrégations de l'Oratoire de Jésus,

De la Doctrine chrétienne,
De la Mission de France ou de Saint-Lazare,
Des Eudistes,
De Saint-Joseph,
De Saint-Sulpice,
De Saint-Nicolas du Chardonnet,
Du Saint-Esprit,
Des Missions,
Du Clergé,
Des Mulotins,
Du Saint-Sacrement,
Des Bonies,
Des Trouillardistes,
De la congrégation de Provence,

Des sociétés de Sorbonne et Navarre.
Des congrégations laïcques de :
L'Ecole chrétienne,
Des hermites du Mont-Valérien,
De Senard,
De Saint-Jean-Baptiste et de tous les autres frères hermites
   isolés ou réunis en congrégations.
Des frères Tailleurs et Cordonniers.
Des congrégations de filles de :
La Sagesse,
Des Ecoles chrétiennes,
Des Vertelottes,
De l'Union chrétienne,
De la Providence,
De de la Croix,
Des sœurs de Saint-Charles,
Des Millepoises,
Du Bon-Pasteur,
De la Propagation de la Foi,
De N. D. de la Garde,
Des Dames Noires,
De celles de Fourquevaux,
Des Familiarités,
Des Confrairies,
Des Pénitens de toutes couleurs,
Des Pellerins,
Des Hermites Isolés,
Des Séminaires-colléges,
Des Colléges,
Des Bourses,
Des fondations, et de toutes autres associations de piété ou
de charité quelconques.
Il excepta de la vente, les bâtimens et jardins des colléges.
La loi du 1er. — 4 mai 1793 suspendit la vente des biens
des hôpitaux et maisons de charité desservis par quelques-uns
de ces établissemens supprimés.

Ecclésiastiques de la ci-devant Belgique.

La loi du 5 frimaire an 6, supprima tous les établissemens
séculiers et corporations laïcques des deux sexes dans les neuf
départemens réunis, et ordonna la main mise de la nation
sur leurs biens, meubles et immeubles.

Biens des religionnaires.

La loi du 10 — 18 juillet 1790 , restitua aux non-catholiques les biens saisis sur eux ou leurs auteurs.

Portion congrue (Domaines cédés pour la)

Le décret du 14 nivose an 2 , déclara que tous les biens qui avaient été abandonnés par des ci-devant curés ou vicaires pour jouir de la portion congrue, faisaient partie du domaine national.

Edifices destinés au culte.

Le décret du 11 prairial an 3 , réserva à l'usage des communes et des assemblées politiques , les édifices destinés originairement à l'exercice des cultes , dont elles étaient en possession le 1er. vendémiaire an 2. L'entretien de ces bâtimens fut mis à la charge des citoyens qui s'en servaient , et non des communes.

Les presbytères non aliénés , furent affectés au service des écoles primaires.

La loi du 18 germinal an 10 a rendu ces édifices au culte et à ses ministres , et d'après un avis du conseil d'état , du 6 nivose an 13 , ces édifices doivent être considérés comme des propriétés communales.

Ordres monastiques des départemens de la rive gauche du Rhin.

Arrêté du 20 prairial an 10. (B. 198.)

1. Les ordres monastiques , les congrégations régulières , les titres et établissemens ecclésiastiques , autres que les évêchés , les cures , les chapitres cathédraux et les séminaires établis ou à établir conformément à la loi du 15 germinal dernier , sont supprimés dans les quatre départemens de la Sarre , de la Roër , du Rhin-et-Moselle et du Mont-Tonnerre.

2. Tous les biens , de quelque espèce qu'ils soient , appartenant tant aux ordres , congrégations , titres et établissemens supprimés, qu'aux évêchés , cures , chapitres cathédraux et séminaires dont la loi du 18 germinal dernier ordonne ou permet l'établissement , sont mis sous la main de la nation.

3. Pour prévenir toute distraction des effets, registres, titres et papiers des ordres, des congrégations, des titres et établissemens supprimés, ainsi que des évêchés, des cures, des chapitres cathédraux et des séminaires maintenus en vertu de ladite loi du 18 germinal dernier, le commissaire général des quatre départemens réunis, fera apposer les scellés sur lesdits effets, registres, titres et papiers, par des commissaires qu'il déléguera à cet effet, et dont il réglera les opérations de manière que l'apposition des scellés ait lieu par-tout le même jour et à la même heure, et que cette mesure soit prise avant la publication du présent arrêté.

4. Les préfets nommeront des commissaires qui, aidés par des employés de la régie des domaines nationaux, se transporteront sur les lieux, et, après avoir fait la levée des scellés, s'y feront représenter tous les registres et comptes de régie, les arrêteront, et formeront un résultat des revenus et des époques de leur échéance, dresseront sur papier libre et sans frais un état et description sommaire de l'argenterie des églises et chapelles, effets de sacristie, bibliothèques, livres, manuscrits, médailles et tableaux, en présence des possesseurs actuels, dont ils recevront les déclarations sur l'état présent de leurs maisons, leurs possessions foncières, rentes constituées ou provenant de capitaux placés, dettes mobiliaires et immobiliaires, et des titres qui les constatent.

5. Les mêmes commissaires feront aussi dresser un état des ecclésiastiques, religieux, religieuses, chanoines et chanoinesses de chaque maison, et de ceux et celles qui s'y trouvent affiliés, avec leurs noms, leur âge et le lieu de leur naissance.

Tous ces états et déclarations seront certifiés véritables et signés par chacun des individus intéressés, lesquels seront solidairement responsables de la fidélité de leur contenu.

6. La régie enverra, dans le plus court délai, au ministre des finances une expédition des procès-verbaux et des états ci-dessus prescrits.

7. L'administration de tous les biens mentionnés dans l'article 2, est confiée, dès ce moment, à ladite régie des domaines nationaux; et tous leurs produits seront versés dans sa caisse.

En conséquence, le ministre des finances désignera un des administrateurs de la régie et du domaine national pour se transporter sur les lieux, et y prendre toutes les mesures propres a assurer la conservation et la bonne administration des biens réunis au domaine national par le présent arrêté.

8. Les comptes desdits ecclésiastiques, religieux, religieuses,

chanoines et chanoinesses , ainsi que ceux de leurs fermiers et locataires , seront communiqués aux maires et sous-préfets , pour être ensuite vérifiés et apurés par ladite régie.

9. Il est sursis à l'instruction et au jugement de toutes causes , instances et procès mus et à mouvoir, ainsi qu'à toutes saisies-exécutions, ventes de fruits et de meubles, et autres poursuites quelconques dirigées contre lesdits établissemens; et tous les meubles et effets mobiliers qui pourraient avoir été saisis , seront laissés à la garde de la régie, qui en rendra compte, ainsi et à qui il appartiendra.

10. Les poursuites mentionnées dans l'article précédent , ne pourront être reprises, s'il y a lieu , que dans les formes prescrites par la loi du 5 novembre 1790 et autres lois relatives.

11. Conformément à la loi du 18 germinal dernier , sont laissés à la disposition des évêques, curés et prêtres desservans, les presbytères et jardins y attenans, les édifices où s'exerce le culte catholique, les maisons épiscopales et jardins y attenans, les maisons canoniales des chapitres cathédraux, et les bâtimens servant aux séminaires, dans les communes où la loi du 18 germinal dernier établit des évêchés. Néanmois il y sera fait inventaire de tous les objets composant le mobilier des églises , dont les curés et les supérieurs ecclésiastiques demeureront responsables.

12. Les membres des maisons ou établissemens supprimés , qui sont nés sur le territoire de la république, et qui continueront de l'habiter, recevront une pension annuelle ; savoir,

De six cents francs pour chacun des individus qui ont soixante ans accomplis , et de cinq cents francs pour tous ceux d'un âge inférieur.

13. Dans la décade qui suivra le jour de la publication du présent arrêté, les membres des établissemens supprimés sont tenus d'évacuer les maisons nationales qu'ils occupent.

14. A compter de cette époque , il ne sera plus permis aux réguliers de porter le costume de leur ordre.

15. Chacun d'eux pourra, en quittant la maison à laquelle il se trouve attaché, emporter le mobilier de sa chambre ou cellule , ainsi que les linges et généralement tous les meubles et effets qui auront été jusqu'alors à son usage exclusif ou personnel.

16. Les linges , meubles ou effets dont l'usage aura été commun entre les membres d'une ou plusieurs desdites mai-

sons ,

sons, autres que les effets inventoriés en exécution de l'article 3, seront partagés entre eux.

17. Quant aux individus appartenant aux maisons et établissemens supprimés, qui sont nés sur le territoire étranger, ils seront tenus de passer sur la rive droite du Rhin, et ils recevront la somme de cent cinquante francs une fois payée, pour frais de conduite.

18. Toutes quittances ou reconnaissances de paiemens prétendus faits par anticipation à tous les ci-devant ecclésiastiques, religieux ou religieuses, membres de chapitres, congrégations, séminaires ou corporations réguliers ou séculiers dans les quatre départemens, par les fermiers, locataires, emphytéotes ou arrentataires des biens dont ils ont cessé ou cesseront d'avoir la jouissance ensuite des arrêtés des commissaires-généraux dans ces départemens, en date du 7 germinal an 6 et 9 vendémiaire an 7, ou de l'arrêté de ce jour, sont nulles et de nul effet.

19. Les lois relatives à l'administration, aux baux et à la vente des biens nationaux de l'ancien territoire, ainsi qu'à la liquidation et au paiement des dettes dont ils étaient grevés, seront publiées, si fait n'a été, dans lesdits départemens, pour y être appliquées aux biens dépendans desdites maisons ou établissemens.

20. Sont exceptés des dispositions du présent arrêté, les établissemens dont l'institut même a pour objet unique l'éducation publique ou le soulagement des malades, et qui, à cet effet, tiennent réellement, en dehors, des écoles, ou des salles de malades : ces établissemens conserveront les biens dont ils jouissent, lesquels seront administrés d'après les lois existantes dans les autres parties de la république.

21. Le commissaire-général des quatre départemens réunis choisira en outre, parmi les ci-devant couvens ou monastères de filles, six des maisons les plus vastes et les mieux entretenues, lesquelles seront réservées pour servir de retraite aux ci-devant religieuses qui, quel que soit l'ordre auquel elles auront appartenu, voudront y demeurer ou s'y réunir pour y vivre en commun; sans toutefois que leur réunion puisse être considérée comme corporation monastique, ou comme une continuation de conventualité. Il choisira également quatre couvens les plus vastes, pour contenir les religieux de tout ordre, ayant plus de soixante-dix ans, et qui voudront vivre en commun.

22. Le commissaire-général des quatre départemens réunis se concertera avec le ministre des finances pour la publica-

tion des lois sur cette matière qu'il serait nécessaire d'y faire exécuter.

Biens de l'ordre de Malte.

Le décret du 19 septembre 1792, mit les biens de l'ordre de Malte sous la main de la nation, et ordonna leur vente comme domaines nationaux.

A l'exception des meubles personnels aux bénéficiers. (*Décret du 12 novembre.*)

Salines et salins de Montmoro, Dieuze, Moyenvic, Château-Salins et Peccais.

Le décret du 23 — 26 février 1790, révoqua et supprima l'affectation et la destination aux salines de Salins et de Montmoro, les bois taillis ou en futaie, appartenant aux communes situées dans les trois lieues formant l'ancien arrondissement de ces salines.

Un autre décret du 30 mars — 15 avril, appliqua cette suppression aux communes de l'arrondissement des salines de Dieuze, de Moyenvic et de Château-Salins.

Un décret du 14 nivose an 2, suspendit la vente des salines.

Le décret du 2 floréal an 2, annulla le bail des salines de Peccais.

Château de Dieuze, domaines et étangs de l'Indre.

Le décret du 12 — 29 décembre 1790, révoqua le bail à vie, fait à la dame Coaslin, des domaines et étangs de l'Indre et du cens du château de Dieuze.

Appanages.

Le décret du 21 décembre 1790 — 20 mars 1791, supprima les appanages, et en réunit les biens et droits au domaine national.

Domaines de Fénestranges.

Le décret du 14 — 18 février 1791, révoqua l'aliénation

faite au ci-devant duc de Polignac , par arrêt du conseil de 2 juin 1782 , du domaine de Fénestranges , et le réunit au domaine national.

Forêt de Brix.

Le décret du 29 mai — 3 juin 1791 , annulla l'échange de la forêt de Brix , fait en faveur du ministre la Vrillière , le 17 octobre 1770 , qui en avait fait sa déclaration au profit de la dame Langeac , sa maîtresse.

Champart d'Averne.

Le décret de liquidation du 14 juin 1791 , déclara le droit de champart d'Averne , réuni au domaine national.

Droits corporels ou incorporels ; prescription.

Le décret du premier juillet 1791 , régla que la prescription contre la nation , pour raison des droits corporels ou incorporels dépendans des biens nationaux, demeurerait suspendue depuis le 2 novembre 1789 , jusqu'au 2 novembre 1794.

Comtés de Ferrette , etc.

Le décret du 14 juillet 1791 , annulla la donation faite au mois de décembre 1659, au cardinal Mazarin , des ci-devant comté de Ferrette et des seigneuries de Béfort , Delle , Tann , Altkirch et Issenheim.

Forêt de Beaufort.

Celui du 19 juillet 1791 , annulla l'inféodation faite le 9 août 1771 , du sol de la forêt de Beaufort ;
Et maintint dans leur jouissance , des censitaires.

Comté de Sancerre.

Celui du 27 juillet 1791 , révoqua le contrat d'échange passé le 30 mars 1785, du comté de Sancerre , et renvoya cepen-

dant en possession J. Frédéric-Guillaume Sahuguet-l'Espa-
gnac, en payant par lui 1,160,733 fr.

Gardes de la porte.

Le décret du 30 août 1791, déclara biens nationaux les
maisons ci-devant occupées à Versailles et à Fontainebleau,
par les ci-devant gardes de la porte.

Concessions et aliénations en Corse.

Le décret du 5 septembre — 12 octobre 1791, révoqua
toutes les concessions, inféodations, dons, et autres aliénations faites depuis 1768, époque de la réunion de la Corse
à la France.

Etat de ces domaines.

1. Les Porrettes, l'étang de Biguglia et de Chivalino, les
Agriattes, le procoïo d'Aléria, l'étang de Salé, le procoïo de
Vignale, le terrain et masure sis à la plage de San-Pelegrino,
les îles Cavallo et Lavazzo, le procoïo de Santa-Guilia, Porto-
Vecchio, presqu'île de la Parata, la Confina, les îles Sán-
guinaires, les bois et terres de Verdana, Chiavari, Sia, Ga-
leria, trois magasins sous Fornali.

Aliénations.

Les décrets du 22 septembre 1791, et 3 septembre 1792,
révoquèrent toutes les aliénations de domaines déclarées ré-
vocables par la loi du premier décembre 1790.

Biens des émigrés.

Le décret du 9 — 12 février 1792, fut le premier qui mit
sous la main de la nation les biens des émigrés, et sous la
surveillance des corps administratifs.

(Voyez pour l'administration de ces biens le titre *Emigrés.*)

Celui du 23 — 28 août 1792, ordonna à tous citoyens de
déclarer les sommes dues, et tous effets appartenant à des
émigrés, à peine de responsabilité de leur valeur et d'une
amende égale.

Hospice militaire de Lunéville.

Le décret du 3o avril 1792 , déclara nationaux les terrains , édifices , meubles et effets composant l'hospice militaire de Lunéville , destiné à la gendarmerie.

Forêt de Sénonches.

Le décret du 3 septembre 1792 , déclara nuls plusieurs contrats de ventes faits en 1771 , 1772 , 1773 et 1774 , de différentes portions de la forêt de Sénonches , et les considéra seulement comme *engagées*.

Principauté de Dombes , etc.

Le décret du 14 — 18 septembre 1792 , révoqua les traité , vente et échange passés en faveur de Rohan-Guémenée , le 3 octobre 1786 , et déclara domaines nationaux les terres et ci-devant seigneuries de Trévoux , et autres formant l'ancienne principauté de Dombes.

Les terres du Châtel. Carmant , et autres vendues le 3 octobre 1786 , par Rohan-Guémenée , demeurèrent en nantissement , jusqu'à parfait remboursement des sommes payées , soit audit Guémenée , soit à ses créanciers ;

Et la terre de l'Orient.

Biens de la liste civile.

Le décret du 27 novembre 1792 , mit sous l'administration ordinaire des biens nationaux ; ceux provenant de la liste civile.

Biens des arquebusiers , etc.

Le décret du 24 avril 1793 , déclare biens nationaux les meubles et immeubles possédés par les ci-devant chevaliers ou compagnies d'arquebusiers , archers , arbalêtriers , couleuvriniers , et autres corporations de ce genre.

Fiefs réversibles.

Le décret du 6 juillet ordonna que les fiefs réversibles à la ci-devant couronne, seraient provisoirement sequestrés, sauf à restituer ce qui pourrait ne pas appartenir à la nation.

Mobilier du ci-devant prince de Salm.

Le décret du 22 mai 1793, ordonna la vente du mobilier du ci devant prince de Salm, et de Noël, son intendant.

Biens communaux.

Décret du 10 juin 1793.

12. Les parties de communaux possédées ci-devant, soit par des bénéficiers ecclésiastiques, soit par des monastères, communautés séculières ou régulières, ordre de Malte, et autres corps et communautés, soit par les émigrés, soit pour le domaine, à quelque titre que ce soit, appartiennent à la nation.

Sauf les droits des communes en vertu des lois des 25 et 28 août 1792, relatives aux droits féodaux et aux usurpations de la puissance féodale. (*Décret du 8 août 1793.*)

Echange du ci-devant comté de Béfort.

Le décret du 4 septembre 1793, annulla l'échange fait le 4 juillet 1773, entre la dame Mazarin et les citoyens les Huvelin, des biens du domaine national situé à Bavillers, ci-devant comté de Béfort.

Eaux de Vichy.

Le décret du 17 ventose an 2, mit sous la main de la nation l'établissement des eaux de Vichy.

Académies.

Le décret du 6 thermidor déclara biens nationaux ceux des académies et sociétés littéraires, patentées ou dotées par la nation, et supprimées par la loi du 8 août 1793.

Aliénations, engagemens et droits domaniaux engagés.

Le décret du 10 frimaire an 2, révoqua toutes les *aliénations* et *engagemens* de domaines et *droits domaniaux*, avec clause de retour, à quelqu'époque qu'elles pussent remonter.

Celles d'une date postérieure au 1er. février 1566, quand même la clause du retour y serait omise.

Et celles résultantes des *échanges* non-consommés, ou qui l'avaient été depuis le 1er. janvier 1789, sans l'intervention des assemblées nationales.

Les *aliénations* faites depuis le 1er. février 1566, hors du territoire français, les *baux emphytéotiques*, les *baux à vie*, et tous ceux au-dessus de neuf années.

Elle excepte les *inféodations* et *accensemens* des *terres vaines et vagues*, *landes*, *bruyères*, *palus* et *marais*, autres que celles situées dans les forêts ou à cent perches d'icelles (ou 714 mètres) et les *inféodations*, *sous-inféodations* et *accensemens* dépendans des fossés et remparts des villes, justifiés par des titres ou par une possession paisible et publique depuis quarante ans, pourvu qu'il y ait été fait des établissemens quelconques ou qu'ils ayent été mis en valeur.

Elle excepta aussi les sous-aliénations faites avant le 14 juillet 1789, par les engagistes, des terres défrichées sur les lisières des forêts et sur les bords des grandes routes, et les aliénations et sous-aliénations des terrains épars, de contenance au-dessous de dix arpens, si les citoyens qui les possédaient n'avaient qu'une fortune au-dessous de 10,000 francs de capital, non compris l'objet aliéné.

La régie du droit d'enregistrement fut chargée de prendre possession de ces biens, après en avoir référé à l'administration du district, alors chargée de l'administration des domaines nationaux.

Les procureurs-syndics furent chargés de surveiller cette prise de possession.

La régie dut faire constater, par des experts, l'état de ces domaines et leur valeur en 1789.

Ces experts, au nombre de trois, devaient être nommés l'un par le directoire du district, l'autre par le juge de paix, et le troisième par le détenteur évincé. Ils devaient être agriculteurs et artisans, même avant la révolution.

Les contestations durent être jugées par arbitres et sans appel. Le juge de paix nommait le tiers. Les détenteurs des biens et les dépositaires des titres devaient en faire la déclaration au directoire du district dans le mois, à peine d'être traités comme suspects, ou déchus de toute répétition.

La régie devait aussi faire des recherches en se faisant accompagner de deux commissaires nommés par le directoire du district, et déposer les titres au secrétariat de cette administration.

En conséquence de ces dispositions, les *dépositaires archivistes*, nommés à Paris et dans les départemens, furent supprimés.

Tous les biens et droits domaniaux rentrés à la république par l'effet de ce décret, furent administrés, régis et vendus comme les autres domaines nationaux.

La régie dut faire remettre aux directoires de districts des états de ces biens.

Ces directoires étaient chargés de viser les quittances des contributions et charges payées par les détenteurs pendant les deux dernières années de jouissance, pour faire faire leur liquidation.

Les détenteurs qui encoururent la déchéance, durent être poursuivis par les directoires de districts pour la remise de leurs titres, et en cas de refus, arrêtés sur leurs ordres, comme suspects.

Toutes les lois relatives aux domaines aliénés ou engagés, furent révoquées.

Un décret du 1er. ventose an 2, déclara les art. 15 et 46 de celui du 10 frimaire, applicables aux droits d'étal à boucher et autres priviléges de marchand *suivant la cour.*

Celui du 30 ventose an 2, suspendit l'exécution de la loi du 10 frimaire, en ce qui concernait les aliénations à condition de bâtir ou démolir.

Loi du 14 ventose an 7. (B. 263.)

1. Les aliénations du domaine de l'état consommées dans l'ancien territoire de la France avant la publication de l'édit de février 1566, sans clause de retour ni réserve de rachat, demeurent confirmées.

2. En ce qui concerne les pays réunis postérieurement à la publication de l'édit de février 1566, les aliénations de domaines faites avant les époques respectives des réunions, seront réglées suivant les lois lors en usage dans les pays réunis, ou suivant les traités de paix ou de réunion.

3. Toutes les aliénations du domaine de l'état contenant clause de retour ou réserve de rachat, faites à quelque titre que ce soit, à quelques époques qu'elles puissent remonter, et en quelque lieu de la république que les biens soient situés, sont et demeurent définitivement révoquées.

4. Toutes autres aliénations, même celles qui ne contiennent aucune clause de retour ou de rachat, faites et consommées dans l'ancien territoire de la France postérieurement à l'édit de février 1566, et, dans les pays réunis, postérieurement aux époques respectives de leur réunion, sans autorssation des assemblées nationales, sont et demeurent révoquées, ainsi que les sous-aliénations qui peuvent les avoir suivies, sauf les exceptions ci-après.

5. Sont exceptés des dispositions de l'article 4,

1°. Les échanges consommés légalement et sans fraude avant le 1er. janvier 1789, pour les pays qui, à cette époque, faisaient partie de la France, et, avant les époques respectives des réunions, quant aux pays réunis postérieurement audit jour 1er. janvier 1789;

2°. Les aliénations qui ont été spécialement confirmées par des décrets particuliers des assemblées nationales, non abrogés ou rapportés postérieurement;

3°. Les inféodations et acensemens des terres vaines et vagues, landes, bruyères, palus et marais, non situés dans les forêts ou à sept cent quinze mètres d'icelles (100 perches environ). pourvu que les inféodations et acensemens aient été faits sans fraude, et dans les formes prescrites par les réglemens en usage au jour de leur date, et que les fonds aient été mis et soient actuellement en valeur, suivant que le comporte la nature du sol et la culture en usage dans la contrée;

4°. Les aliénations et sous-aliénations ayant date certaine avant le 14 juillet 1789, faites avec ou sans deniers d'entrée, de terrains épars quelconques au-dessous de la contenance de cinq hectares, pourvu que lesdites parcelles éparses de terrains ne comprissent, lors des concessions primitives, ni des maisons appelées châteaux, moulins, fabriques ou autres usines, à moins qu'il n'y eût condition de les démolir et que cette condition n'ait été remplie, ni, dans les villes, des habitations ac-

tuellement comprises aux rôles de la contribution foncière au-
dessus de 40 fr. de principal;

5°. Les inféodations, sous-inféodations et acensement de
terrains dépendans des fossés. murs et remparts de villes, justifiés par des titres valables. ou par arrêt du conseil. ou par une
possession paisible et publique de quarante ans, pourvu qu'il y
ait été fait des établissemens quelconques ou qu'ils aient été mis
en valeur.

6. En conformité de l'art. 19 de la loi du 1er. décembre
1790, les échanges ne seront censés légalement consommés
dans les pays formant la France au 1er. janvier 1789, qu'autant
que toutes les formalités rappelées par ledit article auront été
accomplies en entier ; et en ce qui concerne les pays réunis,
qu'autant qu'on aura observé les lois qui y étaient en vigueur.

7 Les échanges consommés pourront être révoqués ou annullés, malgré l'observation exacte des formes prescrites, s'il
s'y trouve fraude, fiction ou simulation prouvée par la lésion
du quart, eu égard au temps de l'aliénation.

8. Dans le cas où un contrat d'aliénation, inféodation,
bail ou sous bail à cens ou a rente, porterait à-la-fois sur des
terrains désignés comme vains et vagues, landes, bruyères,
palus, marais et terrains en friche, et sur des terres désignées
comme étant cultivées ou autrement en valeur, sans énonciation
de contenance, ou sans distinguer la contenance des uns et des
autres, la révocation aura lieu pour le tout.

9. Si les objets aliénés sous le nom de terres vaines et vagues,
landes, bruyères, palus et marais, étaient, lors de l'aliénation,
des terrains en culture ou en valeur, la fruduleuse qualification
pourra se prouver par la notoriété publique et par enquête, ou
par actes écrits mis en opposition avec l'acte qui contient l'aliénation.

10 Cette frauduleuse qualification sera légalement présumée,
et donnera lieu de plein droit à la révocation, si les aliénations
dont il est parlé en l'article précédent ont été faites à des *ci-
devant gentilshommes titrés, ou autres personnes ayant charge
à la cour;* sans néanmoins que ladite révocation puisse attein-
dre les sous-inféodataires, à moins qu'ils ne réunissent les
mêmes qualités.

11. L'exception portée au §. 5 de l'article 5 ne s'applique
pas aux inféodations, dons ou concessions, faits par un seul
acte, et en entier, de tous les murs, remparts et fortifications
d'une ville, ou de tous les terrains en dependans : en ce cas,
le sort desdites concessions sera réglé par les articles 1, 2, 3

et 4 de la présente, sans préjudicier toutefois à l'exécution dudit §. 5, relativement aux parcelles qui seraient possédées par des sous-concessionnaires.

12. Les mêmes articles 1, 2, 3 et 4, s'appliquent aux biens que l'engagiste aurait pu réunir par puissance féodale, ou à titre de retrait féodal ou censuel résultant de son contrat d'aliénation.

13. Les engagistes qui ne sont maintenus par aucun des articles précédens, et même les échangistes dont les échanges sont déjà révoqués ou susceptibles de révocation, sont tenus, à peine d'êtres déchus de la faculté portée en l'article suivant, de faire, dans le mois de la publication de la présente, à l'administration centrale du département où sont situés les biens ou la majeure partie des biens engagés ou échangés, non encore vendus par la nation ni soumissionnés en exécution de la loi du 28 ventose an 4 et autres y relatives, la déclaration générale des fonds faisant l'objet de leur engagement, échange ou autre titre de concession.

14. Ceux qui auront fait la déclaration ci-dessus, pourront, dans le mois suivant, faire, devant la même administration, la soumission irrévocable de payer en numéraire métallique le quart de la valeur desdits biens, estimés comme il sera dit ci-après, avec renonciation à toute imputation, compensation ou distraction de finance ou amélioration.

En effectuant cette soumission ils seront maintenus dans leur jouissance, ou réintégrés en icelle s'ils ont été dépossédés et que lesdits biens se trouvent encore sous la main de la nation ; déclarés en outre et reconnus propriétaires incommutables, et en tout assimilés aux acquéreurs de biens nationaux aliénés en vertu des décrets des assemblées nationales.

15. En faisant la soumission énoncée en l'article précédent, ils seront tenus de nommer leurs experts, et de déposer l'état, signé d'eux ou de leur procureur constitué, touchant la consistance des biens qu'ils entendent conserver, leur situation, leur nature au temps de la concession, leur état actuel et leur produit, sans pouvoir être reçus à faire leur soumission autrement que sur la totalité du domaine ou des domaines compris dans le même titre, ou sur la totalité de ce qui en reste en leur possession ; le tout à peine de nullité de ladite soumission.

Le présent article, ainsi que le 13e. et le 14e., ne s'appliquent point aux concessions de forêts au-dessus de cent cinquante hectares, ni de terrains enclavés dans les forêts nationales ou à sept cent quinze mètres d'icelles, sur lesquelles il sera définitivement statué par une résolution particulière.

16. La valeur des biens dont il s'agit aux trois articles précédens, sera réglée aux frais de l'engagiste ou échangiste soumissionnaire, par trois experts nommés, savoir, l'un par ledit soumissionnaire, en la forme portée par l'article 15, le second par le directeur des domaines, et le troisième, par l'administration centrale dans le ressort de laquelle les biens, ou la majeure partie d'iceux, sont situés : ces deux derniers experts seront nommés dans la décade de la soummission, à la diligence de la régie des domaines.

17. Ces experts ne pourront, à peine de nullité, être pris parmi les citoyens détenteurs de biens nationaux susceptibles de retrait, ou dépossédés en vertu de la loi du 10 frimaire an 2, ou qui ont été ci-devant nobles, ou qui sont agens ou fermiers desdits détenteurs, ci devant détenteurs ou ci-devant nobles.

Celui qui étant, à sa connaissance, dans l'exclusion, ne le déclarera pas et procédera à l'estimation, sera condamné à 300 fr. d'amende par voie de police correctionnelle, à la diligence du receveur des domaines, sans préjudice des dommages-intérêts des parties.

18. Tout détenteur ou ci-devant détenteur qui sera convaincu d'avoir donné, ou tout expert d'avoir reçu, en argent ou présent, quelque chose au delà des vacations réglées par l'administration de département, sera, par la même voie et à la même diligence, condamné en 1000 fr. d'amende envers la république, et en un emprisonnement qui ne pourra excéder une année, ni être moindre de trois mois.

19. Il sera procédé à l'estimation de la manière qui suit : savoir ;

Pour les maisons, usines, cours et jardins en dépendans :

Par une première opération, les experts les estimeront d'après leurs connaissances locales, et relativement au prix commun actuel des biens dans le lieu ou les environs ;

Par une seconde, relativement au prix commun en 1790, en formant un capital de seize fois le revenu dont lesdits objets étaient susceptibles, sans considérer les baux à ferme ou à loyer, s'ils ne s'élevaient pas au véritable prix ;

Pour une troisième, s'il y avait des baux en 1790, lesdites maisons et usines, les cours et jardins en dépendans, seront évalués sur le pied de leur valeur en 1790 , calculée à raison de seize fois leur revenu net ;

Et pour les terres labourables , prés , bois , vignes et tous autres terrains :

Par une première opération , les experts estimeront la valeur d'après leurs connaissances locales et relativement au prix commun actuel des biens de même nature dans le lieu ou les environs ;

Par une seconde , ils estimeront la valeur d'après le montant de la contribution foncière de 1793 , en prenant pour revenu net d'une année , quatre fois le montant de cette contribution , et en multipliant la somme par vingt ;

Et par une troisième , s'il y avait des baux existans en 1790 , la valeur sera fixée sur le pied de la même année , et calculée à raison de vingt fois le revenu d'après lesdits baux.

A l'égard de ce dernier cas et de ceux non prévus ci-dessus , les experts se conformeront au §. 3 de la loi en forme d'instruction , du 6 floréal an 4 , relative à l'exécution de celle du 28 ventose précédent.

Les experts motiveront leur rapport sur chacune des bases ; et les administrations , dans leurs arrêtés , en énonceront les résultats , se fixeront à celui qui sera le plus avantageux pour la république , et en feront mention expresse : le tout à peine de nullité.

20. Le quart de la valeur du terrain estimé d'après les règles portées en l'article précédent , sera acquitté dans le mois de la date de l'arrêté de l'administration qui en aura fixé le montant d'après le rapport des experts ; savoir, un tiers en numéraire , et les deux autres tiers en obligations ou cédules acquittables aussi en numéraire ; savoir, un tiers dans deux mois , à courir de l'expiration du premier terme , et l'autre tiers, aussi dans deux mois , à courir de l'expiration du second terme : le tout avec intérêt sur le pied de cinq pour cent par an , à compter du jour de la prise de possession à l'égard de ceux qui avaient cessé d'être détenteurs, et à compter du jour de l'arrêté ci-dessus à l'égard des autres.

21. Aussitôt après la soumission autorisée par les articles 14 et 15 , le soumissionnaire pourra vendre des biens compris en la soumission, pour payer le quart de l'estimation à régler d'après l'art. 19 ; mais à la charge d'imposer à l'acquéreur la condition expresse de verser en numéraire dans la caisse du re-

ceveur des domaines nationaux, dans les délais fixés par l'article précédent, le prix de son acquisition jusqu'à concurrence de ce qui sera dû à la république pour le montant de ladite estimation. Le versement sera fait nonobstant toutes oppositions qui pourraient avoir lieu entre les mains des acquéreurs; au moyen de quoi, ceux ci demeureront subrogés aux droits de propriété de la nation, et affranchis des hypothèques du chef de leur vendeur, comme les autres acquéreurs de domaines nationaux.

Néanmoins, si le prix de la vente faite par l'engagiste était inférieur au montant de l'estimation ordonnée par l'article 19, la république conservera pour l'excédant son privilége et son hypothèque, même sur la chose vendue, jusqu'au paiement intégral du quart dû par l'engagiste, sans être tenue de poursuivre l'inscription de sa créance aux registres publics de la conservation des hypothèques.

22. A l'égard de tous engagistes ou échangistes non maintenus, et qui n'auraient fait la déclaration prescrite par l'art. 13 de la présente, ou qui, après l'avoir faite, ne se seraient pas présentés pour faire la soumission autorisée par les articles 14 et 15, la régie des domaines nationaux, immédiatement après l'expiration du mois qui suivra la publication de la présente, en ce qui concerne les premiers, ou du mois qui suivra la déclaration non suivie de soumission, en ce qui concerne les seconds, leur fera signifier copie des titres primitifs, récognitifs ou énonciatifs, tendant à établir les droits de la nation ; avec déclaration que, dans le délai d'un mois à dater de la signification, elle poursuivra la vente des biens y énoncés, lesquels ne pourront être des biens qui auraient été soumissionnés en exécution de la loi du 28 ventose an 4 et autres y relatives.

Elle les interpellera par le même acte, de nommer, dans la décade, un expert pour procéder aux opérations préparatoires ci-après détaillées, conjointement avec l'expert qui sera nommé par la régie, et celui qui le sera par l'administration centrale du département de la situation des biens.

23. Ces experts procéderont, dans les deux décades suivantes, à la vue des titres, mémoires et renseignemens qui leur seront respectivement remis, 1°. à l'estimation du capital, d'après les règles posées en l'article 19; 2°. à l'estimation du revenu annuel; 3°. à celle des améliorations, s'il y en a, en observant qu'elles ne doivent être estimées que jusqu'à concurrence de la valeur dont les biens se trouvent augmentés; 4°. à l'évaluation des dégradations, s'il y a lieu; 5°. enfin, à l'esti-

mation des fruits perçus et recueillis par le ci-devant détenteur,
depuis et compris l'année 1791 (*vieux style*), à moins qu'il ne
justifie avoir fait la déclaration prescrite par la loi du 1er. décembre 1790.

Les experts distingueront chacune de ces opérations dans leur
rapport : si l'engagiste avait négligé d'en nommer un, ou si son
expert nommé ne se réunissait point aux autres au jour indiqué
par sommation, il sera passé outre par ceux-ci.

24. Les articles 17 et 18 de la présente s'appliquent aux
experts qui seront nommés en exécution de l'article précédent.

25. Après la remise du rapport des experts, et toutefois
après l'expiration du délai d'un mois à dater de la signification prescrite par l'article 22, les biens seront mis en vente
par affiches et enchères faites conformément aux lois des 16 brumaire an 5 et 26 vendémiaire dernier.

En conséquence, la première mise à prix des biens ruraux
sera de huit fois le revenu annuel ; celle des maisons, bâtimens
et usines servant uniquement à l'habitation et non dépendans de
fonds de terre, sera de six fois le revenu annuel.

26. Si, après l'adjudication faite dans les délais et formes
ci-dessus, le ci-devant détenteur élevait quelques prétentions
relatives à la propriété, elles se résoudront de plein droit en indemnités sur le trésor public, s'il y échet.

27. Si, dans le mois qui suivra la signification des titres,
le détenteur les soutient inapplicables ou insuffisans, ou s'il pré-
tend être placé dans les exceptions de la présente, ou si de
toute autre manière il s'élève des débats sur la propriété, il
y sera prononcé par les tribunaux, après néanmoins qu'on se
sera adressé, par voie de mémoires, aux corps administratifs,
conformément à la loi du 5 novembre 1790 ; mais en ce cas, soit
le tribunal de première instance, soit celui d'appel, devront,
chacun en ce qui le concerne, procéder au jugement, sur simples mémoires respectivement remis, dans le mois, à dater de
l'expiration des délais ordinaires de la citation.

28. Il n'est rien changé par la présente aux attributions de
l'autorité administrative en ce qui concerne purement et simplement les liquidations de droits et créances prétendus par des
particuliers envers la république.

29. Il sera procédé à la liquidation des indemnités que l'engagiste pourrait réclamer à la vue des quittances de finances,
rapports d'experts, et de tous autres titres et documens, de
la même manière qu'il est observé pour les autres créanciers de
la république : la remise des titres sera faite dans trois mois
pour tout délai.

3o. Le prix de l'adjudication qui sera faite en exécution de l'article 25, sera en totalité payable en numéraire métallique ; les paiemens seront divisés comme il suit :

1º. Le quart de la valeur du terrain estimé, d'après les articles 19 et 23 de la présente, sera acquitté entre les mains du receveur des domaines nationaux, dans les dix jours qui suivront l'adjudication ; savoir, le premier tiers en numéraire, et les deux autres tiers en obligations ou cédules payables aussi en numéraire ; savoir, le second tiers dans le délai de deux mois, et le dernier tiers dans quatre mois ; le tout à dater de la souscription des cédules, avec intérêt sur le pied de cinq pour cent par an jusqu'au paiement effectif ;

2º Le surplus du prix de l'adjudication restera entre les mains de l'acquéreur pour fournir jusqu'à due concurrence, soit aux indemnités de l'engagiste, soit aux plus amples reprises de la république : il ne sera exigible qu'après la liquidation de ces indemnités, et sera payable en trois portions égales, de trois en trois mois, à partir de la notification qui sera faite à l'acquéreur de l'arrêté définitif de la liquidation : l'on ajoutera au dernier paiement tous les intérêts qui auront couru jusqu'alors sur le même pied de cinq pour cent par an.

31. Si, par le résultat de la liquidation énoncée en l'art. 29, le ci-devant concessionnaire n'était reconnu créancier que d'une partie de la somme restée aux mains de l'acquéreur, il sera d'abord remboursé sur le premier terme des deniers mis en réserve par l'article précédent, subsidiairement sur les second et troisième, et la république ne touchera l'excédant qu'après qu'il aura été remboursé.

32. S'il arrivait qu'il fût dû au ci-devant concessionnaire au-delà de la somme restée en dépôt, il la retirera en entier, et sera remboursé du surplus de sa liquidation comme les autres créanciers de l'état ; savoir, deux tiers en bons de deux tiers et l'autre tiers en bons du tiers consolidé.

33. Il n'est rien statué ni préjugé par la présente,

1º. Sur les concessions faites à vie seulement, ou pour un temps déterminé, soit par baux emphytéotiques, soit par baux à cens ou à rentes ;

2º. Sur les concessions de terrains, à quelque titre que ce soit, faites dans les colonies françaises des deux Indes ;

3º. Sur la nature des îles, îlots et attérissemens formés dans le sein des fleuves et rivières navigables, non plus que des alluvions y relatives, ni des lais et relais de la mer.

Il sera statué sur ces divers objets par des résolutions particulières.

34. Il n'est, par la présente, porté aucune atteinte à l'exécution des lois des 28 août 1792, 10 juin 1793, et autres relatives aux biens appartenant aux communes ou sections de commune, et aux revendications de biens usurpés par la puissance féodale.

Dans le cas où il y aurait procès pendant entre une commune et un engagiste relativement au fond du droit sur les biens concédés par l'ancien gouvernement, les dispositions de la présente et les délais établis par elle ne courront contre l'engagiste qu'à dater du jugement définitif qui pourrait confirmer sa possession vis-à-vis de la commune; sauf l'intervention de la régie des domaines audit procès, s'il y a lieu.

35. Il n'est point dérogé, par la présente, aux droits et actions qui peuvent compéter à la république contre les concessionnaires ou sous-concessionnaires maintenus purement et simplement en possession par l'article 5, à raison des redevances et prestations assignées sur les fonds, et qui n'auraient pas été frappées d'abolition par les lois nouvelles.

36. Les précédentes lois sont abrogées en ce qu'elles ont de contraire à la présente.

Biens dévolus à la France par le traité de Lunéville et le recès de l'Empire d'Allemagne.

Arrêté du 4 floréal an 12. (B. 7.)

1. Sont et demeurent réunis au domaine national, tous les biens, domaines, propriétés et droits quelconques situés sur le territoire de la république, et qui, avant le traité de Lunéville, appartenaient,

1°. A l'empereur d'Allemagne;

2°. Au roi de Prusse;

3°. Aux princes-électeurs { de Bavière, de Bade, de Würtemberg, de Hesse-Cassel;

4°. Aux landgraves, . . , { de Hesse-Darmstadt, de Hesse-Rothembourg;

1.   37

5°. Aux princes . . . . {
de Nassau-Usingen ;
de Nassau-Weisbourg ,
de Nassau-Dissembourg (ci-d. prin. d'Orange) ;
de Lœwenstein-Wertheim ,
d'Œttingen-Wallestein ,
de Solms-Braun fils ,
de Stolberg-Gedern ,
de Hohenlohe-Bartenstein ,
de Linange ,
de Wied Runkel ,
de Brethenheim ,
de Sayn-Witgenstein ,
de Salm-Reiferschaid ;

A la princesse d'Isembourg (comtesse de Parkstein) ;

6°. Aux rhingraves . . . . . {
de Grumback ,
de Grehveiller ;

7°. Aux comtes . . . . {
de Lœwenstein-Wertheim ,
de Solms ,
de Stolberg ,
de Linange-Heidesheim ,
de Linange-Westerbourg (branche aînée) ,
du Linange-Westerbourg (branche cadette) ,
de Salm-Reiferscheid-Bedbourg ,
de Limbourg-Styrum ,
comtesse de Hillesheim ,
comtes d'Apremont ,
de Bassenheim ,
de Metternich ,
d'Ostein ,
de Plettenberg ,
de Quadt ,
de Schalsberg ,
de Toerring ,
de Wartemberg ,
de Goldstein ,
de Holberg ,
de Nesselrode ,
de Sillengen ,
de Stadion ,
de Sinzendorf ,
de Steenberg.

2. Tous les biens situés dans le territoire de la république ,
et qui avant le traité de Lunéville ont appartenu aux ducs et
princes ci-après dénommés , savoir ,

Les ducs . . . . {
d'Aremberg ,
de Croy ,
de Looz-Corswarem ,

Les princes............ { de la Tour-Taxis,
de Salm-Salm,
de Salm-Kirbourg,
de Ligne.

sont pareillement réunis au domaine national, à l'exception de ceux desdits biens situés dans les Pays-Bas ci-devant autrichiens, à l'égard desquels il a déjà été disposé ou sera statué par des arrêtés particuliers.

3. Les séquestres actuellement subsistans sur des biens appartenant à des personnes autres que celles dénommées aux deux articles précédens, et situés dans l'étendue du territoire cédé à la France par le traité de Lunéville, seront levés par arrêtés spéciaux du premier consul, rendus sur le rapport du ministre des finances.

4. Tous ceux qui se croiront en droit d'obtenir, en exécution de l'article précédent, la main-levée du séquestre apposé sur leurs biens, seront tenus de joindre aux demandes qu'ils adresseront au ministre des finances,

1°. Une attestation visée et certifiée par le ministre des relations extérieures, justifiant qu'ils ne sont point membres ni états d'Empire, et qu'en conséquence ils n'ont ni voix ni séance à la diète ;

2°. Un état de la consistance, situation et revenus annuels des biens séquestrés, visé et certifié par le receveur de l'enregistrement de la situation desdits biens.

5. Les réclamations seront faites, et les pièces exigées par l'article précédent seront produites, dans le délai d'un an, à compter du jour de la publication du présent arrêté ; passé lequel délai, elles ne seront plus admises.

6. Dans aucun cas, ne seront restituables, ni les revenus des biens séquestrés, touchés par la régie de l'enregistrement jusqu'au jour de la main-levée, ni le prix des meubles vendus, mais seulement les capitaux versés dans la caisse de ladite régie.

7. Ceux qui auront obtenu la main-levée du séquestre de leurs biens, ne pourront réclamer de la république aucune indemnité pour les dégradations qui y auraient été commises, à moins qu'elles ne procèdent du fait des fermiers, contre lesquels seulement ils auront leur recours.

8. Les main-levées qui seront accordées, en vertu de l'art. 3, à des membres de l'ordre équestre et autres nobles d'Allemagne non états d'Empire, n'auront lieu qu'à la charge par les propriétaires de vendre par acte authentique les biens

37 ✱

qui en seront l'objet, si mieux ils n'aiment obtenir la qualité de citoyen français, et renoncer, en conséquence, à tous titres féodaux, nobiliaires, ordres de chevalerie, distinctions et qualifications inconciliables avec la constitution de la république; et faute par eux d'opter dans le délai de trois ans, ceux desdits biens qui n'auront pas été vendus ou cédés à des citoyens français dans la forme prescrite, seront irrévocablement réunis au domaine national.

9. Les membres de la noblesse immédiate ayant double domicile sur les deux rives du Rhin, qui ont rempli en France des fonctions publiques, avant ou depuis la révolution, dans les départemens où les lois sur l'émigration ont été publiées, et qui se trouvent inscrits sur la liste des émigrés, ne pourront être envoyés en possession de leurs biens séquestrés qu'en vertu d'une amnistie spéciale, et conformément aux dispositions du sénatus-consulte du 6 floréal an 10; sauf à eux à se pourvoir auprès de la diète pour l'indemnité relative à la suppression des droits féodaux et autres pertes quelconques : le tout en exécution du paragraphe 24 du récès de l'Empire.

Tribunaux consulaires.

Le décret du 4 nivose an 2, déclara les biens et créances actives des tribunaux consulaires, biens nationaux, pour être administrés et vendus comme les autres.

Les créanciers durent présenter leurs titres aux corps administratifs dans les trois mois, à peine de déchéance.

Les administrations centrales furent chargées de pourvoir aux frais de leurs tribunaux de commerce, comme dépenses locales.

Matières d'or et d'argent et effets déposés aux comités révolutionnaires.

Celui du 13 frimaire an 3, mit sous la main de la nation, l'argent, les matières d'or et d'argent et tous autres effets mobiliers requis et déposés dans les comités révolutionnaires.

Le décret du 29 fructidor suivant, ordonna la vente de ces effets par les corps administratifs, comme de tous autres biens nationaux.

Maisons communes d'orfèvres.

La loi du 19 brumaire an 6 supprima les maisons communes

d'orfèvres, et déclara leurs biens et effets appartenant à la nation, et les mit sous la surveillance des administrations de département.

Rentes des corps et communautés supprimés.

Le décret du 14 — 27 avril 1791, déclara, art. 12, que les rentes perpétuelles et viagères créées par les maisons, corps, communautés et établissemens supprimés, ne seraient pas reçues, quant à présent, en paiement de domaine nationaux.

Droits seigneuriaux.

Celui du 13 — 17 avril 1791, régla, relativement aux droits féodaux non supprimés, que les ci-devant seigneurs auxquels il était dû des droits de mutation, d'après l'art. 11 du décret du 3 mai 1790, recevraient après les ventes faites des biens, le montant du rachat desdits droits. Il dut être liquidé, conformément à la loi ci-dessus précitée, en remettant les mémoires et titres au secrétariat du district.

Il en fut usé de même pour les autres droits rachetables, et en cas d'estimation, les experts furent nommés, l'un par le directoire du district, l'autre par la partie créancière, et le tiers, s'il y eût lieu, par l'administration centrale.

Rachat des droits ci-devant seigneuriaux.

Le décret du 15 septembre — 16 octobre 1791, statue sur le mode et le taux du rachat des droits ci-devant seigneuriaux, soit fixes, soit casuels dont sont grévés les fonds nationaux, soit aliénés à titre de bail emphithéotique, ou à rente non perpétuelle, soit possédés au même titre par la nation.

Avis du conseil d'état sur la suppression des prestations établies par des titres constitutifs de redevances seigneuriales et droits féodaux.

Approuvé le 30 pluviose an 12. (B. 251.)

Le conseil d'état, d'après le renvoi du Gouvernement, et sur le rapport de la section de législation;

Vu les articles 1 et 2 de la loi du 17 juillet 1793, portant suppression des redevances ci-devant seigneuriales, droits féodaux fixes et casuels, et qui n'exceptent de cette disposition que *les rentes ou prestations purement foncières et non féodales;*

L'article 6 de la même loi, qui ordonne le brûlement des titres constitutifs ou récognitifs des droits supprimés par les articles 1 et 2;

Le décret du 2 octobre 1793, par lequel la convention, *sur la proposition de séparer ce qui était purement foncier dans les actes portant concession primitive de fonds à titre d'inféodation ou d'accensement, et de proroger en conséquence, à six mois, le délai fixé pour le brûlement des titres féodaux mixtes, passe à l'ordre du jour motivé sur la loi du 17 juillet relative aux droits féodaux;*

Le décret du 7 ventose an 2, par lequel la convention, sur la question proposée, si la régie nationale de l'enregistrement et des domaines pouvait recevoir le rachat offert d'une rente qualifiée foncière et seigneuriale par le titre primitif du bail d'héritage, contenant en même tems un cens emportant lods et ventes, déclare qu'il n'y a pas lieu à délibérer, *attendu qu'elle a déclaré, par la loi du 17 juillet précédent, supprimer sans indemnité les rentes foncières qui avaient été créées, même pour concession de fonds, avec mélange de cens ou autres signes de seigneurie ou féodalité;*

Considérant que si les articles 1 et 2 de la loi du 17 juillet 1793, pouvaient laisser quelques doutes sur l'objet et l'intention des législateurs, ces doutes ont été pleinement levés par le décret d'ordre du jour du 2 octobre 1793; que le refus de proroger le délai fixé pour le brûlement des titres constitutifs et récognitifs de seigneurie, et d'autoriser la séparation de ce qui pouvait être purement foncier, annonce clairement que la convention regardait tous les droits quelconques établis par ces titres, comme supprimés par une suite *de leur mélange avec des cens ou autres signes de féodalité;*

Que le décret du 7 ventose an 2, qui déclare qu'il n'y a pas lieu à délibérer sur l'autorisation demandée par la régie nationale pour recevoir un remboursement de rente foncière stipulée par un acte mélangé de cens, aurait achevé de dissiper toute incertitude, s'il avait pu encore en exister;

Que telle a été, depuis, l'opinion constante du corps législatif; qu'elle s'est manifestée, en l'an 5 et en l'an 8, dans des discussions sur les projets présentés à l'effet d'établir une distinction entre les rentes et prestations créées par des actes constitutifs ou récognitifs de seigneurie, pour soustraire à

la suppression celles qu'on regardait comme purement foncières ;

Attendu qu'il n'est pas possible de méconnaître des inten-
tions aussi évidentes , et qu'il ne peut y avoir lieu à interpré-
ter des dispositions qui ne sont nullement obscures ,

Est d'avis que toutes prestations , de quelque nature qu'elles
puissent être , établie par des titres constitutifs de redevances
seigneuriales et droits féodaux supprimés par le décret du 17
juillet 1793 , ont été pareillement supprimées, et que l'on ne
pourrait admettre les demandes en paiement de ces prestations ,
sans changer la législation.

Dénonciateurs de biens soustraits.

Décret du 12 juillet 1793 , portant que le dixième à payer
aux dénonciateurs des biens d'émigrés soustraits au séquestre ,
sera payé par la trésorerie nationale , et son recouvrement
contre les officiers municipaux ou administrateurs , poursuivi
par l'agent du trésor public.

Biens exceptés de la vente. Protestans des confessions d'Ausbourg et Helvétique.

Décret du 1er. — 10 décembre 1790 , portant que les biens
possédés par les protestans des confessions d'Ausbourg et Helvétique , habitans de l'Alsace et des terres de Blamont, Cle-
mont, Héricourt et Chatelot , sont exceptés de la vente des
biens nationaux , et continueront d'être administrés comme par
le passé.

Bâtimens affectés au service de la marine.

Décret du 12 — 20 mars 1791 , qui affecte au service du
ministère de la marine , plusieurs bâtimens et terrains nationaux , sans qu'aucun corps administratif puisse s'immiscer en
aucune manière , dans la régie et administration desdits biens.

Terrains des fortifications des places de guerre.

Décret du 8 — 10 juillet 1791.

Tit. 1er. art. 13. Tous terrains de fortifications des places
de guerre ou postes militaires , tels que remparts, parapets ,

fossés, chemins couverts, esplanades, glacis, ouvrages avancés, terrains vides, canaux, flaques ou étangs dépendans des fortifications, et tous autres objets faisant partie des moyens défensifs des frontières de la France, tels que lignes, redoutes, batteries, retranchemens, digues, écluses, canaux et leurs francs bords, lorsqu'ils accompagnent les lignes défensives ou qu'ils en tiennent lieu, quelque part qu'ils soient situés, soit sur les frontières de terre, soit sur les côtes et dans les îles qui les avoisinent, sont déclarés propriétés nationales.

Tit. 4. art. 1. Tous les établissemens et logemens militaires, ainsi que leurs ameublemens et ustensiles actuellement existans dans lesdits logemens et établissemens, ou en magasins; soit que ces divers objets appartiennent à l'état ou aux ci-devant provinces et aux communes; tous les terrains et emplacemens militaires, tels que esplanades, manéges, polygones, etc., dont l'état est légitime propriétaire, seront considérés désormais comme propriétés nationales, et confiés en cette qualité au ministre de la guerre, pour en assurer la conservation et l'entretien.

2. Ne seront point compris dans l'art. précédent, les bâtimens et emplacemens que le ministre ne jugerait pas nécessaires au service de l'armée, lesquels seront, dans ce cas, remis aux corps administratifs, pour faire partie des propriétés nationales aliénables. Dans le cas où ils auraient appartenu aux communes, elles continueront d'en être propriétaires.

Voyez pour ce qui concerne l'administration de ces biens, le titre *guerre, places et postes de guerre.*

Loi du 27 prairial an 4, qui met à sa disposition le ci-devant presbytère de Quinneville, département de la Manche.

Le décret du 13 février 1793, mit à sa disposition le couvent de Ste. Cécile de Grenoble.

Le décret du 19 août 1793, mit à sa disposition la maison de St. Charles d'Orléans, et transféra le dépôt de mendicité dans celle du ci-devant séminaire.

Autre du 15 prairial an 3, qui met à sa disposition la maison des ci-devant Augustins de Landau.

Arrêté du 13 messidor an 10.

Cet arrêté ordonne au ministre de la guerre de faire, dans les trois mois, une reconnaissance et désignation générale des édifices et établissemens propres au casernement, magasins de tous genres, hôpitaux, etc., nécessaires au service de la guerre. Cet état fera connaître le nom du département;

celui de la commune dans laquelle les immeubles sont situés, la désignation de l'immeuble, avec la mention de la valeur locative et du montant de la contribution foncière, le genre de service pour lequel il est destiné, et la désignation des personnes qui l'occupent.

Il sera communiqué au préfet du département, lequel, après avoir consulté les préposés de la régie des domaines, fera parvenir leurs avis et observations aux ministres des finances et de la guerre.

D'après les rapports de ces deux ministres, les consuls prononceront définitivement quels édifices doivent rester à la disposition du ministre de la guerre, et quels autres doivent être remis au ministre des finances.

A dater de la publication du présent arrêté, nul édifice national ne pourra, même sous aucun prétexte d'urgence, être mis à la disposition d'aucun ministre qu'en exécution d'un arrêté des consuls.

Bâtimens employés au service militaire ou public.

La loi du 11 fructidor an 4 (B. 72), ordonna que toutes soumission pour des terrains ou bâtimens actuellement employés au service militaire dans les places de guerre, seraient provisoirement suspendues ;

Et que le directoire présenterait le tableau de tous les domaines nationaux qu'il croirait nécessaire de consacrer à un service public.

La loi du 9 germinal an 5 (B. 116), excepta des ventes ;

Les bâtimens situés entre le Louvre, le Palais national et le jardin des Tuileries, la place de la Concorde et les rues Florentin et Honoré ;

Ainsi que tous les bâtimens occupés pour le service public.

Bâtimens destinés au service des poudres et salpêtres.

Loi du 27 septembre 1791.

Les bâtimens destinés au service des poudres et salpêtres, les fabriques, magasins, ateliers, rafineries et dépendances, resteront affectés à cette destination. Ils seront cependant portés aux tableaux des domaines nationaux, et les titres de propriété déposés avec ceux desdits domaines.

Sénat conservateur.

Traitement.

Constitution de l'an 8.

15. Le sénat conservateur est composé de quatre-vingt membres.

22. Le traitement annuel de chacun d'eux est égal au vingtième de celui du premier consul.

Des revenus de domaines nationaux déterminés, sont affectés aux dépenses du sénat.

Loi du 30 ventose an 9. (B. 76.)

Tit. 4. art. 11. Il est affecté aux dépenses de l'instruction publique, et à celles des militaires invalides, un capital de 180 millions en biens ntaionaux, valeur de 1790.

Déshérence.

Loi du 22 novembre — 1er. décembre 1790.

3. Tous les biens et effets, meubles ou immeubles, demeurés vacans et sans maître, ou des individus qui décèdent sans héritiers légitimes, ou dont les successions sont abandonnées, appartiennent à la nation. (*Et art. 539 du Code civil.*)

4. Le conjoint survivant peut succéder, à défaut de parens, même dans les lieux où la loi territoriale a une disposition contraire.

Le code civil, art. 767, porte : lorsque le défunt ne laisse ni parens au degré successible, ni enfans naturels, les biens de sa succession appartiennent au conjoint non divorcé qui lui survit.

Et art. 746, si le défunt n'a laissé ni postérité, ni frère, ni sœur, ni descendans d'eux, la succession se divise par moitié entre les ascendans de la ligne paternelle, et les ascendans de la ligne maternelle, etc.

Scellés.

Loi du 9 floréal an 3.

11°. L'apposition des scellés sur ces successions, se fait dans les formes indiqués par l'article 9 de la loi précitée. S'ils sont déjà apposés par le juge de paix, la municipalité croise ses scellés par les siens.

Instruction du ministre des finances.

Du 24 floréal an 6.

Le droit de déshérence n'établit point, avant la prescription légale, la république propriétaire incommutable des biens qu'elle acquiert à ce titre; tant que cette prescription n'est pas acquise, une possession contraire peut être opposée, un titre produit, la qualité d'héritier reconnue : et jusque-là, la république n'a qu'une propriété flottante et incertaine, dont elle a sans doute le droit de jouir, mais non de disposer. Il faut excepter le mobilier, qu'il serait déraisonnable de vouloir conserver pendant 3o *ans*, et dont la vente est nécessitée par l'intérêt même du propriétaire, quel qu'il soit en définitif.

Ainsi, par la déshérence, la république n'est point saisie de la propriété, mais elle acquiert un droit éventuel que le tems seul peut confirmer et rendre absolu; et ce tems est celui marqué par la prescription.

Quoique les biens tombés en déshérence n'aient pas le caractère de domaines nationaux jusqu'à l'accomplissement du tems déterminé pour la prescription, cependant il a paru naturel et convenable que la république s'en mit en possession, les régit, et les administrât comme les biens qui lui appartiennent irrévocablement. Cette mesure était d'ailleurs infiniment desirable sous le rapport de l'économie et de la célérité des opérations; elle a été, en conséquence, consacrée par un grand nombre de décisions.

C'est donc à l'autorité administrative à prendre possession des biens provenant des successions en déshérence, à les régir et à les administrer.

Si cependant le juge de paix, plutôt informé que l'administrateur, le prévenait dans l'apposition des scellés, cette opération, faite par lui, doit être réputée régulière, sauf aux administrateurs à faire croiser ces scellés par les leurs.

Voici, au reste, des règles de conduite que l'administrateur doit regarder comme bonnes et légales.

1º. Les juges de paix peuvent, à titre de mesure conservatoire, et lorsqu'ils en seront requis, apposer les scellés aussitôt le décès de citoyens sans héritiers connus; mais les *préfets*, ou les *maires*, sous la surveillance des *sous-préfets* et des *préfets*, sont chargés de toutes les opérations relatives aux déshérences, par conséquent de la lévée des scellé, même de leur apposition immédiate, si ils sont instruits du décès avant le juge de paix ; de l'inventaire, de la liquidation des dettes et de leur paiement sur le produit de la vente du mobilier.

2°. Cette vente, qui a lieu comme mesure avantageuse en tout état de cause, se fera par les préposés de la régie dans le domicile du décédé, si le mobilier est important ; autrement, et s'il y a d'autre mobilier national, celui de la succession ouverte y sera réuni dans un même local, pour y être vendu sans délai, le tout avec les distinctions nécessaires pour connaître le produit de chaque actif, conformément à l'art. 7 de la loi du 24 avril 1793.

Art. 7. Il porte que les parties de mobiliers peu considérables, seront confiées à un seul gardien, en distinguant avec soin et faisant vendre séparément ce qui provient de chaque individu.

3°. Il sera fait mention dans le procès-verbal d'inventaire et vente, des oppositions qui pourraient avoir été faites entre les mains du juge de paix, ou le seraient dans celles du préposé de la régie ; mais il passera outre, et procédera à la vente.

4°. Aussitôt la vente faite, le *maire* liquidera, sauf l'approbation du *préfet*, *sur l'avis du sous-préfet*, les dettes de la succession ; le préfet les fera payer sur les fonds en provenant, après toutes fois avoir prélevé les frais d'administration, qui sont toujours préférés et ordonnancés sans retard.

5°. Les fonds provenant des ventes du mobilier des successions en déshérence, seront versés dans la caisse du receveur des domaines : ce même receveur, malgré le versement qu'il en aura fait, devra acquitter sur les fonds quelconques de sa caisse, tant que ceux provenant des recouvremens ne seront pas épuisés, les mandats que donnera le *préfet* pour les frais d'administration et le paiement des créances.

6°. L'administration des biens provenant de déshérence n'ayant lieu que par vacance, et ces biens étant dans le cas d'être restitués à des héritiers, lorsqu'il s'en présente, les droits de timbre et d'enregistrement des actes d'apposition de scellés, inventaire, prisée, vente, etc., doivent être acquittés par la république, comme l'auraient fait les héritiers eux-mêmes ; si on en usait autrement, elle pourrait, le cas de réclamation arrivant, ne pas trouver sur ce qui resterait en caisse de quoi prélever lesdits droits. Enfin, comme les paiemens se font sur la chose même, il n'y a nul inconvénient à lui faire payer d'une main ce qu'elle retire de l'autre.

Après ces dispositions générales, et qui seront d'une application ordinaire, j'ai à m'expliquer sur quelques circonstances plus importantes qui peuvent se présenter.

Un individu quelconque peut se prétendre héritier ; dans ce cas il doit faire juger sa qualité par les tribunaux ordinaires , et le *préfet* doit fournir au commissaire du Gouvernement près le tribunal, les instructions et moyens qu'il croit propres à contredire la prétention du réclamant. Il ne faut pas , en effet, perdre de vue que dans ce que je viens de prescrire, l'administrateur n'agit directement que pour le bien de la chose et dans le silence de la loi ; il ne peut donc se permettre de juger une demande qui est du droit civil ordinaire, c'est-à-dire, une petition d'hérédité qui peut être présentée pendant trente ans.

Quant aux créances, les *préfets* peuvent les liquider, notamment celles urgentes et de peu d'importance , mais si la demande paraît de nature à être contestée, ils doivent la renvoyer devant les tribunaux, et le commissaire du Gouvernement y défendra : comme si le réclamant se croit lésé par leurs arrêtés, il peut exercer son action judiciairement; car, je le répète, l'administration, quoiqu'elle saisisse d'abord , n'est pas propriétaire, mais dépositaire; et comme telle, elle ne peut éviter de soutenir une action judiciaire.

Biens des condamnés.

Code civil. — Loi du 17 ventose an 11.

33. Les biens acquis par le condamné depuis la mort civile encourue , et dont il se trouvera en possession au jour de sa mort naturelle, appartiendront à la nation par droit de dèshérence.

Néanmoins le Gouvernement en pourra faire , au profit de la veuve, des enfans ou parens des condamnés , telles dispositions que l'humanité lui suggérera.

Administration des domaines nationaux.

Autorités.

Le ministre des finances est chargé de l'administration des domaines nationaux , soit pour la conservation, soit pour la vente.

Arrêté du 27 fructidor an 10. (B. 215.)

Le citoyen Boulay, conseiller d'état, est chargé du con-

tentieux des domaines nationaux , en remplacement du citoyen
Regnier. Il sera attaché à la section des finances du conseil d'état.

Loi du 28 pluviose an 8.

4. Le conseil de préfecture prononce sur le contentieux
des domaines nationaux.

Compétence.

Loi du 21 prairial an 2. (B. 5.)

La convention nationale........ sur la question de savoir
si les tribunaux sont compétens pour connaître des revendications faites par les citoyens , des fonds ci-devant possédés
par des émigrés, ou si la loi du 25 juillet 1793, attribue aux
corps administratifs la faculté de prononcer , même sur la propriété , en pareil cas.

Considère que les lois précédemment rendues n'attribuent
aux corps administratifs que la connaissance des actions relatives aux dettes passives des émigrés, et non de celles en
désistance qui auraient pu être dirigées contre eux ; qu'ainsi ,
et sur ce point, les choses sont restées dans le droit commun ,
et que , dans le cas particulier , la compétence judiciaire est
d'autant moins douteuse , que le jugement d'une requête civile
sort essentiellement des fonctions administratives.

Arrêté du directoire exécutif, du 2 nivose an 6. (B. 170.)

Sur la question de savoir si c'est à l'autorité administrative
ou à l'autorité judiciaire , à statuer sur la validité ou l'invalidité de la vente d'un domaine réputé national, aliéné comme
tel, contre laquelle on réclame, sur le fondement que le domaine
vendu est une propriété particulière.

Cette question relative à la distinction des pouvoirs , à la
fortune publique et à la fortune privée des citoyens, a été
décidée par le ministre de la justice et le directoire exécutif,
en faveur de l'autorité administrative.

Cette décision est fondée sur les lois des 5 novembre 1790 ,
articles 13 , 14 et 15 ; premier fructidor an 3 , et 15 vendémiaire an 4 , et sur les principes qui constituent et distinguent
les autorités administratives et judiciaires.

En effet, l'adjudication d'un bien réputé national étant un
acte purement administratif, le pouvoir judiciaire ne peut
en connaître ; autrement il pourrait rendre un jugement con-

traire, sans détruire la force de l'adjudication, parce qu'il ne peut commander au pouvoir administratif, et delà il en résulterait un chaos de droits et de prétentions contradictoire, qu'aucune autre autorité ne serait tenue de faire cesser.

Il appartient aux tribunaux, de déterminer les signes auxquels la société doit reconnaître les propriétes particulières; mais c'est aux administrations que les lois ont unanimement conféré le droit de déterminer les limites des propriétés nationales. A la vérité, ce droit peut être contesté par les tribunaux au moment où les administrations l'exercent, mais c'est avant la consommation de la vente, avant qu'il n'existe encore aucun acte administratif d'aliénation, que la nation se soumet à discuter ses droits devant les tribunaux, par l'organe du commissaire du pouvoir exécutif.

Enfin, dans le cas d'erreur, jugée par le même pouvoir administratif, on ne peut, d'après l'article 94 de la constitution, qu'accorder des indemnités au propriétaire dépouillé.

Arrêté du 7 messidor an 9. (B. 87.)

Vu l'arrêté du conseil de préfecture du département des bouches-du-Rhône, du 16 floréal dernier, soumis par le préfet à l'approbation de l'autorité supérieure, ledit arrêté portant : « que la dame Fajon, veuve Pellen, est déchargée, » en la qualité qu'elle agit, du paiement de l'intérêt des » intérêts, sauf l'approbation du ministre des finances, et » qu'il n'y a lieu à délibérer sur le surplus de sa réclamation. »

Considérant que par l'article 3 de la loi du 28 pluviose an 8, le préfet est chargé seul de l'administration, et que, par l'article 4, la juridiction des conseils de préfecture, en matière de domaines nationaux, est limitée au contentieux; et que n'y ayant rien de contentieux dans l'affaire dont le conseil de préfecture du département des Bouches-du-Rhóne s'est attribué la connaissance, il a excédé les bornes de son pouvoir.

Considérant de plus que sa décision au fond, est contraire au décret du 30 août 1792, portant que toute somme due par les acquéreurs de biens nationaux, tant en intérêts qu'en capitaux, qui n'auraient pas été acquittée à l'échéance fixée par la loi, doit intérêt depuis le jour de ladite échéance jusqu'à celui de l'acquittement ;

Arrêtent :

L'arrêté du 16 floréal an 9, est annullé comme incompétent, et comme contraire au décret du 30 août 1792.

Voyez encore, conseils de préfecture, attributions.

Il résulte des principes posés ci-dessus, qu'il appartient au conseil de préfecture de connaître de la validité, de l'étendue et des conditions des ventes ; mais que lorsque les réclamations contre ces ventes, ou les plaintes contre le trouble apporté à la jouissance des acquéreurs, renferment des questions de propriété, de servitude foncière, d'usages non exprimés dans les procès-verbaux de vente, les parties doivent être renvoyées devant les tribunaux pour y faire régler ces droits après que le conseil a déclaré ce en quoi consiste la vente qui a été faite.

Actions judiciaires nationales.

Loi du 15 — 27 mars 1791.

13. **Les** actions relatives aux domaines nationaux ou propriétés publiques ne peuvent être intentées et soutenues par un directoire de district (par un préfet) qu'avec l'autorisation du directoire de département (du conseil de préfecture.)

14. Ces actions sont intentées ou soutenues au nom du procureur-général-syndic (du préfet) du département, et à la diligence du procureur-syndic du district (du sous-préfet de l'arrondissement) de la situation des biens.

Loi du 19 nivose an 4. (B. 18.)

1. Toutes actions en justice, principales, incidentes ou en reprise, intentées par les corps administratifs, le sont au nom de la république par le commissaire centrale (le préfet) à la poursuite et diligence du commissaire du canton (du sous-préfet) dans l'arrondissement duquel se trouvent les objets litigieux.

2. Si ces actions donnent lieu à des poursuites devant le tribunal civil, elles y sont suivies et dirigées par le commissaire central (le préfet,) au nom duquel elles ont été intentées.

Mode d'exécution.

Arrêté du 10 thermidor an 4. (B. 62.)

1. Dans toutes les affaires portées devant les tribunaux, dans lesquelles la république est intéressée, le commissaire central (le préfet) est tenu d'adresser au commissaire du Gouvernement près le tribunal, des mémoires contenant les moyens de défense de la nation.

2. Le commissaire près le tribunal lit ces mémoires à l'audience

dience, ou doit y suppléer par tous autres moyens que la nature
de l'affaire exige.

Actions judiciaires des citoyens contre la république.

Loi du 5 novembre 1790.

Titre 3. Article 13. Les citoyens qui veulent intenter des
actions en justice contre la nation, sont tenus de les diriger
contre le procureur-général-syndic (le préfet.)

15. Il ne peut être exercé aucune action contre la nation par
qui que ce soit, sans qu'au préalable on ne se soit pourvu, par
simple mémoire, d'abord à l'administration du district (au sous-
préfet) pour avoir son avis, ensuite au conseil de préfecture
pour avoir sa décision, à peine de nullité. Ces avis et décision
doivent être donnés dans le mois de la remise du mémoire et des
pièces, justifiée par le récépissé du sous-préfet, dont il est fait
mention sur ses registres. Ces remise et enregistrement inter—
rompent la prescription. Si ces autorités n'ont pas statué dans le
mois, il est alors permis de se pourvoir devant les tribunaux.

16. Les frais qui sont légitimement faits dans la suite du procès passent dans la dépense des comptes des (préfets.)

*Nota. Ils sont acquités par le receveur de l'enregistre-
ment.*

Ces dispositions n'étant pas contraires à celles de la loi du 19 nivose an 4,
précitée, ne sont point abrogées. D'ailleurs elles ont été confirmées par
un arrêté du directoire exécutif du 6 fructidor an 4, par un autre du
2 germinal an 5 (*. 115), et notamment par une loi du 15 fructidor
an 4. article 10, (B. 73.)
D'après ces autorités. le préfet ne doit donc déférer aux assignations qui
lui sont données, que lorsque les parties poursuivantes se sont conformées à
l'art 15, ci-dessus rapporté.

Loi du 27 mars 1791.

18. Les affaires qui intéressent la nation sont portées devant
les tribunaux, sans qu'il soit besoin de comparution préalable
devant le bureau de conciliation.

Administrateurs locaux.

L'administration directe est confiée aux régisseurs des droits
d'enregistrement, timbre et hypothèques.

1.   38

Le Gouvernement nomme les préposés en chef, au nombre de douze, à l'administration directe des domaines nationaux, en vertu de l'article 154 de la constitution du 5 fructidor an 3.

Le décret du 19 août 1791, ordonna aux régisseurs nationaux de l'enregistrement, domaines et droits réunis, de prendre dans la quinzaine, la régie des domaines nationaux corporels et incorporels, qui leur était confiée par les décrets des 9 mars, 16 et 18 mai 1791, pour les administrer sous la surveillance des corps administratifs.

Tous les biens déclarés nationaux, seront administrés par les administrations de département. (*Décrets des 14 — 20 — 22 avril et 23 octobre, — 5 novembre 1790 : art. 1er.*)

Elles peuvent déléguer cette administration aux administrations municipales. (*Même décret, du 23 octobre 1790, article 22.*)

Elles ne peuvent régir par elles-mêmes ou par des préposés quelconques. Elles sont tenues d'affermer tous les biens, même les droits incorporels, excepté les rentes constituées et celles foncières créées en argent, de 20 francs et au-dessous, qui sont perçues par les receveurs de département, conformément au décret du 11 août 1798. (*Décret du 23 octobre 1790, tit. 2, art. 1er.*)

Les biens des établissemens supprimés, situés sur territoire étranger, sont administrés par l'administration centrale, dans l'arrondissement de laquelle se trouvent les manoirs des bénéfices, ou les chefs-lieux d'établissement, et par tels préposés qu'elle peut commettre dans tels lieux qu'elle juge à propos. (*Décret du 23 octobre 1790, tit. 1er. art. 9.*)

L'administration centrale autorise le receveur du département, à faire des saisies, arrêts ou oppositions entre les mains des sous-fermiers qui doivent payer au fermier principal. (*Décret du 11 — 24 août 1790, art. 33.*)

Elle reçoit les déclarations des débiteurs, fermiers, locataires et de tous autres concessionaires ou prétendant droits de jouir des biens déclarés nationaux, qui doivent être faites dans la quinzaine qui suit cette déclaration, à peine d'une amende de la valeur de la somme due. (*Même décret, art. 36 et 37.*)

Municipalité de Paris.

Celui du 17 — 27 mars 1791, autorisa le département de Paris, à déléguer à la municipalité de cette commune, les fonc-

tions relatives à l'administration et à l'aliénation des domaines
nationaux de son ressort.

Bureau d'administration pour Paris.

Le décret du 29 fructidor an 2, (B. 59.) dépouilla l'administration du département de Paris, de l'administration et vente
des domaines nationaux de son ressort, pour la confier à un
bureau composé de trois personnes.

Il supprima en même tems les deux commissions qui étaient
chargées d'une partie de ce travail ;

Et rapporta l'art. 6 du décret du 24 avril 1793, qui défen-
dait de faire plus de quatre ventes par jour.

Il ne conféra aucune qualité aux trois membres de ce bureau.

6. Les municipalités sont tenues de surveiller l'administration
des biens nationaux, chacune dans son territoire.

7. En cas de dégradation et d'enlèvement d'effets mobiliers,
bestiaux ou denrées, elles en dressent procès-verbal et en font
leur rapport à *l'administration centrale* pour être fait telles
poursuites qu'il appartient. (*Décret du 18 — 23 juin 1790,*
relatif aux dîmes et redevances, art. 6 *et* 7.)

Les décrets des 9 mars, 16 et 18 mai, et 19 août 1791, ainsi
que la loi du 8 août 1792, tracent aux municipalités les règles
qu'elles ont à suivre relativement à la conservation des biens
meubles et immeubles de la république, et qui consistent :

1°. A surveiller les fermiers, régisseurs, gardiens, etc., de
propriétés nationales, et à dénoncer à l'autorité supérieure les
détériorations, dégâts et abus commis par eux, ainsi que les
usurpateurs de terrains.

2°. A veiller à la conservation des édifices publics, provoquer
les réparations nécessaires et fournir des renseignemens sur leur
état, sur-tout de ceux propres à un service public, conformément à la loi du 12 septembre 1791.

3°. A rechercher et faire connaître les anciens receveurs des
revenus des biens des fabriques qui n'auraient pas encore rendu
leurs comptes, ces revenus ayant été déclarés propriétés nationales par la loi du 13 vendémiaire an 2.

Acquéreurs de biens nationaux.

4°. Si le Gouvernement doit sûreté et garantie à tous les
citoyens, il doit encore une protection plus immédiate aux
acquéreurs de biens nationaux, dont la confiance a contribué

à fonder et à soutenir la République. Les municipalités doivent donc empêcher qu'ils ne soient troublés en aucune manière dans la possession de leurs acquisitions ; elles prendront même toutes les mesures nécessaires pour les défendre contre les attentats des ennemis de l'Etat.

Estimations.

5°. Les municipalités assistent, dans l'intérêt de la république, aux estimations à faire préalablement des biens qui doivent être mis en vente. Celui de leurs membres présent, signe le procès-verbal des experts, et il y fait les observations dont lui paraissent susceptibles les objets estimés.

Forêts nationales.

6°. S'il s'agit de forêts ou bois nationaux, elles doivent s'informer si la portion à vendre excède 102 hectares 50 ares (300 arpens), et si elle est distante d'autres bois de 1948 mètres 40 centimètres (1000 toises). *Cette distance doit être à vol d'oiseau et non pas par les chemins ordinaires. (Lettre du ministre des finances, du 19 fructidor an 6.)*

7°. Elles veillent à ce que, dans les estimations, il soit fait distinction des objets mobiliers déclarés ne point faire partie de l'immeuble. (*Lettre du ministre des finances, du 24 germinal an 7.*)

Affiches.

8°. Elles sont chargées de l'apposition des affiches de ventes, dans les lieux les plus convenables, principalement dans ceux de la situation des biens ; de veiller à ce que ces affiches ne soient point enlevées, de dénoncer au juge de paix les auteurs de l'enlèvement, et de faire passer dans les trois jours à l'autorité un certificat de l'apposition de ces affiches.

Séquestre.

9°. Le séquestre sur les biens meubles et immeubles doit être apposé en présence des municipalités par des commissaires que nomme le préfet. Le procès-verbal est remis à l'autorité supérieure.

Dénonciateurs de biens soustraits.

Décret du 12 juillet 1793, portant que le dixième à payer aux dénonciateurs des biens d'émigrés soustraits au séquestre, sera payé par la trésorerie nationale, et son recouvrement contre les officiers municipaux ou administrateurs, poursuivi par l'agent du trésor public.

Administration des immeubles.

Vente du mobilier.

Les immembles restent en régie nationale. Le mobilier est mis en vente. Le directeur requiert et le préfet autorise, en fixant le jour, les ventes du mobilier. Cette vente est faite par le receveur de l'arrondissement, en présence d'un membre de la municipalité, après des affiches ou anonces et sur inventaire estimatif. (*Arrêté du directoire exécutif, du 23 nivose an 6.*)

Droits féodaux et incorporels non supprimés.

Le décret du 9—20 mars 1791, régla que les droits ci-devant féodaux et tous autres droits incorporels seraient perçus par la régie du droit d'enregistrement, sous la surveillance des corps administratifs.

La liquidation des rachats de ces droits, faite par la régie, dut être vérifiée et approuvée par l'administration centrale, sur l'avis de celles de districts.

Les baux de ces droits incorporels faits en exécution du décret des 23 et 28 octobre 1790, furent maintenus.

L'article 9, ordonnait qu'il serait fait et déposé aux archives des départemens, des états de ces droits.

Inventaire des titres d'aliénation.

Le décret du 17 septembre 1792, chargea les administrations de département, de commettre des agens pour recueillir et inventorier les titres d'aliénation de propriétés domaniales, déposés dans les greffes des divers tribunaux, et d'envoyer ces titres aux archives nationales.

Biens de la liste civile et des émigrés.

Le décret du 10 juillet 1793, attribua à l'administrateur des domaines, la régie et vente des biens de la liste civile;

Et ordonna au ministre des finances, de lui remettre les papiers y relatifs, à ceux des émigrés et de tous autres biens; chargea l'administrateur des domaines, de l'exécution du décret du 10 juin 1793, concernant *les baux à loyer*;

Et appliqua l'art. 50 de ce décret, à tous les domaines nationaux sans distinction d'origine.

Biens du comtat d'Avignon.

Le décret du 26 mars 1792, chargea les administrations de département et des districts de Vaucluse et de Louvèze, de faire la recherche, l'estimation; et d'administrer et vendre les biens nationaux de ces deux districts réunis à la France.

Une disposition de la loi du 23 septembre 1791, en avait chargé les trois commissaires chargés de la division du territoire et de l'organisation des pouvoirs.

Et celui du 14 germinal an 2, détermina que les autorités compétentes ne délivreraient que des mandats d'amener contre les prévenus de soustractions, de divertissemens, ou de malversations commis dans la garde, régie ou vente des biens ou effets nationaux; pour être conduits devant le directeur du jury.

Liquidation des créanciers de ceux dont les biens sont séquestrés.

Le décret du 28 messidor an 2, autorise les administrations de département, à ordonnancer jusqu'à concurrence de 800 fr., au profit des créanciers de ceux dont les biens sont mis sous le séquestre, sur les produits et recettes desdits biens.

Forêts et bois nationaux.

Le décret du 12 fructidor suivant, permet à tous particuliers d'aller ramasser les glands, les faines et autres fruits sauvages dans les forêts et bois nationaux, en observant d'ailleurs les lois concernant leur conservation.

Mobilier national.

Le décret du 4 septembre 1792, régla que tous les inventaires et états relatifs au mobilier national, formés ou à former, en exécution de la loi du 5 novembre 1790, seraient remis et envoyés à l'administrateur de la caisse de l'extraordinaire, aujourd'hui le ministre des finances, pour en former un état divisé en quatre classes, dont l'une comprendrait tous les meubles, effets et ustensiles, dont la vente avait été ordonnée par la loi précitée.

La seconde, les ornemens et effets d'églises.

La troisième, l'argenterie, les cloches, vases et ustensiles de métal des communautés et paroisses supprimées.

Et la quatrième, les manuscrits, chartes, sceaux, livres, monumens, statues, tableaux, dessins, et autres objets relatifs aux beaux-arts, aux arts mécaniques, à l'histoire naturelle, aux mœurs et usages des différens peuples.

Le ministre de l'intérieur fut chargé d'annoter les objets qui devaient être conservés, et de surveiller la vente des autres.

Les directoires de département devaient aussi adresser des états des cloches, vases et ustensiles de métal, envoyés directement aux hôtels des monnaies, et le ministre des finances était chargé de fournir celui de l'argenterie, des cloches et autres objets provenant des biens nationaux, qui lui avaient étéégalement envoyés par les corps administratifs, depuis le principe jusqu'au 1er. septembre 1792, et ensuite de mois en mois.

Glaces et meubles de luxe.

Un décret du 21 ventose an 2, chargea le comité d'aliénation et domaines, réunis, de faire enlever des maisons nationales, occupées par les commissions ou administrations dépendantes du conseil exécutif ou du comité de salut public, et par les ministres, toutes les glaces et meubles de luxe, pour êtrevendus.

Vente du mobilier.

Les immeubles restent en régie nationale. Le mobilier est mis en vente. Le directeur requiert et le préfet autorise, en fixant le jour, les ventes du mobilier. Cette vente est faite par le receveur de l'arrondissement, en présence d'un membre de la muni cipalité, après des affiches ou annonces et sur inventaire estimatif. (*Arrêté du directoire exécutif, du 23 nivose an 6.*)

Etablissemens publics.

Et la loi du 19 pluviose an 4 (B. 26), sursit à tous placemens et déplacemens d'établissemens publics, dans les bâtimens et domaines nationaux, s'ils n'avaient été précédemment autorisés par un acte du corps législatif.

Par celle du 4 ventose an 4 (B. 3o), le corps législatif demanda au directoire exécutif, dans le délai de deux décades, un état de tous les bâtimens, terrains et édifices occupés par les ministres, leurs bureaux, les agences, administrations et établissemens publics, ou pour le service public;

Et défendit de disposer, à l'avenir, d'aucun bâtiment national, sans l'autorisation du corps législatif, qui ne serait accordée que sur un devis de la dépense de la translation au nouvel établissement, des soumissions d'entrepreneurs pour l'exécution à forfait des réparations et opérations de la translation, et le plan du local.

Réparations.

Décret du 20 ventose an 5. (B. 113.)

Le décret du 19 août — 11 septembre 1791, autorisait les réparations à faire, sans adjudication au rabais, jusqu'à concurrence de 5o fr.

Celui du 25 avril 1793, porta la somme à 15o fr.

Et celui du 5 pluviose an 3, la fixa à 6oo fr.

Mais la nouvelle loi du 20 ventose an 5, rapporte cette dernière, et ajoutant à celle du 25 avril 1793, elle donne aux administrations centrales la faculté d'autoriser ces réparations sans adjudication au rabais, lorsque le prix de ces réparations ne devra pas excéder 15o fr.

Elles sont payées sur les ordonnances des administrations centrales, en vertu du décret du 19 août 1791.

Édifices dévastés par suite de la guerre dans la Vendée.

Loi du 14 nivose an 6. (B. 173.)

Les propriétaires d'édifices incendiés ou démolis, et d'héritages dévastés par suite de la guerre civile, connue sous le nom de *guerre de la Vendée*, dans les départemens situés entre la mer et la rive gauche de la Loire, sont déchargés pour l'avenir des rentes imposées sur les édifices, par l'exponse ou déguerpissement auxquels ils sont admis, nonobstant toutes clauses de *fournir et faire valoir*, ou autres équivalentes.

2. Mais dans le cas de l'une de ces clauses, la demande en déguerpissement doit être formée dans les six mois de la publication de cette loi, à peine de déchéance.

3. Les administrations centrales, sur l'avis des administrations municipales et des préposés de l'enregistrement, et d'après un procès-verbal estimatif, sont autorisées à réduire les rentes nationales assises sur les édifices incendiés ou démolis, ou héritages dévastés, en faveur des propriétaires qui contractent l'obligation de rétablir, dans un délai fixé, lesdits édifices ou héritages.

4. Elles sont également autorisées à remettre aux débiteurs, à titre d'indemnité, tout ou partie des arrérages de rentes échues depuis l'incendie, démolition ou dégradation, en proportion de la valeur opérée par la force majeure.

Scellés, gardiens et inventaires pour la conservation des biens nationaux.

Les titulaires de bénéfices, les supérieurs de maisons et établissemens ecclésiastiques, même les chevaliers de Malte, ont dû déclarer dans le délai de deux mois, pardevant les juges des lieux ou les officiers municipaux, tous les biens mobiliers et immobiliers dépendant desdits établissemens, et donner un état ou catalogue des livres de leurs bibliothèques et archives. (*Décrets des* 13 — 18 *novembre* 1789. 14 — 27 *novembre, même année.* 5 — 12 *février* 1790.)

Le délai fut prorogé jusqu'au premier mars 1790. (*Décret du* 16 — 24 *janvier* 1790.)

Les officiers municipaux dûrent envoyer ces déclarations

au comité ecclésiastique de l'assemblée constituante. (*Décret du 5 — 12 février* 1790.)

Les administrations de département dûrent faire ou faire faire par délégation, un catalogue des livres, manuscrits, médailles, machines, tableaux, gravures et autres objets de ce genre, avec leurs observations sur les objets à conserver et à vendre, et envoyer le tout au corps législatif. (*Décret du 23 octobre. — 4 novembre* 1790, *tit.* 2, *art.* 2 *et* 3.)

Les registres, papiers, terriers, chartes et tous autres titres, dûrent être déposés aux archives du district de la situation des biens, et depuis la suppression des districts, dans celles des départemens. (*Même décret, tit.* 3, *art.* 9.)

Les administrations de districts dûrent aussi faire faire un inventaire du mobilier, des titres et papiers des établissemens supprimés. Les municipalités purent être déléguées à cet effet. (*Décret du* 20 — 22 *avril* 1790, *art.* 12.)

Les administrations départementales furent chargées de faire dresser l'état des monumens, des églises et maisons devenues nationales. (*Décret du* 15 — 13 *octobre* 1790.)

Il dut être aussi dressé un inventaire des caractères, poinçons, matrices, gravures, et autres objets appartenant à la nation, dans le fond de l'imprimerie royale, dirigée par les nommés Guigne, Danse et Anisson. (*Décret du* 14 — 24 *août* 1790.)

Tous détenteurs de titres sont obligés de les communiquer à la première réquisition, à peine de 25 fr. d'amende.

Les dépositaires publics reçoivent 50 centimes pour la communication, et le double, si l'on prend des notes ou des extraits. (*Décret du* 9 — 25 *juillet* 1790, *art.* 20 *et* 21.)

Le décret du 9 — 19 janvier 1791, rend les municipalités responsables des effets de leur négligence, dans les appositions de scellés et confections d'inventaires et de catalogues dont elles sont chargées, sauf à être remboursées des frais des commissions dont elles sont chargées à cet égard, sur des mémoires réglés par l'administration supérieure.

Le décret du 13 août 1792, ordonna la mise des scellés, dans les maisons nationales réservées au roi.

Et celui du 3 novembre 1792, ordonna la levée des scellés apposés sur les appartemens des maisons de la liste civile, des religieuses et des émigrés dans le département de Paris.

D'après le décret du 24 avril 1793, les commissaires et gardiens nommés pour la conservation du mobilier des émigrés et autres effets nationaux, doivent être surveillés par les administrateurs municipaux du lieu où ils exercent leurs fonctions.

2. Ils peuvent être destitués en tout tems, et notamment sur la demande des administrations municipales. Les corps administratifs ne peuvent s'y refuser.

3. Dans les communes au-dessus de 10,000 ames, les deux administrateurs municipaux qui doivent assister aux levées des scellés, inventaires et ventes, peuvent être remplacés par deux commissaires choisis par l'administration municipale, hors de son sein ; mais leurs fonctions ne peuvent s'étendre hors des sections qu'ils habitent.

4. Les vacations de levée de scellés, inventaire et vente, ne peuvent jamais commencer avant l'arrivée des administrateurs municipaux ou de leurs commissaires, mais ceux-ci sont tenus de s'y rendre, et il est fait mention de leur présence au commencement et à la fin du procès-verbal.

Le décret du 6 vendémiaire an 3, veut qu'aucune femme ne puisse être établie gardienne des scellés mis sur les effets et meubles nationaux.

Poursuite contre les gardiens et dépositaires infidèles de meubles et effets nationaux.

Le décret du 24 avril 1793, déclara, art. 13, que les commissaires et les préposés aux ventes, ainsi que tous gardiens et dépositaires de meubles et effets nationaux, qui commettraient des soustractions, divertissemens, échanges ou remplacemens, pour quelque cause que ce fût, seraient poursuivis et punis des peines portées au code pénal contre les voleurs d'effets publics.

Les commissaires des administrations, furent chargés d'en envoyer le procès-verbal au procureur syndic du district, pour qu'il en poursuivît l'application contre les délinquans.

Celui du 7 frimaire an 2, régla la procédure à suivre en pareille circonstance.

Deux autres decrets des 12 nivose et 6 ventose de la même année, résolurent plusieurs difficultés d'exécution proposées par des tribunaux criminels.

Loi du 20 nivose an 2.

1. Lorsque les scellés apposés par autorité publique, se trouvent brisés, les personnes à qui la garde en est confiée, et tous ceux qui sont prévenus d'avoir coopéré à leur rupture, doivent être mis sur le-champ en état d'arrestation.

5. Tout gardien de scellé et tout individu qui est convaincu d'avoir, méchamment et à dessein, brisé des scellés, doit être, ainsi que ses complices, puni :

De 14 années de fers, en cas de bris de scellés apposés sur des effets ou papiers appartenant à la république :

De 12 années de fers, en cas de bris de scellés apposés sur des effets ou papiers appartenant à des particuliers.

6. Tout gardien de scellés qui n'est pas convaincu d'être auteur ou complice de leur rupture; mais qui ne prouve pas qu'elle est l'effet d'une force majeure, est déclaré incapable d'exercer aucune fonction ou agence publique, et condamné par forme de police correctionnelle, à deux ans d'emprisonnement.

Baux.

L'administration centrale se fait représenter, soit par les fermiers, soit par les preneurs à moitié ou à tiers-fruits, les baux et les actes de cheptel, pour vérifier :

1°. Si à leur entrée les terres étaient ensemencées, et si elles devaient l'être à leur sortie ;

2°. Si les bestiaux sont dans le même nombre et la même valeur, pour ensuite faire remplir aux preneurs leurs obligations sur ces deux objets. (*Décret du* 11 — 24 *août* 1790, *art.* 31, *tit.* 2.)

Si des vignes avaient été données à moitié ou à tiers-fruits, l'administration centrale peut, en les affermant, imposer au fermier la condition de continuer de les faire cultiver par des colons partiaires, suivant l'usage, en rendant le fermier et les colons responsables des dégradations qui pourraient être commises. (*Même décret*, *tit.* 2, *art.* 30.)

Les fermiers qui refusent de faire leur déclaration des biens qu'ils tiennent à ferme, ou qui sont convaincus d'en avoir fait une fausse, ou d'avoir recélé la promesse de quelques pots-de-vin, sont, et demeurent de plein droit, déchus de toute jouissance, et sont condamnés à une amende de la valeur des sommes qu'ils ont recelées. (*Décret du* 11 — 24 *août* 1790, *art.* 38.)

Les baux subsistans sont renouvelés, dans les campagnes, un an ; et dans les communes, six mois avant leur expiration. (*Décret du* 23 *octobre* 1790 , *tit.* 2, *art.* 10.)

Les baux sont annoncés un mois d'avance par des publications de décadi en décadi, à la porte des maisons communes et des temples de la situation, à celle de l'administration municipale du canton et des édifices publics des communes voisines, et par des affiches de quinzaine en quinzaine aux lieux accoutumés ; l'adjudication est indiquée un jour de marché, avec le lieu et l'heure où elle se fera. Il y est procédé publiquement, par-devant l'administration du département ou celle municipale, à la chaleur des enchères, sauf à la remettre à un autre jour, s'il y a lieu. (*Même décret*, *tit.* 2, *art.* 13.)

Les baux des droits incorporels sont passés pour neuf années ; ceux des autres biens sont passés pour trois, six ou neuf années. Lors de la vente, l'acquéreur peut expulser le fermier ; mais il ne peut le faire, même en offrant de l'indemniser, qu'après l'expiration de la troisième année ; ou de la sixième, si la quatrième était commencée ; ou de la neuvième, si la septième avait commencé son cours ; sans que, dans ce cas, les fermiers puissent exiger d'indemnité. (*Même décret*, *tit.* 2, *art.* 15.)

Les conditions de l'adjudication sont réglées par l'administration centrale et déposées au secrétariat, ainsi qu'à celui de l'administration du district de la situation des biens, dès le jour de la première publication, pour en être pris communication sans frais, par tous ceux qui le désirent. (*Même décret*, *tit.* 2, *art.* 16.)

Outre les conditions légales et d'usage en chaque lieu, et outre celles que l'administration du département croit devoir imposer pour le bien de la chose, les suivantes seront toujours expressément rappelées. (*Même décret, tit.* 2, *art.* 17.)

A l'entrée de la jouissance, il sera procédé par experts à la visite des objets affermés, ensemble à l'estimation du bétail, et à l'inventaire du mobilier ; le tout sera fait contradictoirement avec le nouveau et l'ancien fermier, ou, s'il n'y en avait point d'ancien, avec un commissaire pris dans l'administration centrale ou par elle délégué. Les frais de ces opérations seront à la charge du nouveau fermier, sauf son recours contre l'ancien, si celui-ci y était assujeti. (*Même décret, tit. 2. art.* 18.)

L'adjudicataire ne peut prétendre aucune indemnité ou diminution du prix de son bail, en aucun cas, même pour stérilité, inondation, grêle, gelée ou tous autres cas fortuits. (*Même décret, tit. 2, art.* 19.)

Le fermier ou locataire est tenu, outre le prix de son bail, d'acquitter toutes les charges annuelles, dont il sera joint un tableau à celui des conditions; il est tenu encore de toutes les réparations locatives, et de payer les frais d'adjudication. (*Même décret, tit. 2, art.* 20.)

L'adjudicataire fournit une caution solvable dans la huitaine après l'adjudication, à défaut de quoi il est procédé à un nouveau bail à sa folle enchère. (*Même décret, tit. 2, art.* 21.)

Les baux sont passés et signés par les administrateurs présens, et non par des notaires, ainsi que par les parties et le secrétaire de l'administration qui signe seul l'expédition : ils sont sujets au droit d'enregistrement, et ils emportent hypothèque et exécution parée. (*Même décret, tit. 2 , art.* 14.)

Les administrations centrales donnent tous leurs soins pour que la culture des fonds soit répandue dans le plus de mains possibles. En conséquence, elles sont particulièrement assujéties aux règles suivantes. (*Même décret, tit. 2, art.* 22.)
N. B. La plupart des objets divisibles n'existant plus, on renvoie aux articles 23, 24, 25 et 27 de la même loi, le principe posé par l'art. 22, pouvant servir de règle aux administrateurs.

Le décret du 16—23 février 1791, ordonna que les fermiers des biens nationaux, dont le prix du bail était en denrées, et autres redevances, seraient tenus, conformément à l'art. 30 du décret du 11 — 25 août 1790, de le payer en argent.

Le décret du 13 — 20 mars 1791, autorise à traiter de gré à gré avec les preneurs de baux à vie, et à leur accorder une indemnité.

D'après le décret du 19 août 1791, art. 8, les baux des biens nationaux furent faits devant les administrations de district.

Si quelques objets ne pouvaient être affermés, ils étaient régis de la manière jugée la plus avantageuse par l'administration du département, sur l'avis de celle de district et la proposition du préposé de la régie.

Le prix des baux payables en denrées dut être payé en argent.

Le décret du 2 septembre 1792, révoqua les baux emphitéotiques de la maison appelée la *Badina*, et d'un jardin faisant partie du collége de Bastia, département du Golo.

Celui du 14 septembre 1792, ordonna la résiliation de tous les baux des biens nationaux, vendus ou non ; passés au profit des émigrés ou des prêtres condamnés à la déportation.

Le décret du 11 janvier 1793, ordonna que les fermiers, rentiers et débiteurs des biens des émigrés, de l'ordre de Malte, des princes possessionnés, et généralement de tous les domaines invendus, qui devaient payer en froment, méteil, seigle, avoine, foin, paille et légumes secs, seraient tenus de s'acquitter de la même manière, dérogeant à cet effet à l'art. 9 de la loi du 9 septembre 1791.

Les directoires de districts établirent en conséquence des magasins, notamment dans les magasins militaires existans.

Ils nommèrent un préposé, garde-magasin.

Les états de livraisons durent être envoyés tous les quinze jours aux administrations de département, pour que ces derniers les transmissent, avec leur avis, au ministre de la guerre.

Ces denrées destinées aux armées de terre et de mer, pouvaient aussi être échangées pour les avances à faire aux administrations départementales par le ministre de l'intérieur.

Le décret du 10 mai 1793, déclara les baux des biens de l'ordre de Malte et autres de chevalerie, de corporations séculières et régulières, colléges et universités, faits par anticipation postérieurement au 2 novembre 1789, nuls et de nul effet.

Par décret du 16 brumaire an 2, tous les fermiers de biens produisant *du froment, du méteil, du seigle, de l'avoine, de la paille* ou des légumes à gousses, furent tenus de payer en nature.

Et les baux à renouveler ne devaient l'être qu'à cette condition.

Les magasins devaient être établis dans des maisons particulières prises à loyer.

Une commission des subsistances et approvisionnemens administrait ces produits.

Un décret du 4 prairial an 2, déclara qu'il n'y avait pas lieu à déchéance contre un fermier qui avait déposé son bail dans les délais prescrits par l'art. 38 du décret des 6 et 11 août 1790, rappelé dans les art. 9 et 12 de celui du 15 frimaire an 2, et qui y était resté jusqu'alors, mais sans être paraphé par le secrétaire de l'administration de district.

Un décret du 2 prairial an 2, déclara que celui du 28 germinal n'ayant pas dérogé à l'art. 8, de la loi du 19 septembre 1792, les fermiers des biens du ci-devant ordre de Malte devaient se conformer à cette loi, qui avait rendu les articles 37 et 38, de celle du 11 août 1790, applicables à cette espèce de biens.

Un décret du 10 germinal an 2, attribua à l'agence des domaines la recherche des biens appartenant à la république et leur location.

Mais un autre du 28 messidor rapporta la seconde disposition, et rétablit, à cet égard, le mode prescrit par les décrets des 23 octobre 1790, et 19 août 1791.

Les préposés de l'agence étaient rendus responsables de leur négligence à provoquer près des directoires de districts la location des domaines.

Le décret du 3 messidor an 3 (B) autorisait les débiteurs de fermages arriérés non dus en denrées à se libérer dans le mois en assignats au pair.

Ceux de domaines, aussi en retard, à payer dans quinzaine.

Et ceux de domaines dont les termes de paiement n'étaient pas échus, dans le courant de quarante jours ;

Le tout à peine de payer selon l'échelle de proportion qui serait faite, à compter du jour de l'adjudication.

Loi du 9 *fructidor an* 5 (B. 139.) *relative au paiement des fermages des biens nationaux.*

Le corps législatif considérant que c'est par abus que des fermiers ont payé en assignats ou en mandats valeur nominale des fermages dus en numéraire ou en nature ; que d'ailleurs cette dernière forme de paiement n'est plus commandée par les circonstances.

A décrété que la loi du 2 thermidor an 3 relative au paiement des fermages de biens ruraux stipulés en argent était

applicable

applicable aux fermages des biens nationaux ou régis comme tels.

Que la loi du 28 termidor an 2 portant *que les fermiers qui ne pourraient satisfaire à celle du 16 brumaire concernant le paiement en nature, pourraient se libérer en assignats*, ne devait s'entendre que de ceux dont les baux étaient convenus à prix d'argent, et moyennant une somme fixe.

Et que la loi du 16 brumaire an 2 portant *que les baux des biens nationaux produisant des grains, du foin ou des légumes à gousse seront désormais payés en nature*, est rapportée.

En conséquence les fermages de l'an 3 non entièrement acquittés conformément aux lois des 2 thermidor an 3, 3 brumaire, 13 frimaire et 15 germinal au 4, seront réglés de nouveau.

La moitié du fermage calculé en valeur métallique, sera payée sans réduction, et la seconde suivant le tableau de dépréciation aux diverses époques des paiemens.

Les sommes payées en grains seront calculées sur les prix de 1790.

Celles en assignats ou mandats sur le tableau de dépréciation, ou et après la loi du 18 fructidor an 4, d'après le dernier cours publié par le directoire exécutif à l'époque du paiement.

Les fermages dus par les fermiers qui devaient, d'après la loi du 16 brumaire an 2 ou antérieures, payer en nature, seront évalués sur les mercuriales, ou à dire d'experts, et la somme en assignats ou mandats sera réduite d'après le tableau de dépréciation en valeur metallique.

Les paiemens faits en papier seront également réduits en valeur métallique.

Ces dernières dispositions ne s'appliquent pas aux baux stipulés moyennant une somme fixe, quoique d'après la loi du 16 brumaire an 2 ils aient été obligés de payer en nature ; ils rentrent dans les premières dispositions.

Les bestiaux, grains et autres objets fournis en vertu de réquisitions seront évalués selon les secondes dispositions, et admis en paiement pour ce qui en reste dû.

Les baux stipulés moyennant une portion de fruits ou de denrées, seront désormais acquittés en numéraire.

Les lois relatives aux fermages dus à des particuliers, s'appliquent aux fermages des biens nationaux.

Le 7 pluviose an 6, le conseil des cinq-cents passa à l'ordre du jour sur la proposition d'autoriser les administrations centrales à donner à loyer les maisons nationales pour un plus long terme que celui de trois ans, motivé sur ce que cette faculté paralyserait la vente de ces biens, qui doit au contraire être favorisée.

Et la loi du 6 messidor an 6, autorisa la réduction du prix des baux faits dans certaines circonstances et d'après les lois du 9 fructidor an 5, relatives, l'une à la liquidation et au paiement des fermages dus pour l'an 3, l'an 4 et années antérieures;

L'autre au mode de paiement des fermages de biens nationaux, depuis le 1er. janvier 1792 jusqu'à la publication de la loi du 5 thermidor an 4.

Cette réduction a dû être demandée dans le mois de la présente loi.

Arrêté du 6 messidor an 10. (B. 190.)

1. Les fermages arriérés des biens nationaux dus par les fermiers qui n'ont pas profité du bénéfice des lois qui les autorisaient à demander la réduction de leur baux, seront liquidés conformément aux dispositions de l'article 10 de la loi du 6 messidor an 6.

Créanciers sur les biens nationaux , et liquidation.

Les dettes passives du clergé sont réputées nationales.
(*Décret du* 17 — 22 *avril* 1790.)
Celles actives le sont également.
(*Décret du* 11 — 24 *août* 1790.)
Les créanciers doivent remettre leurs titres aux administrations départementales.
(*Décret du* 27 — 28 *mai* 1790.)
Celles des émigrés sont également déclarées nationales, mais seulement jusqu'à la concurrence des biens meubles et immeubles de chaque émigré.
(*Décret du* 25 *juillet* 1793, art. 17.)

Cette attribution a été confirmée par le décret du 28 messidor an 2.

Le décret du 5 — 11 avril 1792 , autorisait les administrations centrales à liquider les créances de 300 fr. et au-dessous sur les biens des corps et communautés religieuses et laïques supprimés, et à les faire payer par les receveurs de district.

Celui du 26 novembre suivant, les autorisa à liquider ces créances jusqu'à la somme de 800 fr.

La loi du 24 frimaire an 6, qui suit, porte cette faculté jusqu'à 3,000 fr. de capital.

Loi du 24 frimaire an 6. (B. 168.)

6. Les pouvoirs accordés aux corps administratifs de liquider définitivement jusqu'à la somme de 800 fr. les créances exigibles ayant pour cause des paiemens d'ouvriers, fournitures de marchandises et autres objets urgens, sont étendus jusqu'à la somme de 3,000 fr. de capital exclusivement.

91. Les réclamations contre ces liquidations sont portées devant le ministre des finances.

9. Les corps administratifs ne peuvent connaître d'aucune créance déjà rejetée par le liquidateur général.

10. Les sommes dues en papier-monnaie sont réduites en numéraire, selon le tableau du cours tenu par les commissaires de la trésorerie, annexé à la loi du 5 messidor an 5. (Voyez le titre *liquidation.*)

11. Si les fournitures ne sont pas établies mois par mois, elles sont liquidées d'après le terme moyen du tems dans lequel elles ont été faites.

13. L'état des dettes exigibles énonce les noms et prénoms des créanciers, et le montant de la liquidation.

17. Les créanciers liquidés en sont avertis individuellement à la forme des lois des 21 septembre 1793, 9 brumaire et 23 messidor an 2.

18. Il leur est remis un certificat indicatif de l'état dans lequel ils sont compris, de leur numéro dans l'état des noms et prénoms sous lesquels ils sont inscrits, et du montant de leur liquidation.

22. Les états de liquidation sont envoyés toutes les décades au ministre des finances pour être visés par lui, et remis à la trésorerie nationale.

24. Ces états et certificats de liquidation sont expédiés par les administrations liquidatrices, sans qu'il soit nécessaire qu'il leur soit ouvert un crédit à cet égard.

Elles font connaître à la fin de chaque mois le montant des sommes allouées.

50. En exécution de cette loi, les administrations centrales ont dû envoyer à la trésorerie nationale les certificats de propriété et les reconnaissances définitives de liquidation que les créanciers avaient négligé de retirer.

58. Les créanciers qui veulent se rendre adjudicataires de domaines nationaux, n'en sont mis en possession qu'après avoir

justifié du certificat des commissaires liquidateurs, énonçant les noms et prénoms, leur domicile, la nature de chaque créance, le montant des réclamations, la date de la remise des mémoires et pièces justificatives, et qu'ils leur ont remis leurs titres revêtus de la formalité du *visa* préparatoire des autorités concourant à leur liquidation.

Décret du 13 messidor an 3. (B. 159.)

Lorsqu'un ou plusieurs actes authentiques réfèrent un acte sous seing-privé, ou prouvent son exécution, cet acte sous seing-privé a acquis une date assurée, comme il aurait pû l'acquérir par le décès de l'un des contractans ou signataires.

Biens des condamnés.

Le décret du 25 messidor an 3 (B. 163), porte que la liquidation et le paiement des créances et droits à répéter sur les biens provenant des confiscations maintenues par la loi du 21 prairial, seront faits conformément aux dispositions de la loi du premier floréal précédent, relative aux émigrés, sauf les modifications ci-après.

Tout titre doit avoir une date certaine avant la publication du décret de confiscation, d'arrestation, d'accusation ou de mise hors la loi pour ceux contre lesquels il a été prononcé en ces formes, et à la notification du mandat d'arrêt ou de prise-de-corps pour les autres.

Les réclamations ne sont admises que pour les biens dont étaient saisis les condamnés, ou auxquels ils avaient un droit ouvert au jour de leur jugement.

Biens indivis.

Le decret du 9 nivose an 2, déclare communes à tous les biens nationaux indivis, les dispositions des articles 8, 9 et 10 du décret du 13 septembre 1793, rendu relativement aux biens des émigrés indivis, et que dans tous les cas de partage, les frais seront supportés par les co-partageans à proportion de leurs droits.

Décret du 13 septembre 1793.

8. Les propriétés indivises reconnues non partageables seront

vendues en totalité. L'acquéreur paiera au propriétaire le prix relatif à sa portion dans le bien , d'après la reconnaissance qui en aura été faite par l'admistration du département.

9. Les biens, même partageables , possédés par indivis , dont les propriétaires n'ont pas produit leurs titres dans le mois seront vendus en totalité.

10. La quotité de ceux qui produisent leurs titres est distraite par deux arbitres nommés par l'administration centrale ; ils sont tenus de terminer leur opération , et d'en remettre le procès-verbal dans la quinzaine de leur nomination.

Ces dispositions ont reçu leur développement dans le décret du premier floréal an 3. (Voyez *Émigrés* , *Liquidation*.)

Loi du 6 *messidor an* 5. (B. 130.)

Les créanciers de la République au-dessous de 50 fr. de rente , ou leurs fondés de pouvoirs, domiciliés à Paris, peuvent donner au liquidateur, pour en retirer les reconnaissances de liquidation définitive, des quittances sous seing-privé , mais sur papier timbré , en faisant certifier leur individualité au pied de leur quittance par l'administration municipale de leur arrondissement.

Usufruitiers de maisons.

Le décret du 15 frimaire an 2 avait rapporté l'article 26 de celui du 24 juillet 1790, relatif aux jouissances à vie par vente ou bail des maisons du clergé , et réglé que les acquéreurs de ces maisons en jouiraient un mois après l'avertissement, et sans indemnité préalable.

Il avait également abrogé les articles 29 et 30 relatifs aux bénéficiers qui en avaient bâti ou reconstruit à neuf.

Mais la loi du 21 germinal an 5 a modifié ces dernières dispositions. Elle porte que les adjudicataires des maisons vendues grevées d'usufruit conformément aux lois des 24 juillet 1790 et 3 juillet 1791 ne pourront en conserver que la nue propriété.

Les articles 20 et 21 de la loi du 15 frimaire an 2, sont abrogés à leur égard.

Néanmoins l'adjudicataire peut en conserver la jouissance en payant une indemnité à l'usufruitier.

Les adjudicataires des maisons vendues sans réserve depuis la loi du 15 frimaire an 2 , en conserveront l'usufruit.

Les propriétaires de l'usufruit seront admis à faire liquider conformément à l'instruction du 3 juillet 1791, l'indemnité qui leur est due.

Ces maisons grevées d'usufruit ne pourront plus être vendues que sous la réserve de cet usufruit.

La loi du 26 nivose an 6 a réglé que l'indemnité viagère accordée par l'article 2 de la loi du 21 germinal an 5, aux usufruitiers légitimes des maisons qu'ils tenaient de leurs corps à titre de vente ou bail à vie, serait fixée par experts à l'époque de l'adjudication, sous la déduction des contributions, charges et réparations locatives auxquelles lesdits usufruitiers étaient tenus par les lois des 24 juillet 1790 et 3 juillet 1791.

Bacs.

Arrêté du 8 floréal an 12. (B. 361.)

1. La perception des droits de bacs et passages d'eau, dont les tarifs ont été arrêtés ou le seront à l'avenir par le Gouvernement, sera affermée à l'enchère publique, d'après les ordres et instructions du ministre des finances, et à la diligence des préfets de département.

2. Les baux ordinaires seront de trois, six et neuf années, et l'adjudicataire se chargera, par estimation, des effets mobiliers affectés au service des bacs.

3. Lorsque, pour l'intérêt et l'avantage de la perception, il sera jugé convenable de passer des baux d'une plus longue durée, les préfets pourront les consentir pour douze, quinze et dix-huit années, à la charge de les soumettre à l'approbation du ministre des finances.

4. Les produits de ces baux seront versés au trésor public avec la même distinction, et seront administrés par les mêmes règles que ceux de la taxe d'entretien des routes et autres taxes spéciales.

5. Ces produits seront, jusqu'à due concurrence, spécialement employés, 1°. au remboursement des anciens propriétaires des bacs dont le Gouvernement a pris possession en exétion de la loi du 6 frimaire an 7 ; 2°. aux travaux, entretien et réparations des passages d'eau.

6. En conséquence, les anciens propriétaires, détenteurs ou autres, qui ont justifié de leurs titres de propriété des bacs, bateaux, agrès, bureaux, bâtimens, etc., seront remboursés du prix de ces objets sur la proposition des préfets, approuvée par le ministre des finances, et en vertu d'ordon-

nances expédiées à cet effet par ce ministre sur le produit de
l'affermage des bacs.

Arrêté du 11 fructidor an 11. (B. 309.)

1. Le droit exigible sur les bacs, passe-cheval et bateaux
de passage établis dans l'étendue du département de la Seine,
sera perçu conformément au tarif qui suit :

Bacs de Choisy-sur-Seine, des carrières de Charenton, de Surenne, d'Anières, de Petit-Brie et de Creteil.

Pour le passage d'une personne chargée ou non chargée. 0f 05

Le batelier ne pourra être contraint à passer que lorsque les
passagers lui assureront une recette au moins égale à ce qui
est dû, d'après le tarif, pour six personnes à pied ; et, dans ce
cas, il emploiera le bac ou un batelet, à sa volonté.

Pour denrées ou marchandises, non chargées sur
une voiture, sur un cheval ou mulet, mais embarquées à bras d'homme, et d'un poids excédant cinq
myriagrammes.. 0. 05.
Pour chaque myriagramme excédant.................... 0. 02.

Le chargeur déclarera le poids, qui pourra être vérifié par
le passeur.

Pour le passage :

d'un cheval ou mulet et son cavalier, valise
  comprise.. 0. 10.
d'un cheval ou mulet chargé........................... 0. 10.
d'un cheval ou mulet non chargé..................... 0. 05.
d'un âne chargé ou d'une ânesse chargée..... 0. 05.
d'un âne non chargé ou d'une ânesse non
  chargée.. 0. 03.

Par cheval, mulet, vache ou âne, employé *au labour,*
en allant au pâturage.. 0. 04.
Par bœuf ou vache appartenant à des marchands et
destiné à la vente... 0. 08.
Par veau ou porc.. 0. 03.
Par mouton, brebis, bouc, chèvre, cochon de lait,
et par chaque paire d'oies ou dindons.................. 0. 01.

Lorsque les moutons, brebis, boucs, chèvres, cochons de lait , paires d'oies ou dindons , seront *au-dessus de cinquante* , le droit sera diminué d'un quart.

Lorsque les moutons , brebis , boucs et chèvres iront au pâturage , on ne paiera que la moitié du droit.

Les conducteurs des chevaux, mulets, ânes, bœufs, etc. paiéront trois centimes.

S'il n'existe point de passe-cheval , le batelier ne pourra être contraint à passer isolément dans le bac , les chevaux , mulets , bœufs ou autres animaux compris dans cette section , que lorsque les conducteurs lui assureront au moins une recette de quarante centimes.

Pour le passage

d'une voiture suspendue à deux roues , celui du cheval ou mulet , ou pour une litière à deux chevaux... o. 3o.

d'une voiture suspendue à quatre roues , du cheval ou mulet et du conducteur............... o. 5o.

d'une voiture suspendue à quatre roues , attelée de deux chevaux ou mulets , y compris le conducteur... o. 6o.

Les voyageurs paieront séparément , par tête , le droit dû pour une personne à pied.

d'une charrette chargée , attelée

d'un seul cheval ou mulet , y compris le conducteur................... o. 4o.

de deux chevaux ou mulets , y compris le conducteur................... o. 75.

de trois chevaux ou mulets , y compris le conducteur................... 1. oo.

d'une charrette à vide , le cheval et le conducteur... o. 3o.

Pour une charrette chargée , employée au transport des engrais , ou à la rentrée des récoltes , le cheval et le conducteur.. o. 20.

La même , à vide , le cheval et le conducteur............ o. 1o.

Pour une charrette chargée ou non chargée , attelée seulement d'un âne ou d'une ânesse , et le conducteur .... o. 1o.

Pour un charriot de ferme , etc., à quatre roues , chargé , les deux chevaux ou bœufs......................... o. 75.

Le même , à vide... . 3o.

<table>
<tr><td rowspan="4">Pour un chariot
de roulage à
quatre roues,</td><td>chargé, un cheval et le conducteur. o. 6o.</td></tr>
<tr><td>idem, deux chevaux..........idem....... 1. oo.</td></tr>
<tr><td>idem, trois chevaux........idem.... 1. 5o.</td></tr>
<tr><td>à vide, attelé d'un seul cheval..
....................................idem.... o. 35.</td></tr>
</table>

Il sera payé par chaque cheval ou mulet excédant les nombres indiqués pour les attelages ci-dessus, comme pour un cheval ou mulet non chargé ; et par âne ou ânesse, le droit fixé pour les ânes ou ânesses non chargés.

Le batelier ne pourra être contraint à passer une voiture, charrette ou chariot se présentant isolément, que lorsque le conducteur lui assurera une recette de soixante-quinze centimes.

Dans le tems des hautes eaux , le paiement du droit sera triple.

Le préfet déterminera le point ou les eaux seront réputées hautes , et le *maximum* de la charge ou du nombre des personnes que les bacs ou bateaux pourront recevoir.

Passe-cheval du Port-à-l'Anglais.

Pour le passage d'une personne non chargée , ou chargée, d'un poids au-dessous de cinq myriagrammes. of o5ᶜ

Le batelier ne pourra être contraint à passer , que lorsque les passagers lui assureront une recette au moins égale à ce qui est dû , d'après le tarif , pour six personnes à pied.

Pour denrées ou marchandises embarquées à bras d'homme, et d'un poids de cinq myriagrammes...... o. o5.
Pour chaque myriagramme excédant.................. o. o2.

Le chargeur déclarera le poids, qui pourra être vérifié par le passeur.

<table>
<tr><td rowspan="5">Pour le passage</td><td>d'un cheval ou mulet et son cavalier , valise comprise.. o. 3o,</td></tr>
<tr><td>d'un cheval ou mulet chargé...................... o. 15.</td></tr>
<tr><td>d'un idem non chargé............................... o. 1o.</td></tr>
<tr><td>d'un âne ou d'une ânesse chargé................... o. 1o.</td></tr>
<tr><td>d'un idem ou idem non chargé..................... o. o6.</td></tr>
</table>

Par bœuf ou vache... o. 12.

Par veau ou porc.................................... o. o5.

Par mouton, brebis, bouc, chèvre, cochon de lait,
et pour chaque paire d'oies ou dindons.................. o. o2.

Le batelier ne pourra être contraint à passer isolément les
chevaux, mulets, bœufs et autres animaux compris dans cette
section, que lorsque les conducteurs lui assureront au moins
une recette de trente centimes.

Batelets de Bercy.

Pour le passage d'une personne...................... o. o5.

Le batelier ne pourra être contraint à passer que lorsque les passagers
lui assureront une recette au moins égale à ce qui est dû, d'après le
tarif, pour six personnes à pied.

2. La gendarmerie en tournée, les militaires voyageant en
corps de troupes ou avec une feuille de route, sont exempts
du droit.

3. Il sera procédé, dans le plus bref délai, à la mise en
ferme du droit résultant des tarifs ci-dessus, qui commenceront à être mis en activité, à dater du jour de la mise en
jouissance du fermier.

Verrerie de Meseinthal.

La loi du 30 juillet — 1er. août 1792, autorisa l'administration centrale de la Moselle à fixer la quantité de bois qui
serait fournie chaque année aux verriers de Meseinthal.

Remboursemens de rentes.

Par lettre du 17 nivose an 11, le conseiller d'état ayant la direction
de l'administration des domaines nationaux, a donné connaissance aux
préfets, d'une décision des consuls portant que les remboursemens de
rentes ou de capitaux faits à la république; savoir : *en assignats*, postérieurement à la loi du 25 messidor an 3, et *en mandats*, après celle
du 29 messidor an 4, avaient été déclarés valides.

Ventes.

Garantie constitutionnelle des acquéreurs.

Constitution de l'an 8.

93. La nation française déclare qu'en aucun cas elle ne souf-

frira le retour des français qui, ayant abandonné leur patrie depuis le 14 juillet 1789, ne sont pas compris dans les exceptions portées aux lois rendues contre les émigrés. Elle interdit toute exception nouvelle sur ce point.

Les biens des émigrés sont irrévocablement acquis au profit de la république.

94. La nation française déclare, qu'après une vente légalement consommée de biens nationaux, quelle qu'en soit l'origine, l'acquéreur légitime ne peut être dépossédé, sauf aux tiers réclamans, à être, s'il y a lieu, indemnisés par le trésor public.

Forme des ventes.

Première vente pour 400 millions.

Le décret des 19 et 21 décembre 1789, — janvier 1790, créa une caisse de l'extraordinaire, pour recevoir les produits des ventes des biens nationaux, et ordonna qu'il serait vendu de ces biens pour une somme de 400 millions.

Il créa une pareille somme d'assignats, à mettre en circulation par le Gouvernement, et avec lesquels les porteurs paieraient les biens nationaux qu'ils acquéreraient.

Les dispositions de ce décret furent développées et étendues par ceux des 17 — 24 mars, 14 — 17 mai, 16 — 26 juillet, 15 — 29 août, 10 — 14 octobre, 29 novembre, 10 décembre 1790, 31 décembre 1790, 5 janvier 1791.

Les municipalités qui avaient soumissionné des biens pour les revendre, étaient chargées de tous les frais d'estimation, de ventes, de subrogation et de reventes. (*Décret du 14 — 17 mai 1790, tit. 1er. art. 11.*)

Les adjudicataires ne sont tenus d'aucuns frais faits pour parvenir aux ventes.

Les secrétaires des administrations délivrent, sans frais, aux adjudicataires, la première expédition des adjudications. (*Décret du 3 — 18 novembre 1790, art. 17.*)

Estimations.

Les administrations de département formeront un état de tous les domaines nationaux situés dans leurs territoires, et procéderont à leur estimation dans les formes prescrites par les articles 3, 4, 7 et 8 du titre 1er. du décret du 14 mai 1790,

et par l'instruction du 31 du même mois. Elles commettront
pour surveiller ce travail les administrations de districts.
(*Décret du* 9 — 25 *juillet* 1790 , *art.* 4.)

Elles commenceront par les biens soumissionnés.
(*Même décret, art.* 5.)

Elles diviseront les objets autant que leur nature le permettra,
pour faciliter les petites soumissions et l'accroissement du nombre des propriétaires.
(*Même décret, art.* 6.)

Les experts seront nommés , l'un par le particulier qui voudra acquérir , l'autre par l'administration de district ; et le tiers
expert , en cas de partage , le sera par l'administration centrale.
(*Instruction du* 31 *mai.*)

Le prix capital des objets portés dans les demandes , sera
fixé d'après le revenu net effectif ou arbitré , mais à des
deniers différens.

Classement des biens.

Ils seront rangés en quatre classes.

Première classe. Les biens ruraux , consistant en terres labourables , prés , vignes , pâtis , marais salans , et les bois , bâtimens , et autres objets attachés aux fermes et métairies , et
qui servent à leur exploitation.

Deuxième classe. Les rentes et prestations en nature , de
toute espèce , et les droits casuels auxquels sont sujets les biens
grevés de ces rentes ou prestations.

Troisième classe. Les rentes et prestations en argent , et les
droits casuels dont sont chargés les biens sur lesquels ces rentes
ou prestations sont dues.

Quatrième classe. Elle sera formée de toutes les autres espèces de biens , à l'exception des bois non compris dans la
première classe , sur lesquels il sera statué particulièrement.
(*Décret du* 14 — 17 *mai* 1790 , *tit.* 1er. *art.* 3.)

Estimations.

L'estimation du revenu des trois premières classes, sera fixé d'après les baux authentiques existans, certifiés véritables par le serment des fermiers devant l'administration du district, à défaut de serment, les baux serviront de base d'estimation, mais les fermiers seront déchus de leurs baux ou sous-baux, par le juge ordinaire, à la diligence du procureur syndic (*art.* 17, *du décret du* 9 *juillet* 1790), à défaut de bail; elle sera faite, d'après un rapport d'experts, sous l'inspection de l'administration du district, déduction faite de toutes les contributions publiques dues à raison de la propriété.

(*Décret du* 14 — 17 *mai* 1790, *tit.* 1er. *art.* 4, *et* 9 — 25 *juillet* 1790, *art.* 10.)

D'après cette loi, ceux qui voulurent acquérir furent obligés d'offrir, pour prix capital des trois premières classes,

1°. Pour ceux de la première, vingt-deux fois le revenu net.

2°. Pour ceux de la deuxième, vingt fois.

3°. Pour ceux de la troisième, quinze fois.

Le prix des biens de la quatrième fut fixé d'après une estimation.

(*Même décret, même article.*)

S'il se trouve dans le lot demandé des biens de diverses classes, l'offre du denier vingt suffira, à moins que des maisons ou usines ne formassent la partie notable du bail; dans ce dernier cas, l'offre pourra n'être que de quinze fois le revenu.

(*Décret du* 3 — 18 *novembre* 1790, *art.* 13.)

Les estimations doivent se faire d'après les sous-baux, s'il en existe, et non d'après le prix du bail général.

(*Décret du* 9 — 25 *juillet* 1790, *art.* 16.)

Le revenu des biens affermés par baux amphitéotiques ou à vie ne pourra pas être déterminé par le prix de ces baux, mais seulement d'après une estimation par experts.

Le serment des experts sera reçu par les juges ordinaires, sans frais.

Toutes personnes sont aptes à remplir ces fonctions.

L'un est nommé par le soumissionnaire et l'autre par l'admi-

nistration centrale, qui nomme le tiers expert s'il y a lieu.
(*Même décret, art. 18 et instruction du 31 mai.*)

Ces experts peuvent prêter leur serment devant le juge de paix de l'arrondissement dans lequel ils sont pour l'exercice de leur commission.

Ils joignent extrait de cette prestation à leur rapport à déposer au greffe du tribunal civil.
(*Loi du 16 thermidor an 4.*)

Tout détempteur d'un *bail* sera tenu de le communiquer à la poursuite du commissaire du pouvoir-exécutif, à peine de 25 francs et de 50 francs d'amende. Si le commissaire près l'administration municipale en négligeait la poursuite ou le recouvrement, il en serait responsable et serait poursuivi comme tel, par celui près l'administration centrale.
(*Même décret, art. 12.*)

Les biens affermés, à l'exception des bois, maisons ou usines, lorsque ces objets feront la partie notablement plus considérable du bail, seront évalués sur le prix du bail, conformément à l'art. 4, du titre 1er du décret du 14 mai 1790, sans autre estimation ni ventilation.

A l'égard de ceux non affermés, il sera procédé à leur visite et estimation par un seul expert; que commettra l'administration de district.
(*Décret du 3 — 18 novembre 1790, art. 9.*)

On comprendra dans un seul lot d'évaluation, la totalité des objets compris dans un même corps de ferme ou de métairie, ou exploitées par un seul particulier, sans y employer la ventilation pour les objets compris dans un même bail.
(*Même décret, art. 13.*)

L'évaluation doit être faite dans la huitaine du jour de la demande d'acquérir.
(*Décret du 3 — 18 novembre 1790.*)

Tous détenteurs de titres sont tenus de les communiquer à la première réquisition, à peine de 25 francs d'amende.
Les dépositaires publics reçoivent 50 centimes pour la communication, et 50 centimes de plus si l'on prend des notes ou des extraits.
(*Décret du 9 — 25 juillet 1790, articles 20 et 21.*)

Soumissions.

Aussitôt qu'il sera fait une offre au moins égale au prix de de l'estimation, l'administration sera tenue de l'annoncer et d'indiquer le lieu, le jour et l'heure auxquels les enchères seront reçues.

(*Décret du 14 mai 1790, tit. 3, art. 2.*)

Les soumissions devront être au moins égales au prix de l'estimation pour l'ouverture obligatoire des enchères. Elles auront lieu aux conditions prescrites par les articles 1, 2, 3, 4, 5, 6, 8 et 9, du titre 3 du décret du 14 mai 1790, et de l'instruction du 31 du même mois.

(*Décret du 9 — 26 juillet 1790, art. 8.*)

Les demandeurs en acquisition de biens, devront en faire leur soumission au prix de l'évaluation dans les proportions prescrites pour les diverses classes de biens.

S'il se trouve dans le lot demandé, des biens de diverses classes, l'offre du denier vingt suffira, et le paiement se fera conformément aux dispositions des articles 2 et 3 du décret du 3 novembre 1790.

A moins que des maisons ou usines ne formassent la partie notable du bail ; dans ce dernier cas, l'offre pourra n'être que de quinze fois le revenu, et le paiement se fera conformément à l'article 4 du décret ci-dessus rappelé.

(*Décret du 3 — 17 novembre 1790.*)

Affiches.

Le 15 de chaque mois, les administrations feront afficher dans tous les lieux accoutumés de leur territoire, et déposer aux secrétariats des administrations de districts de la situation des biens, l'état de ceux qu'elles auront fait estimer dans le mois précédent, pour que chacun puisse en prendre communication ou copie sans frais.

(*Loi du 14 — 17 mai 1790, art. 1er., tit. 3.*)

Police des ventes.

Décret du 19 juillet 1791.

Art. 27 du tit. 2. Tous ceux qui dans l'adjudication de la propriété ou de la location de domaines nationaux, de communes ou de particuliers, troubleraient la liberté des enchères, ou empêcheraient que les adjudications ne s'élevassent à lèur véritable valeur, soit par offre d'argent ou par des conventions frauduleuses, soit par des violences ou voies de fait, seront punis d'une amende qui ne pourra excéder 500 fr., et d'un emprisonnement qui ne pourra excéder une année.

La peine sera double en cas de récidive.

Loi du 4 avril 1793.

10. Les commissaires des administrations de département, ont la police des ventes.

11. Les troubles ou injures, sont punis d'amendes de 50 fr. au moins, et d'emprisonnement de quinze jours; même de 500 fr. et d'emprisonnement d'un an.

12. Les entraves à la liberté des enchères, le sont de 500 fr. d'amende et de six mois de prison, même de 10,000 fr. et de deux ans de prison.

Ces peines se prononcent par le tribunal correctionnel.

13. Les commissaires et préposés aux ventes qui commettraient des infidélités, seraient poursuivis comme voleurs d'effets publics.

14. Les commissaires des départemens, peuvent requérir la force armée, faire arrêter les perturbateurs, et les envoyer devant l'officier de police de sûreté, avec leur procès-verbal, qu'ils envoient également au commissaire du pouvoir exécutif, près l'administration centrale, pour qu'il poursuive les délinquans devant les tribunaux compétens.

17. Les adjudications sont suspendues dans les cas de trouble continu, et remises à une autre epoque indiquée par affiches et par le département.

20. Le Gouvernement peut ordonner que la vente soit faite ailleurs que dans le lieu de la situation des meubles.

21. Les associations nombreuses d'habitans pour acquérir des effets ou biens mis en vente, sont interdites.

Enchères

Enchères et adjudications.

Aussitôt que le prix aura été mis par une ou plusieurs personnes à un lot d'estimation, l'administration centrale indiquera par publication et par affiches la première séance d'enchères pour le huitième jour au plutôt, et pour le quinzième au plus tard, après celui de la mise à prix, et l'adjudication définitive se fera quinze jours après la première enchère.
(*Décret du 3 — 17 novembre 1790.*)

Les enchères seront en même tems ouvertes sur l'ensemble ou sur les parties de l'objet compris en une seule et même estimation ; et si au moment de l'adjudication définitive, la somme des enchères partielles égale l'enchère faite sur la masse, les biens seront de préférence adjugés divisément.
(*Décret du 14 — 17 mai 1790, tit. 3, art. 6.*)

Les adjudications devaient se faire dans le chef-lieu, et par devant l'administration du district, de la situation des biens.
(*Décret du 14 — 17 mai 1790.*)

Mais d'après la loi du 16 brumaire an 5, elles se font par les administrations centrales, conséquemment dans le chef-lieu du département.
Cependant, par des lettres des 11 et 27 vendémiaire an 9, le ministre des finances a autorisé les préfets à faire faire, sur les lieux, les adjudications de biens et bois nationaux qu'ils jugeraient ne devoir pas être aussi avantageuses si elles se faisaient dans le chef lieu de la préfecture, ainsi que le prescrit la loi, et de se faire suppléer à cet effet, soit par les sous-préfets, soit par les maires des lieux de la situation des biens.
Les enchères sont reçues publiquement.
(*Décret du 14 mai 1790, art. 4, tit. 3.*)

Elles sont ouvertes en même tems sur l'ensemble et sur les parties de l'objet compris en une même estimation, et si la somme des enchères partielles égale l'enchère faite sur la masse, les biens sont de préférence adjugés divisément.
L'adjudication se fait quinze jours après la première enchère.
(*Décret du 3 — 18 novembre 1790.*)

Les adjudications sont faites à la chaleur des enchères, et à l'extinction des feux.
On entend par feux, de petites bougies qu'on allume pendant

les enchères, et qui doivent durer chacune de quatre à six minutes.

L'adjudication prononcée sur la dernière enchère, faite avant l'extinction d'un feu, est seulement provisoire, et n'est définitive, que lorsqu'un dernier feu a été allumé et s'est éteint, sans que, pendant sa durée, il ait été fait aucune autre enchère.

Il n'est admis d'enchères que de cinq francs, lorsque l'objet est de plus de cent francs; de vingt-cinq francs au-dessus de mille francs, et enfin de cent francs, lorsque l'objet dépasse dix mille francs.

(*Instruction du 31 mai, et décret du 3 — 18 novembre 1790, art. 16.*)

Conditions ou cahiers des charges de la vente des biens.

Les baux à ferme ou à loyer, ayant une date certaine antérieure au 2 novembre 1789, sont maintenus.

(*Décret du 14 — 17 mai 1790, tit. 1er., art. 9.*)

Les baux emphitéotiques et à vie, seront censés compris dans la disposition de cet article, mais si les baux emphitéotiques ont été précédés et revêtus des formalités requises.

(*Décret du 9 — 25 juillet 1790, art. 19.*)

Ne sont pas compris dans la maintenue, les baux généraux.
(*Décret du 23 octobre — 5 novembre 1790.*)

Sont exceptés cependant les baux généraux, dont les preneurs font valoir par eux-mêmes. ou par des colons partiaires, ou si ces preneurs ont un bail authentique, antérieur au 2 novembre 1789, et ayant passé dans la même forme, avant cette époque, des sous-baux.

(*Décret du 23 octobre — 5 novembre 1790.*)

Lorsque les preneurs n'occuperont qu'une partie des biens compris en un bail général, ils ne conserveront que cette partie.

(*Même décret.*)

Loi du 16 brumaire an 5. (B. 87.)

22. Les acquéreurs de maisons, usines, bois de futaie et bois taillis, ne peuvent faire aucune coupe ou démolition, avant d'avoir soldé le prix entier de le vente, à moins qu'ils

n'en aient obtenu l'autorisation de l'administration centrale,
sur l'avis de celle municipale, et donné caution, reçue par
la première.

Franchises.

Les biens vendus sont francs de toutes rentes, redevances ou
prestations foncières.

Ils le sont pareillement de toutes dettes, rentes constituées
et hypothèques, conformément aux décrets des 15 et 16 avril
1790.
(*Décret du 14 mai 1790, art. 7 et 8.*)

Pendant le cours de cinq années, il n'est perçu pour aucune
acquisition, adjudication, vente, subrogation, revente, cession
et rétrocession de domaines nationaux, même pour les actes
d'emprunts, obligations, quittances, et autres actes relatifs
à ces translations de propriétés, aucun autre droit que celui
d'enregistrement, qui est fixé à 75 centimes. (*Art.* 10, *du
décret du 14 mai 1790.*)

Celles des municipalités qui voulurent conserver pour quelqu'objet d'utilité publique, une partie des biens par elles soumissionnés et acquis, furent obligées de les mettre en vente
comme les autres parties, et d'enchérir concurremment avec
les particuliers.
(*Décret du 14 — 17 mai 1790.*)

Elles ont pu acquérir des biens situés dans d'autres municipalités; mais ces dernières ont eu la faculté de se faire subroger
aux premières.
(*Même décret.*)

Elles ont dû recevoir, à titre de bénéfice et d'avantage, le
seizième du prix capital des reventes faites aux particuliers, tous
frais faits jusqu'alors étant à leur charge.
(*Même décret, art.* 11.)

Il leur fut accordé quinze années pour acquitter leurs obligations.
(*Même décret, tit.* 3, *art.* 11.)

Les biens furent vendus, affranchis de toute hypothèque de
la dette légale du clergé.
(*Décret du 17 — 22 avril 1790.*)

40 *

Ils le furent aussi francs de toutes rentes, redevances ou prestations foncières, comme aussi de tous droits de mutation déclarés rachetables par les décrets des 4 août 1789, et 15 mars 1790.

(*Décret du* 14 — 17 *mai* 1790, *art.* 7.)

De toutes dettes, rentes constituées et hypothèques.
(*Même décret*, *art.* 3.),

Droit de chauffage, pâturage, etc.

Décret du 16 — 27 mars 1791, qui déclare qu'aucun droit de chauffage, pâturage, ou autre droit d'usage, dans les bois et domaines nationaux, non plus qu'aucune rente ou redevance affectée sur ces biens, n'ont dû être compris dans les ventes, et annulle celles qui en comprennent.

Mobilier national.

Le décret du 14 — 22 avril 1792, chargea les administrations de département et de district, d'envoyer, sans délai aux hôtels des monnoies, toutes les cloches des maisons religieuses et des églises supprimées, même une partie de celles conservées, et les autres matières de cuivre provenant des biens nationaux.

Il devait être remis aux municipalités, en échange des cloches des paroisses conservées, pareille somme en poids d'espèces monnoyées ; déduction faite des frais, pour être employée en travaux de charité et autres objets d'utilité commune.

Les administrations centrales ont pu réduire le nombre de celles des églises paroissiales, succursales ou oratoires nationaux.

Le décret du 2 janvier 1793, défend aux préposés par les administrations pour la vente du mobilier provenant des émigrés de la liste civile, et autres meubles nationaux, et aux commissaires choisis par les municipalités pour assister auxdites ventes, d'acquérir directement ni indirectement, ni accepter aucune rétrocession desdits meubles, à peine d'être réputés voleurs d'effets publics.

Sont aussi réputés tels, ceux qui tentent d'arrêter le cours des enchères.

Si l'estimation ou la première enchère surpasse 100 francs, il doit être allumé des feux pour n'adjuger qu'après le dernier

feu sans enchère, à peine de 500 francs d'amende et d'annullation des ventes.

En cas de vilité d'enchères , il est sursis à la vente, en en pré-
venant la municipalité , et celle-ci l'administration départementale.

Les premières peines sont poursuivies par l'accusateur public.

Et les secondes, devant le tribunal correctionnel par le commissaire du pouvoir exécutif, (le préfet.)

Décret du 24 avril 1793.

5. Il ne peut être procédé à aucune vente de mobilier ,
qu'elle n'ait été précédée d'une estimation par gens de l'art.
Les commissaires des corps administratifs et municipaux, peuvent
en requérir une autre, si celle faite leur paraît défectueuse.

Le prix de l'adjudication doit être au moins égal à celui de
l'estimation.

7. Les administrations pouvaient réunir plusieurs mobiliers
dans une même maison.

8. Les objets d'arts et sciences , tableaux, statues, estampes,
dessins, bronzes, vases, porcelaines, médailles et meubles précieux , doivent composer une vente particulière, par affiches
et sur catalogues.

Le décret du 6 ventose an 3, (B. 127.) régla que le mobilier
serait distingué en deux classes, dont une d'effets précieux serait
destinée pour le *museum.*

Et la seconde de tout le surplus.

Que les scellés seraient levés dans le mois , pour être procédé
à l'inventaire , estimation par experts et séparation du mobilier.

Que celui de la seconde classe serait vendu aux enchères , et
les ventes annoncées quinze jours d'avance par des affiches.

Et qu'il serait sursis à la vente du mobilier commun entre les
veuves , enfans ou associés des condamnés.

Par l'arrêté du directoire exécutif, du 22 brumaire an 6,
(B. 157.) Le ministre des finances est chargé exclusivement à
tout autre ordonnateur, de faire vendre les effets, marchandises,
effets de commerce ou d'approvisionnement, non réservés pour
le service public.

En conséquence, tous les autres ministres sont tenus de les
lui faire connaître et de lui en donner l'état.

L'arrêté du directoire exécutif, du 23 nivose an 6, (B. 178),
règle que les préposés de la régie de l'enregistrement et des

domaines, provoqueront la vente des effets mobiliers, non réservés pour le service public.

Que les administrations départementales fixeront le jour où les ventes devront avoir lieu.

Que ces ventes seront faites exclusivement par les receveurs ou autres préposés de la régie, en présence d'un commissaire de l'administration municipale de l'arrondissement. L'absence de ce commissaire n'empêchera pas la vente.

Et qu'il ne sera alloué que les frais du crieur et des hommes de peine nécessaires.

Une nouvelle loi du 22 pluviose an 7, (B. 258), prescrit des formalités pour les ventes d'objets mobiliers.

Frais d'expertise.

Le décret du 11 août 1792, règle les frais d'expertise à 4 fr. par jour dans le lieu de leur résidence, et à 10 fr. hors de leurs communes.

Liquidation des frais de vente.

Celui du 10 janvier 1793, régla que les frais d'estimation de vente et d'administration des biens nationaux, seraient liquidés, conformément à la 2ᵉ. section, du titre 2, du décret du 28 septembre, 1791.

Celui du 4 avril suivant, relatif aux châteaux, parcs et autres grandes propriétés, veut que le prix de l'estimation ou plutôt de la mise à prix, soit augmenté des frais faits pour la division et estimation.

Taxe des experts.

Le décret du 6 juin 1793, ordonna le réglement, par les administrations de département, sur l'avis de celles de districts, des taxes dues aux experts chargés d'estimer les biens nationaux, et leur paiement à la trésorerie, sur le mandat délivré par l'administrateur des domaines.

Résiliation des baux.

Décret du 15 frimaire au 2.

La faculté que l'article 34 de la 4ᵉ. section de la loi du 25 juillet 1793, laisse aux acquéreurs des biens nationaux provenant d'émigrés, de *résilier les baux* faits par les ci-devant possesseurs, et les dispositions des articles 36 et 37, sont *déclarées communes* aux nouveaux acquéreurs des biens provenant du ci-devant clergé, des corporations laïques et du ci-devant roi, et des personnes mises hors la loi ou condamnées pour crimes contre-révolutionnaires. Il est en conséquence dérogé pour l'avenir seulement à l'article 9 du titre 1ᵉʳ. de la loi du 14 mai 1790.

L'article 34 du décret du 25 juillet, maintient les baux authentiques, et autres d'une date antérieure au 9 février 1772, et néanmoins accorde à l'acquéreur contre le fermier l'action en résiliation que la loi donne aux acquéreurs.

Les articles 36 et 37, autorisent les acquéreurs des lots, ou partie de ces acquéreurs, à se réunir pour évincer le fermier en l'indemnisant pour la totalité des héritages qu'il tient à ferme.

La résiliation n'aura son effet à l'égard des *maisons* et des *moulins*, que six mois après la notification de l'acquéreur ; des *biens ruraux*, qu'après l'année de ferme qui suivra celle dans laquelle la notification aura été faite.

A l'égard des *usines* autres que les *moulins*, elle n'aura son effet que deux ans après la notification.

L'indemnité due et non fixée, sera pour les *maisons* et *moulins* d'une demie année de loyer.

Pour les *biens ruraux* et *usines* du quart des fermages qui auraient été dûs depuis la résiliation jusqu'à la fin des baux.

Les fermiers et locataires ont eu la même faculté de résilier et sans indemnité.

L'indemnité était adjugée au sous-fermier, et si celui-ci était acquéreur, il ne devait aucune indemnité au fermier général.

Les indemnités n'étaient pas dues par les acquéreurs aux fermiers ayant des baux nuls, ou destitués des conditions prescrites par les décrets des 14 mai 1790 et 25 juillet 1793, ou annullés par l'article 38 du décret des 6 et 11 août 1790.

Il était dû aux fermiers congédiés avant la récolte, les *frais de labour* et de *semence*.

Tous *jugemens* contraires à l'article 38 du décret des 6 et 11 août 1790, ont été annullés.

La *déchéance* acquise contre le sous-fermier antérieur au 2 novembre 1789, entrainait celle du fermier général, maintenu par le décret du 5 novembre 1790.

Tout fermier qui a refusé de communiquer son bail dans les deux décades, après la sommation juridique qui lui en a été faite, a dû être dépossédé.

Le fermier dépossédé qui troublerait le nouveau fermier, serait condamné, par voie de police correctionnelle, à une amende et à deux ans d'emprisonnement.

Le décret du 22 pluviose an 2, déclare que l'article 34 de la 4e. section du 25 juillet 1793, et l'article 1er. de celle du 15 frimaire suivant, sont strictement limités aux baux faits par les ci-devant possesseurs des biens nationaux, et que cette limitation a pour motif, les règles particulières que la loi du 5 novembre 1790, (*rendue commune aux biens des émigrés par l'article 45 de la quatrième section de celle du 25 juillet 1793,*) a établies pour la résiliation des baux faits par les corps administratifs ; en cas de vente des biens qui en sont l'objet, il n'y a pas lieu à délibérer sur la demande de l'acquéreur d'une maison d'émigré, en application des lois des 25 juillet 1793 et 15 frimaire derniers, relatives à la résiliation des baux, à ceux faits par les corps administratifs.

Par décret du 28 germinal an 2, relatif à celui du 15 frimaire, la convention décida que l'article 9 de cette loi était applicable par les acquéreurs de biens vendus antérieurement.

2°. Que les biens des appanages étaient compris dans cette loi.

3°. Que cette loi ne s'applique qu'aux baux des biens ecclésiastiques, compris dans la suspension prononcée par l'article 1er. de la loi du 5 novembre 1790.

4°. Que les articles 9 et 11, ne dérogent point à l'article 35 de la 4e. section de la loi du 25 juillet 1793.

5°. Que l'article 9 n'expulse pas plus les fermiers avant les récoltes ensemencées par eux, que ceux provenant des émigrés.

6°. Enfin, que l'article 20 ne s'applique pas aux ventes ou baux à vie, faits en faveur d'étrangers au clergé.

Loi du 21 prairial an 2. (B. 3.)

La convention nationale maintient provisoirement dans leurs possessions tous les détenteurs des portions du rivage de la mer qu'ils avaient rencloses et cultivées avant le mois de juillet 1789. Elle annulle tout partage qui pourrait en avoir été fait par les communes riveraines.

Levée de la suspension des ventes des immeubles.

Le décret du 19 vendémiaire an 3, (B. 75.), ordonna que la vente des immeubles nationaux , suspendue par arrêté du comité de salut public, du 10 messidor an 2 , serait continuée.

Et défendit au bureau des domaines de Paris, de ne faire procéder à aucune vente, que d'après l'avis de la commission des artistes préposés pour la division de Paris.

Formalités nécessaires pour une concession.

Le décret du 14 pluviose an 3, (B.   ), veut qu'aucune concession de domaines ou bâtimens ne puisse être faite qu'en vertu d'une loi.

Biens des fondations.

Décret du 10 — 18 février 1791 , qui ordonne la vente des immeubles réels affectés aux fondations établies dans les églises paroissiales et succursales.

Il accorda aux prêtres desservans ou aux fabriques , l'intérêt à quatre pour cent du montant des ventes.

Biens ecclésiastiques.

Un decret du 13 — 20 mars 1791 , avait sursis à la vente des maisons dans lesquelles les religieux devaient se retirer pour y vivre en commun.

Celui du 31 juillet 1792, ordonna la vente des maisons occupées par les religieuses.

Ainsi que celle de la coupe des quarts de réserve et futaies des bois ci-devant ecclésiastiques , et du fond des bois épars,

qui , d'après l'avis des corps administratifs , pourraient être
vendus.

Décret du 29 novembre 1791 , qui autorise les citoyens d'un
autre culte que le catholique , à acquérir ou affermer les églises
et oratoires supprimés , et interdit cette faculté aux prêtres
insermentés.

La vente des palais épiscopaux est ordonnée par le décret du
19 juillet 1792.

Le décret du 4 août 1792,ordonna aux ex-religieuses et religieux , d'évacuer pour le 1er. octobre suivant , les maisons occupées par eux.

Mais un autre du 7 , ordonna que ces maisons seraient vendues
dès-à-présent.

Ordres de Saint-Lazare et du Mont-Carmel.

Décret du 7 mars 1792 , qui ordonne la vente des biens.
des ordres religieux et militaires de Saint-Lazare de Notre-
Dame, et du Mont-Carmel supprimés par le décret du 30
juillet 1791.

Biens des émigrés.

Les décrets des 27 juillet 1792 , 28 mars , et 25 juillet 1793,
ordonnent la confiscation et la vente au profit de la nation, des
biens mobiliers et immobiliers des émigrés.

Celui du 11 septembre 1793 , ordonne que les administrateurs qui refuseront de mettre en vente les immeubles des émigrés et autres domaines nationaux , soient punis de dix années
de .fers.

La loi du 11 messidor an 4 , relative à celles des 17 mai
et 18 novembre 1790 , (B. 56.), régla que les reventes
faites jusqu'à ce jour , de biens nationaux , dont les adjudicataires primitifs avaient émigré et s'étaient trouvés en retard dans les paiemens du prix de leur adjudication , ne pourraient être infirmées pour défaut de formalité de la folle enchère.

Biens des collèges et des établissemens d'instruction publique.

Le décret du 8 — 10 mars 1793, ordonna la vente des biens formant la dotation des colléges, des bourses et de tous autres établissemens d'instruction publique français.

Furent exceptés tous les bâtimens servant ou pouvant servir à l'usage des colléges, et de tous autres établissemens d'instruction, les logemens des institeurs, professeurs, ainsi que les jardins et enclos y tenant ou séparés, et destinés à l'instruction.

Les corps administratifs durent faire faire les réparations et veiller à leur entretien, sans se permettre d'embellissement ni d'augmentation.

Furent également exceptés les biens de tous les etablissemens étrangers mentionnés dans la loi du 7 novembre 1790.

Il chargea les corps administratifs de régler les traitemens des professeurs.

La loi du 25 fructidor an 5, (B. 145.), sursit jusqu'à l'organisation définitive du plan d'instruction, à la vente de tous les édifices connus sous le nom de colléges, maisons d'écoles, et généralement de tous les bâtimens servant ou ayant servi à l'enseignement public.

Usines et moulins.

Le décret du 8 — 10 avril 1793, règle que les usines et moulins, provenant des établissemens supprimes ou des émigrés, ne seront vendus qu'après qu'il aura été reconnu par l'ingénieur du département et de deux commissaires de l'administration municipale du lieu, que leur conservation ne cause aucun dommage aux riverains, ou n'empêchera pas le dessèchement de marais.

Du 29 *fructidor an 6.* Loi qui surseoit jusqu'au 1er. nivose an 7, à l'aliénation des domaines nationaux.

A l'exception des *usines*, maisons et bâtimens servant uniquement à l'habitation, et non dépendant de fonds de terre.

Elle réduit aussi les droits attribués aux administrateurs de département, à leurs employés et aux directeurs des domaines à 25 centimes par chaque mille francs du prix total de l'adjudication.

Mais cette disposition a été rapportée par la loi du 26 vendémiaire an 7.

Salines et marais salans.

Leur vente avait été suspendue par le décret du 14 nivose an 2.

Loi du 28 nivose an 8. (B. 2.)

Les marais salans appartenant à la république dans les départemens de l'Ouest, et sur les côtes de la Méditerranée, seront aliénés.

2. Les enchères seront ouvertes sur une mise à prix de quinze années de revenu.

3. Il sera payé deux dixièmes en numéraire dans le mois de l'adjudication.

Dans le même délai, l'acquéreur fournira trois obligations; la première, de payer trois dixièmes en numéraire dans le quatrième mois ; la seconde, de payer trois autres dixièmes en numéraire dans le septième mois; et la troisième, de verser au trésor public, dans les trois mois suivans, deux dixièmes en dette publique, tiers consolidé, inscrit au grand livre.

Ces obligations renfermeront l'intérêt à cinq pour cent.

Le décret du 23 messidor an 2, ordonna la vente des biens des hôpitaux, maisons de secours, hospices, bureaux des pauvres et autres établissemens de bienfaisance.

Mais celui du 2 brumaire an 4, restitua à ces établissemens ceux des biens non vendus ou d'autres en remplacement de ceux aliénés.

Canal d'Essonne.

Décret du 23 brumaire an 3, sur celui du 18 août 1791, portant que les entrepreneurs du canal d'Essone acquéreront les domaines nationaux dont ils auront besoin, aux mêmes conditions que les autres citoyens.

Biens de la Belgique.

Loi du 4 pluviose an 4, (B. 21.), qui autorise le directoire exécutif à vendre la partie des domaines nationaux des neuf départemens réunis par la loi du 9 vendémiaire précédant, et provenant des ci-devant bénéficiers et corps ecclésiastiques français, aux conditions et suivant les modes qu'il trouvera le plus avantageux à la république.

La loi du 17 fructidor suivant, l'autorisa également à vendre les revenus arriérés et courans des maisons religieuses de la Belgique.

L'arrêté du directoire exécutif, du 17 pluviose an 4 relatif à la loi du 4 du même mois, porte que le prix des adjudications sera payé, savoir :

Trois douzièmes comptant en numéraire,

Et les neuf autres douzièmes en neuf cédules hypothécaires sur le bien vendu, payables en numéraire; la première, quatre mois après l'adjudication, et les autres ensuite de mois en mois.

L'acquéreur ne peut démolir ni couper les bois qu'il n'ait payé entièrement ou obtenu une autorisation de l'administration centrale.

La loi du 17 frimaire an 4, a autorisé le directoire exécutif à aliéner les revenus arriérés et courans des maisons religieuses de la Belgique, et à vendre, d'après estimation rigoureuse faite par experts, et à dix-huit fois les revenus annuels, jusqu'à concurrence de cent millions de biens, valeur numéraire.

Le double des actes de ventes, d'engagement ou d'hypothèque, dût être déposé aux archives des départemens de la situation des objets vendus ou engagés.

L'arrêté du directoire exécutif, du 23 fructidor an 4, qui, en vertu de la loi du 17 du même mois, interprète son arrêté du 11 pluviose même année, détermine un mode pour la vente des domaines nationaux dans les neuf départemens réunis par la loi du 9 vendémiaire précédent.

Biens de la liste civile.

Les lois du 3 nivose an 4, (B. 14.), avaient autorisé la vente des maisons et parcs de S.-Cloud, Meudon, Vincennes, Madrid, Maisons, le Vezinet, Chambord, Chanteloup, Bagatelle, Choisy, Marly, S.-Germain, Carrières, Rambouillet, Chantilly, le Pin ;

Et tous autres que ceux de Versailles, Fontainebleau et Compiègne ;

Ainsi que la jouissance pendant trente ans, des forêts de Fontainebleau, Compiègne, Laigne et Halate.

Fermages de biens ruraux.

Le décret du 3 floréal an 3 (B. 139), règle qu'à l'avenir les fermages des propriétés rurales seront acquis aux adjudicataires proportionnellement et à compter du jour de l'adjudication, sans égard à une disposition contraire du 3 juillet 1791, qui déférait aux adjudicataires les fermages en proportion du progrès des coupes ou perception des fruits à quelques époques qu'étaient fixés les termes des paiemens déterminés par les baux.

Le décret d'ordre du jour du 21 floréal an 2 sur celui du 15 frimaire, article 17, déclare que les vingt jours donnés au fermier pour communiquer son bail à l'acquéreur, courent du jour où la sommation en a été faite à ce fermier.

Par cette loi, tout citoyen pouvait se faire adjuger sans enchères tel bien national qu'il desirait, excepté les maisons religieuses, celles mises en loterie ou servant à un service public, ainsi que les bois au-dessus de cent arpens, en se soumettant à payer en assignats soixante-quinze fois le revenu annuel de 1790, d'après les baux de cette année.

Cette adjudication devait se faire au plus tard dans les trois jours de la soumission, en payant par l'adjudicataire un sixième à l'instant, un autre sixième dans le mois, et les deux autres tiers dans les deux mois suivans.

Il entrait en possession après le paiement du premier tiers, et il jouissait des revenus à partir de cette époque.

A défaut de paiement de l'un des termes, il devait être déchu et remboursé.

Toutes les charges du bail devaient être comprises dans l'évaluation du revenu.

La base pour les domaines non affermés ou évalués, était la contribution foncière de 1792 multipliée par cinq.

Les sous-baux de la majorité d'un bien devaient servir de base pour les premiers.

Et les maisons et bâtimens servant aux exploitations rurales ou adjacens à quelque bien national, ne pouvaient être vendus qu'avec les terres en dépendant.

Celui du 10 prairial an 3 donna à tout particulier la faculté de se faire adjuger, sans enchères, tel bien national qu'il desirait, excepté les maisons religieuses et celles réservées pour le service public, ainsi que les bois au-dessus de cent arpens, en se soumettant à payer en assignats soixante-quinze fois le revenu annuel de 1790.

Les biens de la liste civile furent compris dans ce mode d'aliénation, par le décret du 15 du même mois.

Mais un décret du 27 du même mois abrogea ce mode, et rétablit celui des enchères.

Un décret du 15 prairial an 3 (B. 152), ajouta à celui du 10, que les acquéreurs ne pourraient jouir des *fruits naturels*, qu'après la récolte de la présente année, et des *fruits civils* qu'après le premier trimestre, ou bail qui écherrait depuis l'adjudication.

Elle déclara aussi que les cheptels et autres objets mobiliers appartenant à la nation, n'étaient pas compris dans l'aliénation et seraient vendus comme le surplus du mobilier national.

Enfin, elle régla que les biens de la liste civile, seraient vendus soixante-quinze fois les revenus évalués, en exécution de la loi du 10 juin 1793, ou d'après l'évaluation à faire d'après la contribution foncière de 1792.

La convention s'apercevant que ce monde de vente devait gréver la république, décréta, le 27 prairial an 3 (B. 159), que les adjudications faites en exécution des lois des 10 et 15 de ce mois, ne vaudraient provisoirement que comme soumissions;

Que les soumissions, même sur les biens soumissionnés, continueraient à être reçues, et que tout soumissionnaire pourrait poursuivre l'adjudication à la chaleur des enchères, en prenant pour première le montant de sa soumission faite, en exécution de l'article 5 de la loi du 10 prairial, ou de celle du 15, pour les biens de la liste civile.

L'affiche pour indiquer la première enchère et l'adjudication définitive, devaient se faire au plus tard dans cinq jours, apèrs la déclaration des soumissionnaires qu'ils entendaient faire procéder à la chaleur des enchères sur leur soumission.

La seconde affiche et première enchère, durent se faire dix jours après, et l'adjudication définitive quinze jours après la première enchère.

Les adjudications avaient lieu tous les jours, sans interruption.

On dût diviser les différens corps de ferme ou de biens.

Les adjudicataires devaient payer de mois en mois, un tiers du montant de leurs soumissions, et ensuite aussi de mois en mois, un tiers du montant des enchères.

Ils n'ont pu entrer en possession qu'après le paiement du premier terme.

Les acquéreurs de bâtimens, d'usines et de bois, ne pouvaient les démolir ou couper, qu'après l'entier paiement du prix de l'adjudication.

Cette dernière loi donna lieu à la question de savoir si les soumissionnaires qui n'auraient pas voulu courir la chance des enchères, et auraient dû être remboursés, le seraient avec les intérêts des sommes payées, et la convention passa, sur cette question, à l'ordre du jour, par décret du 14 thermidor. (B. 169).

Mode de partage des fruits et fermages entre la république et les acquéreurs de domaines nationaux.

Arrêté du 2 fructidor an 10. (B. 208.)

Les consuls de la république, vu la réclamation de l'administration de l'enregistrement et des domaines, contre deux arrêtés du conseil de préfecture du département du Nord, des 16 thermidor an 8 et 15 vendémiaire an 10, portant, savoir : le premier, que le citoyen *Laurent*, qui a payé, le 18 prairial an 4, le second quart du prix d'un domaine national à lui vendu le même jour, en exécution de la loi du 28 ventose précédent, doit percevoir six mois douze jours de loyer, à compter du 18 prairial an 4 jusqu'au 12 nivose an 5, et que la nation n'a droit qu'à cinq mois douze jours, quoique la jouissance du fermier ait commencé le 12 vendémiaire an 4 ;

Le second, que le citoyen *André*, qui a payé, le 14 messidor an 4, le second quart du prix d'un domaine national par lui soumissionné en vertu de la loi du 28 ventose, doit recevoir cinq mois vingt-sept jours de fermage, à partir du 15 messidor an 4 jusqu'au 12 nivose an 5, et que la république ne doit toucher que six mois trois jours, quoique, d'après le bail, la jouissance du fermier ait commencé au premier vendémiaire an 4 ;

Vu la lettre du préfet du Nord au conseiller d'état ayant le département des domaines nationaux, en date du 25 germinal an 10, de laquelle il résulte que dans ce département, un très-grand nombre d'acquéreurs, en vertu de la loi du 28 ventose

tose an 4, se trouvent dans le même cas que les citoyens *Laurent* et *André* ;

Considérant que le §. 6 de la loi du 6 floréal an 4, contenant instruction sur celle du 28 ventose précédent, porte en termes exprès, que les fruits et fermages seront partagés entre les acquéreurs et la république, comme les loyers de maisons, à compter du jour de l'entrée en jouissance du fermier ;

Qu'en faisant ce partage à compter de l'année commencée au 12 nivose, sans égard à l'époque déterminée par les baux pour la jouissance des fermiers, le conseil de préfecture du département du Nord s'est écarté, tant de la loi précitée du 6 floréal an 4, que de celle du 3 floréal an 3, par une fausse application des lois des 9 messidor an 4 et 9 fructidor an 5, étrangères au cas sur lequel lesdits arrêtés ont statué, et que cette fausse application, par ses conséquences, deviendrait très-préjudiciable au trésor public, si elle n'était réformée ;

Le conseil d'état entendu,

Arrètent :

1. Les arrêtés des 16 thermidor an 8 et 15 vendémiaire an 10, sont annullés.

2. Sont pareillement déclarés nuls et de nul effet, tous autres arrêtés qui, dans le même cas, auraient ordonné le partage des fruits et fermages, de la même manière, entre la république et les acquéreurs de domaines nationaux : en conséquence, il sera procédé audit partage, conformément aux lois des 3 floréal an 3 et 6 floréal an 4.

Baux emphytéotiques.

Un arrêté du conseil des cinq-cents, du 29 vendémiaire an 5, a rejeté, par la question préalable, la demande d'une loi qui autorisât les acquéreurs de biens nationaux tenus à bail emphytéotique, à expulser les fermiers, en les indemnisant.

Les articles 6, 7 et 8 sont relatifs à la valeur capitale de l'inscription, et à ses arrérages. La dernière disposition est applicable aux effets donnés en vertu de la loi du 16 brumaire ci-dessus.

Annullation des baux à ferme.

La loi du 12 ventose an 5 (B. 111), relative à celle des 15 frimaire et 2 floréal an 2, porte :

I.   41

1°. Que les acquéreurs peuvent toujours faire annuller ou résilier les baux à ferme qui n'auraient point été *visés* dans un tems utile.

2°. Que néanmoins le fermier sera indemnisé dans le cas de l'annullation, comme dans celui de résiliation, et qu'à cet effet il est dérogé, pour l'avenir, à l'article 9 du décret du 15 frimaire an 2.

Vente aux administrateurs.

Un arrêté du conseil des cinq-cents, du 22 messidor an 5, portant qu'il n'y a pas lieu à délibérer sur la demande en nullité des ventes de biens nationaux faites aux administrateurs de districts et agens nationaux, et en application à ces fonctionraires des prohibitions portées par l'article premier du décret du 2 janvier 1793, et par l'article 21 de celui du 24 avril suivant, a décidé que les administrateurs pouvaient acquérir des biens nationaux.

En l'an 12, le Gouvernement a retiré cette faculté aux préfets, et les en a fait prévenir par le ministre de l'intérieur.

Modes de vente, divisions, évaluations et adjudications.

Le décret du 4 avril 1793, ordonne que les châteaux, parcs, enclos, palais épiscopaux et autres grandes propriétés nationales, seront divisés et vendus par lots.

Les divisions doivent être faites sur les plans dressés à cet effet, et évaluées en même tems que la masse.

Les enchères sont reçues sur chaque lot en particulier, qui ne peut être adjugé au-dessous de l'estimation, augmentée de la portion de frais faits pour la division et estimation.

Les travaux à faire par les acquéreurs, sont mis au nombre des clauses de l'adjudication, ainsi que le délai pour leur exécution.

L'adjudication d'après affiches indicatives des estimations et charges, se fait après la seconde quinzaine et sur deux publications. (*Décret du 22 mai suivant.*)

Les portions de terrains nationaux, demandées par les communes, pour alignement des rues et la sûreté publique, ne seront pas payées.

Mais toutes autres cessions pour embellissement, commodité des communes et des habitans, seront payées par elles sur estimation d'experts.

Dans l'un et l'autre cas, le corps législatif doit autoriser la cession des terrains, sur l'avis des administrations de départe-ment et du pouvoir exécutif, par l'intermédiaire du ministre de l'intérieur, après avoir consulté celui des finances.

Division des biens et estimation.

Le décret du 2 frimaire an 2, rend communes à la vente de tous les biens nationaux, les dispositions des articles 5, 6 et 7 de la loi du 25 juillet 1793, relatives à la division et à la vente de ceux provenant des émigrés, portant, article 5 : « les châteaux et parcs, ainsi que les maisons et grands emplacemens seront vendus conformément aux dispositions de la loi du 4 avril, c'est-à-dire par lots, faits sur les plans levés à cet effet, s'il n'en existe pas, et les lots évalués en même tems que la masse.

Le surplus des biens sera divisé autant que possible, sans dé-tériorer chaque corps de ferme ou domaine, par des commissaires experts, nommés par l'administration du département.

Ces experts détermineront les lots, de concert avec les admi-nistrateurs municipaux.

Ils estimeront chaque lot, ou le domaine entier s'il est indi-visible, sur le prix commun de chaque nature d'héritage, dans la commune où il est situé. »

Dispositions particulières pour les bois, les biens ecclé-siastiques ; etc. bocquetaux et parties de bois.

Tous les bocquetaux, toutes les parties des bois nationaux éparses, absolument isolées et éloignées de mille toises (un kylomètre neuf cent cinquante mètres) des autres bois d'une grande étendue, qui ne pourraient pas supporter les frais de garde, et qui ne seraient pas nécessaires pour garantir les bords des fleuves, torrens et rivières, peuvent être vendus suivant les formes prescrites par les décrets des 25 et 26 juin 1790, pourvu qu'ils n'excèdent pas la contenance de cent arpens (ou cinquante-un hectares et trois ares), quant aux bois de la contenance de cinquante-un hectares, qui produisent des bois propres à la marine, ils ne peuvent être aliénés avant que les préposés de la marine, aient marqué ceux reconnus propres à la construc-tion des vaisseaux de guerre. (*Décrets du 6 — 23 août* 1790, *art. 2, et* 15 — 19 *janvier* 1791.)

Petites fermes et métairies enclavées dans les bois.

Décret du 19 juillet 1791, portant que les petites fermes, métairies, ou autres domaines de 50 arpens (25 hectares, 51 ares, 9 mètres) et au-dessous, enclavés dans les forêts nationales, ne pourront être vendus qu'ensuite de l'autorisation du corps législatif, sur l'avis des corps administratifs.

Créances nationales affectées sur les biens nationaux.

Décret du 5 juin 1793, qui met en vente ces créances. Elles étaient ensuite reçues en paiement de domaines nationaux.

Le décret du 25 thermidor an 3 (B. 172), rapporta ces deux dispositions.

Vente par lot ou portion.

Le décret du 6 ventose an 3, régla que tous les domaines nationaux seraient vendus de la même manière et aux mêmes conditions que ceux de première origine.

Mais cette disposition fut rapportée par le décret du 21 du même mois, qui y substitua celle de l'article 9 de la loi du 25 juillet 1793, portant que : « chaque lot ou portion, sera mis » en vente séparément, sans soumission préalable. Il n'en sera » point exigé pour les biens jugés indivisibles. » Et à cet effet il est dérogé à l'article 8 du décret du 9—25 juillet 1790.

Cependant ce dernier décret laissa subsister la disposition de celui du 6, portant que : « les ventes ne se feraient que les 7, » 8 et 9 de chaque décade. »

Nouveau mode de vente par soumissions.

Le 13 fructidor an 3, on changea de système. Toutes les maisons nationales situées dans l'enceinte de Paris, furent déclarées pouvoir être acquises dans le courant d'une décade, à la charge par le soumissionnaire, d'en payer la valeur au denier cent cinquante de revenu.

Ce revenu était fixé sur le prix du bail de 1790, sans diminution de charges ; à défaut, sur le taux de la contribution foncière de 1792, en évaluant le revenu à dix fois le montant.

Le soumissionnaire devenait adjudicaire, en payant dans

la décade de la mise en vente, le tiers, et les deux autres dans le cours de la décade suivante, à peine de déchéance et d'une indemnité du sixième de la première soumission.

La démolition de ces maisons vendues, fut suspendue par la loi du 10 frimaire an 4. (B. 8).

Maisons et bâtimens mis en loterie.

Le décret du 29 germinal an 3, avait réglé que les maisons et bâtimens seraient aliénés successivement par voie de loterie, à raison de 5o fr. par billet, et que l'on commencerait de préférence à soumettre à ce mode les maisons d'émigrés.

Ces ventes renfermaient aussi des meubles.

Dans le cas où les lots auraient compris des meubles ou immeubles qui n'eussent pas appartenu à la République, les réclamans postérieurement au tirage n'avaient droit qu'à la restitution de leur valeur. (*Décret du 7 messidor suivant.*)

Biens soumissionnés en vertu de la loi du 28 ventose an 4. (B. 34.)

Cette loi, provoquée par un message du directoire exécutif, du 17 du même mois, peut être regardée comme désastreuse pour la république.

Les besoins extrêmes du trésor national, la déclaration *positive du directoire, qu'il lui était de toute impossibilité de continuer le service plus long-tems,* et l'espoir qu'il donnait de voir relever *très-promptement* la valeur du papier monnaie, *portèrent le corps législatif à écarter la forme des enchères.*

Ni l'une ni l'autre autorité ne se rappelèrent l'effet qu'avait produit, moins d'un an auparavant, le décret du 10 prairial an 3, ni ne prévirent l'active malveillance des ennemis de la république, malgré les efforts constans et funestes qu'ils avaient employés contre le papier monnaie.

Ces ennemis de la fortune publique trouvèrent même dans la loi, des moyens d'envahir les propriétés publiques, tout en détruisant les moyens pécuniaires du Gouvernement.

Effectivement, après avoir créé pour deux milliards quatre cent millions de mandats, portant hypothèque, privilège et délégation spéciale sur tous les domaines nationaux, les porteurs furent autorisés à se faire adjuger ces domaines sur le prix de l'estimation, à condition d'en payer le prix, moitié dans la première décade, et l'autre moitié dans les trois mois. Il fut réglé que la valeur des biens serait fixée sur le pied de 1790, et calculée à raison de vingt-deux fois leur revenu net pour les terres labourables, prés, bois, vignes et dépendances, d'après les baux existans en 1790; et à défaut de baux, d'après la contribution foncière de 1793, en prenant pour revenu net quatre fois le montant de cette contribution, et multipliant cette somme par vingt-deux.

Que les maisons, usines, cours et jardins en dépendant seraient également évalués sur le pied de leur valeur en 1790, calculée à raison de dix-huit fois leur revenu net, d'après les baux de 1790; et qu'à défaut de baux l'estimation serait faite par experts, nommés, l'un par l'administration centrale, l'autre par le soumissionnaire et en cas de partage, le tiers par l'administration; qu'enfin elle ne pourrait être inférieure à celles qui auraient été faites antérieurement.

Mais on sait que ces estimations avaient été ou furent faites, la plupart, beaucoup au-dessous de la valeur réelle des biens.

Ce fut en vain que l'on ajouta à cette loi une instruction du 6 floréal suivant (Bulletin   ) pour faire distinguer par les administrations centrales les domaines nationaux des domaines indivis, ceux tenus à bail emphytéotique, de ceux grévés d'usufruits, et leur tracer les bases d'après lesquelles elles devraient faire faire l'estimation de ces biens.

L'incivisme dans beaucoup de départemens, et la grande activité que partout l'on devait mettre dans ces opérations préliminaires et essentielles pour l'intérêt de la république, ne permirent pas que ces formes fussent généralement avantageuses.

D'ailleurs les soumissionnaires de ces biens étant, la plupart, les ennemis de la république, ne voulant que deux choses, ruiner le papier monnaié et avoir à vil prix, les biens nationaux, reste de la fortune publique, étaient loin de vouloir payer le prix de leurs soumissions; pour ne pas donner d'écoulement aux mandats, en tenir continuellement sur les places pour des sommes considérables, précipiter ainsi la dépréciation, et payer les domaines avec rien ou presque rien.

Le corps législatif aperçut cette manœuvre, et il rendit successivement les lois des 22 prairial, 19 messidor et 13 thermidor an 4.

Voyez ces lois à leur date, au chapitre suivant, paiement des domaines nationaux.

Nouveau mode de vente en vertu de la loi du 16 brumaire an 5. (B. 87.)

Cette loi ordonna que la vente de tous les domaines nationaux, y compris ceux de la Belgique, fût faite par les administrations centrales, quinzaine après l'affiche, sur enchères reçues de la manière réglée par les lois antérieures à celle du 28 ventose an 4, et que ces enchères fussent ouvertes sur une première offre égale aux trois quarts du principal de l'évaluation.

Mais que si les biens n'étaient pas estimés, il le fussent par des experts, et que les enchères fussent ouvertes sur l'offre de quinze fois le revenu.

La loi du 9 germinal an 5 (B. 116), ordonna la vente de tous les bâtimens qui ne tenaient point à des propriétés rurales et à des usines, ou qui ne servaient pas à leur exploitation;

Régla, art. 5, que le prix de ces bâtimens serait payable en entier, en inscriptions au grand livre, le quart dans dix jours, et les trois autres quarts dans les deux mois suivans.

Nouveau mode de vente en vertu de la loi du 9 vendémiaire an 6. (B. 148.)

Cette loi porte, articles 102 et 106, que jusqu'à la conclusion de la paix, les biens nationaux seront vendus conformément aux lois subsistantes, et que la vente en sera pressée par tous les moyens, de manière à être terminée dans l'année qui suivra la paix générale.

Loi du 16 frimaire an 6. (B. 165.)

Cette loi ordonne que les domaines nationaux, de quelque nature qu'ils soient, seront vendus sans distinction des maisons ou bâtimens, et des fonds de terre, suivant le mode réglé par la loi du 16 brumaire an 5.

Droits des fermiers à la récolte.

Arrêté d'ordre du jour, du 3 pluviose an 6.

Sur la demande en rapport d'un décret d'ordre du jour du 7 vendémiaire an 4, sur la question suivante :

« Les fermiers des domaines nationaux, dont les baux ont été
» annullés en vertu des lois des 6 et 11 août 1790, et de
» l'article 17 de la loi du 15 frimaire an 2, par suite de pour-
» suites judiciaires commencées avant que les semences fussent
» en terre ; ont-ils droit à la récolte ? »

Cet ordre du jour est motivé, sur ce que d'après les lois existantes, les fermiers n'ont droit à la récolte qu'autant qu'ils ont semé avant qu'il leur ait été fait sommation par un officier de communiquer leur bail, ou de cesser leur jouissance, ou avant qu'il ait été formé demande en justice contre eux. Que ce décret leur est bien plus favorable que ceux d'août 1790 et de frimaire an 2, qui les congédiaient, même la veille de la récolte, remboursés seulement par leur propriétaire, de leurs frais de culture et de semences, etc.

Enchérisseurs par spéculation.

Par un message du 25 pluviose an 6, le directoire exécutif, s'éleva, près du corps législatif, contre ces hommes de mauvaise foi, spéculateurs sans fortune, qui s'emparaient de toutes les adjudications au détriment de tous les autres citoyens, pour avoir le droit de leur revendre les biens aux prix qu'ils jugeraient à propos, et faire sur eux les bénéfices qui auraient dû entrer dans le trésor public.

Il proposa pour remédier à cet abus, de décréter :

Soit, que les adjudicataires payassent, séance tenante, les droits d'enregistrement et les frais de vente, ou la moitié, en donnant caution domiciliée dans le chef-lieu du département pour le surplus.

Soit, qu'ils consignassent, séance tenante, une portion de la partie payable en dette publique, ou qu'ils se soumissent à la contrainte par corps pour le paiement de cette somme.

Soit, en ajoutant à ces conditions, que dans le délai de cinq jours, ils fussent obligés de payer un autre dixième du prix en bons, ou de fournir caution domiciliée dans le département.

Nouveau mode de vente en vertu des lois des 26 vendémiaire an 7. (B. 233.) et 27 brumaire suivant.

Cette loi qui rapporta le sursis prononcé par celle du 29 fructidor précédent, et ordonna qu'on vendît des domaines nationaux pour 125 millions, destinés au service de cette année, confirma de nouveau le mode de vente sur enchères.

Mais elle régla que la première mise à prix des biens ruraux serait de huit fois le revenu.

Et que celle des maisons, bâtimens et usines servant uniquement à l'habitation, et non dépendant des fonds de terres, serait de six fois.

Cette dernière disposition a été abrogée par la loi du 27 brumaire suivant, qui a ordonné que la première mise à prix de ces bâtimens serait de deux fois l'estimation en numéraire ; et de vingt fois le revenu.

Rentes emphytéotiques ou à vie.

Loi du 18 messidor an 7. (B. 294.)

I. Les rentes emphytéotiques ou à vie, appartenant à la République, ensemble la nue propriété des biens qui en sont l'objet, seront aliénées conformément à la loi du 27 avril 1791, et sous les modifications ci-après.

2. Les experts estimeront quel doit être le revenu des biens compris au bail emphytéotique ou à vie. Lorsque le revenu fixé par les experts excédera celui de la rente emphytéotique, le soumissionnaire sera tenu d'offrir : 1°. Six fois le revenu de la rente. 2°. Le capital de l'excédent au même denier, mais eu égard à la non jouissance que l'acquéreur éprouvera jusqu'à l'expiration du bail, le tout suivant les tables de proportion annexées au décret du 27 avril 1791.

3. Les formes des estimations, affiches et enchères ordonnées par la loi du 16 brumaire an 5, seront observées pour lesdites ventes.

4. Les articles 6 et suivans de la loi du 26 vendémiaire an 7, sont applicables aux ventes des biens ruraux ainsi affermés.

5. Les usines, maisons et bâtimens servant uniquement à l'habitation, et non dépendant de fonds de terre, étant payables en bons des deux tiers ou effets équivalens; la première mise à prix de ceux tenus à bail emphytéotique sera de quarante fois le capital déterminé d'après les bases et tables de proportion du décret du 27 avril 1791.

6. Les articles 10 et suivans de la loi du 27 brumaire an 7, sont applicables aux ventes desdits usines, maisons et bâtimens.

7. Les dispositions du décret du 27 avril 1791, contraires à la présente, sont rapportées.

Ventes en vertu de la loi du 30 ventose an 9. (B. 76.)

13. Il sera vendu en numéraire une portion du restant des domaines nationaux, jusqu'à concurrence de 120 millions, valeur de 1790.

14. Il sera prélevé sur le produit des ventes, 30 millions, applicables au service de l'an 8, et 20 millions au service de l'an 9. Le surplus sera versé à la caisse d'amortissement, pour être employé à l'extinction de la dette publique.

Vente. Sursis.

Arrêté du 9 floréal an 9, (B. 81.)

Il est sursis provisoirement à la vente des domaines nationaux.

Ne sont pas compris dans ce sursis, 1°. Les domaines nationaux dont la vente sera poursuivie par les porteurs d'obligations et cédules souscrites en exécution des lois des 26 vendémiaire an 7, et 11 frimaire an 8, lesquelles n'ont point été acquittées à leurs échéances;

2°. Les maisons, usines et bâtimens affectés par la loi du 27 brumaire an 7, au remboursement des bons des deux tiers.

Vente des fonds ruraux.

Loi du 15 floréal an 10. (B. 187.)

1. La vente des fonds ruraux appartenant à la nation, non réservés par la loi du 30 ventose an 9, continuera d'avoir lieu par la voie des enchères, suivant les formes prescrites par la loi du 16 brumaire an 5.

2. La mise à prix desdits fonds est fixée à dix fois le revenu de 1790.

3. Dans le cas où il y aurait des maisons ou bâtimens dépendant de ces fonds qui ne seraient point nécessaires à l'exploitation, ils seront estimés séparément en capital, valeur de 1790, et le montant de leur estimation sera ajouté à la mise à prix.

4. Ladite mise à prix sera en outre augmentée de dix pour cent, lesquels tiendront lieu de l'intérét du prix de la vente, du paiement duquel les adjudicataires seront dispensés pour tout le tems du crédit qui leur est accordé par l'article suivant.

5. Le prix de la vente sera acquitté en numéraire, par cinquième; le premier dans les trois mois de l'adjudication; le second, un an après le premier; et les trois autres ainsi successivement, d'année en année.

6. Les adjudicataires seront tenus de payer le droit d'enregistrement dans les vingt jours de l'adjudication, à raison de deux pour cent : tous autres frais de vente demeurent à la charge de la république.

Un arrêté du 23 floréal an 11 (B. 282), déclare que les droits de timbre, tant des minutes que des expéditions délivrées aux acquéreurs, des procès-verbaux d'adjudication, doivent être payés par ces adjudicataires.

Loi du 16 du même mois.

2. Les maisons, bâtimens et usines nationaux ne pourront,

à l'avenir, être vendus qu'en numéraire : la mise à prix est fixée à six fois le revenu de 1790; les ventes seront faites, au surplus, suivant les formes et aux mêmes conditions que les ventes des biens ruraux.

Voyez les autres dispositions de ces deux lois au chapitre du paiement.

Coupes de bois, vente et paiement.

Arrêtés des 5 thermidor an 5, et 1er. fructidor an 7.

En vertu des articles 2 et 3 de la loi du 4e. jour complémentaire an 4, le prix principal des adjudications des coupes de bois nationaux, faites pour l'an 8 et les années suivantes, jusqu'à ce qu'autrement il ait été ordonné, doit être payé ; savoir, un cinquième dans un mois, du jour de l'adjudication, et le surplus en deux paiemens égaux, le premier au 29 fructidor de la même année, et le second au 29 frimaire suivant, non compris le décime pour franc du principal payable comptant.

Les adjudicataires dont le prix de l'adjudication s'élève à 50,000 fr. et au-dessus, doivent souscrire des lettres de change pour le paiement de ces deux derniers termes, au moment du paiement du cinquième, et les remetre entre les mains du receveur du domaine national, à peine de déchéance et de revente à folle-enchère.

Ces dispositions doivent être insérées dans le cahier des charges.

Celles de l'ordonnance de 1669, relatives aux tiercemens et doublemens, ainsi qu'aux folles-enchères, doivent aussi y être rappelées.

Il est spécialement défendu d'y ajouter aucune clause insolite ou extraordinaire, telle que chauffage, délivrance de bois en nature, ou autre quelconque, à peine de nullité.

Toutes les adjudications doivent être faites, autant que possible, avant le premier nivose.

Elles se font par les administrations municipales (les sous-préfets), dans le lieu de leurs séances ordinaires, et non sur place ni par pieds d'arbres ou autres petits lots, mais par ventes, suivant les formes et divisions usitées pour les bois ci-devant domaniaux.

Elles se font en présence des officiers forestiers et du préposé de la régie des domaines, aux jour et heure qui sont à cet effet concertés avec eux.

Les administrations municipales (les sous-préfets)´, sont tenues d'envoyer dans le mois des adjudications, une copie par extrait des procès-verbaux d'icelles aux administrations centrales, qui doivent les faire parvenir aussitôt au ministre des finances.

Ventes des bois des échangistes.

Le décret du 7 juillet 1792, régla que les coupes ordinaires des bois compris dans des échanges non consommés, seraient adjugées conformément à la loi du 15 — 29 septembre 1791, et le produit séquestré dans les caisses des receveurs de districts.

Extrait de la lettre du ministre des finances, relative à l'exécution des lois des 15 et 16 floréal an 10, sur la vente des domaines nationaux.

Du premier prairial an 10.

Vente.

Les lois des 15 et 16 du mois dernier, citoyen préfet, vont rendre à l'aliénation des domaines nationaux toute son activité; la première, en faisant cesser, à l'égard des fonds ruraux, le sursis provisoire prononcé par l'arrêté du 9 floréal an 9 ; la seconde, en changeant le mode actuel de paiement des bâtimens et usines.

Instruction et militaires.

L'article premier de la loi du 15 floréal, confirme la réserve ordonnée par celle du 30 ventose an 9, pour subvenir aux dépenses de l'instruction publique et à l'entretien des militaires invalides; il convient que, jusqu'à nouvel ordre, aucuns de ces domaines ne soient mis en vente, et je vous en fais la recommandation expresse.

Biens d'émigrés.

Il doit en être de même à l'égard des domaines provenant

d'individus susceptibles d'être compris dans la mesure générale d'amnistie, prononcée par le senatus-consulte du 6 floréal an 10. Il ne pourra être procédé à l'aliénation d'aucune de ces propriétés, que d'après des ordres ultérieurs.

Estimation.

Le revenu décuplé de 1790, qui doit, suivant l'article 2, servir de base à la mise à prix, sera toujours constaté par l'estimation d'un expert nommé par vous, citoyen préfet, sur la présentation du directeur des domaines. Je ne pense pas qu'il faille s'arrêter à une évaluation d'après les baux de 1790, attendu que l'exécution de l'article 3, doit rendre l'estimation nécessaire dans beaucoup de circonstances, et qu'il paraît préférable de n'avoir qu'un mode unique et applicable à tous les cas.

Cependant, l'estimation ne pourra jamais être inférieure au capital que fournirait le bail de 1790 ; c'est une précaution commandée par l'intérêt national.

Il résulte de ce même article, et des deux suivans, que la mise à prix, ou la somme sur laquelle s'ouvriront les enchères, devra être composée non-seulement du montant de l'estimation des terres et bâtimens servant à l'exploitation, mais encore, lorsqu'il y aura lieu, de la valeur constatée par une expertise distincte des bâtimens non nécessaires à l'exploitation, et de plus, dans tous les cas, des dix pour cent qui doivent tenir lieu des intérêts du prix des ventes.

Frais.

L'article 6 met à la charge de la République tous les frais, autres que le droit d'enregistrement ; vous savez que ces frais sont ceux d'estimation, de papier, de timbre, d'impression, de port et d'apposition d'affiches, et enfin, de criées et de bougies. Je m'en rapporte à vous, citoyen préfet, pour le réglement de ces frais, bien sûr que vous y apporterez toute l'économie dont il n'est jamais permis de s'écarter dans les dépenses publiques ; il seront acquittés sur vos mandats par les receveurs des domaines ; et chaque mois, vous aurez l'attention de m'adresser un état des mandats que vous aurez délivrés, avec désignation des objets de dépense, dans la forme du modèle que vous trouverez ci-joint, afin que je puisse en mettre le résultat sous les yeux des consuls.

Déchéances.

Le recouvrement successif du produit des ventes effectuées, devra être un des objets principaux de votre sollicitude ; vous vous ferez rendre un compte exact, au moins chaque mois, par le directeur des domaines, de la situation des acquéreurs relativement à leurs paiemens, de la date des contraintes qui auront été décernées contre ceux qui se trouveraient en retard, et conformément à l'art. 8 de la loi, vous ne laisserez jamais passer la quinzaine de la signification des contraintes, sans prendre des arrêtés de déchéance contre ceux sur lesquels elles n'auraient produit aucun effet. Enfin, vous veillerez à ce que les préposés des domaines suivent le recouvrement des amendes, et reprennent, au nom de la république, la possession des biens dont vous aurez prononcé la déchéance.

Biens indivis.

Pour l'exécution de l'article 10, vous ferez remettre aux co-propriétaires des biens indivis avec la république, des expéditions, tant du procès-verbal d'adjudication que de l'arrêté portant reconnaissance de leurs droits, et ils toucheront directement des acquéreurs, aux époques fixées, la portion qui les concernera dans le prix des ventes.

Bâtimens et usines.

Les mêmes règles, d'après la loi du 16 floréal, sont applicables aux bâtimens et usines, comme aux biens ruraux. La seule différence est que la mise à prix est fixée, pour ceux-ci, à dix fois le revenu de 1790, tandis qu'elle est seulement sextuplée pour les autres.

Formalités.

Enfin, citoyen préfet, toutes les formalités en usage, d'après la loi du 16 brumaire an 5, et consacrées par cette loi et celle du 26 vendémiaire an 7, continueront d'être observées.

Les modèles d'états que je vous envoie sont au nombre de cinq, deux pour les ventes et reventes des biens ruraux, autant pour les ventes et reventes des bâtimens et usines, et le cinquième, indicatif des frais à la charge de la république, que doivent entraîner ces opérations. Je vous demande instamment de ne jamais négliger de m'adresser, au commencement de chaque mois, soit ces états, soit des certificats négatifs, lorsqu'il y aura lieu. Ces états ou certificats doivent m'être tous parvenus, des divers départemens, avant le 15 de chaque mois, afin que je puisse faire former le tableau général que je dois mettre sous les yeux du Gouvernement. Je compte, à cet égard, sur l'exactitude à laquelle vous m'avez accoutumé.

Mobilier de la marine.

Extrait de l'arrêté du 13 prairial an 10. (B. 194.)

1. Lorsque des effets mobiliers et objets d'approvisionnement *appartenant à la marine*, seront, par le conseil d'administration, jugés inutiles ou hors d'état d'être employés au service pour cause de dépérissement ou défectuosité, la vente en sera faite d'après les ordres du ministre de la marine, par adjudication au plus offrant et dernier enchérisseur.

2. Dans les ports et arsenaux maritimes, il sera procédé à ces adjudications par l'officier d'administration chargé du détail des approvisionnemens, en présence d'un inspecteur ou sous-inspecteur de marine, et d'un officier nommé par le préfet maritime.

3. Toutes les ventes de bois et autres approvisionnemens qui devraient avoir lieu soit dans les arrondissemens forestiers, soit dans les établissemens affectés au service de la marine, mais où il n'existe point d'administration maritime, continueront d'être faites conformément aux arrêtés des 22 brumaire et 23 nivose an 6 (*par le préfet du département et la régie de l'enregistrement.*)

4. Le produit des ventes faites en exécution des art. 1 et 2, sera immédiatement versé dans les caisses des payeurs de la marine, etc.

5. Il ne doit être disposé de ce produit, qu'en vertu d'ordonnances légales, et imputables sur les crédits du ministre de la marine.

6. Les vivres de retour qui, par leur mauvaise qualité, ne pourraient pas rentrer en magasin, seront vendus de la même manière. Les fonds qui en proviendront seront versés dans la caisse du munitionnaire, conformément à son marché, etc.

Vente.

Loi du 5 ventose an 12. (B. 345.)

105. A compter de la publication de la présente loi, la première mise à prix des domaines nationaux qui seront mis en vente, sera fixée à 20 années du revenu pour *les biens ruraux*, et à 12 années pour les maisons, bâtimens et usines.

106. Le prix des adjudications continuera d'être payé en cinq termes, conformément aux lois des 15 et 16 floréal an 10. Le premier terme, payable dans les trois mois de l'adjudication, ne paiera pas d'intérêt, mais il sera dû à raison de cinq pour cent l'an, pour chacun des quatre autres termes.

107. Les domaines nationaux situés dans les départemens de la Doire, de la Sésia, du Pô, du Tanaro, de la Stura et de Marengo, seront mis en vente jusqu'à concurrence de 40 millions de valeur, fixée conformément à l'art. 105.

Déclarations de command ou élections d'amis.

Décret du 13 septembre — 16 octobre 1791, portant que le délai pour faire accepter les déclarations de command ou élections d'amis, est fixé à six mois, à compter de la date des ventes ou adjudications, contenant les réserves en vertu desquelles elles auront été faites.

Droits de timbre et d'enregistrement, et frais de vente.

Le décret du 10 juin 1791, régla que les secondes et subséquentes expéditions des procès-verbaux d'adjudications des biens nationaux, les obligations et annuités, les minutes et expéditions des actes de vente, revente, cession et rétrocession de ces biens seraient sujettes au timbre.

Le décret du 3 — 9 mai 1790, porte qu'il ne sera payé aucun droit ni de vente, ni de rachat des domaines nationaux ou ecclésiastiques, mouvant de fonds domaniaux.

Celui du 5 décembre même année, régla qu'il ne serait perçu pendant cinq ans aucun autre droit que celui de 75 c. d'enregistrement

gistrement pour tous actes d'adjudication, d'acquisition, de vente et de cession de domaines nationaux, et d'emprunts faits à cet effet par les particuliers.

Celui du 8 janvier 1793, accorda la même faveur aux acquéreurs pendant cette même année.

Remise aux administrateurs.

La loi du 16 brumaire an 5, fixa le droit d'enregistrement à raison de deux pour cent de la moitié de la première mise à prix,

Et accorda en droits d'attribution pour frais d'administration un pour cent du prix de la première mise à prix, et un quart sur le surplus du prix.

Celle du 9 germinal an 5, régla que les droits d'enregistrement seraient de 20 c. par cent francs.

Et en outre que l'acquéreur payerait 5 c. pour frais et droits d'attribution aux fonctionnaires administratifs et employés.

Celle du 16 frimaire an 6, réduisit le droit d'enregistrement à 10 c. pour 100 francs.

Et les droits d'attribution à l'administration; à un franc par mille francs.

Celle du 26 vendémiaire an 7, maintint le droit d'enregistrement à deux pour cent.

Mais réduisit les droits de l'administration à un demi.

Enfin celle du 27 brumaire, dérogatoire à cette dernière, réduisit le droit d'enregistrement à un pour cent.

Et maintint le droit d'attribution à un demi.

En vertu des décrets des 18 juillet et 28 septembre 1791, les frais de vente et d'administration des biens nationaux étaient payés par la trésorerie nationale, en vertu d'un décret rendu sur les états fournis par les administrations de districts, et visés par les administrations de département. La caisse de l'extraordinaire remplaçait ces fonds dans le trésor public.

Un décret du 13 messidor an 2, ordonna que les domaines vendus qui se trouveraient dans une succession, donation, legs, continueraient d'être assujétis au droit proportionnel, conformément à la loi du 5 décembre 1790.

Et que les reventes et autres cessions de ces biens recueillis à titre de succession et de donation continueraient à donner pareillement ouverture au même droit.

La portion du demi pour cent, du prix des mises à prix des domaines nationaux, qui était payée aux administrateurs, commissaires du Gouvernement et employés des administra tions centrales, sera versée dans la caisse des domaines nationaux, qui en comptera au trésor public. (*Arrêté du 7 thermidor an 8.* (B. 34.)

Suspension de démolition de bâtimens et de coupes de bois.

La loi du 10 frimaire an 4 (B. 8.), suspend toutes démolitions, ventes et disposition des maisons situées dans l'enceinte de Paris, aliénées en vertu de la loi du 13 fructidor an 3, jusqu'à ce qu'il ait été déterminé un mode à cet égard.

Celle du 27 prairial an 3 défendit à tous acquéreurs la démolition des bâtimens, des usines, et la coupe des bois, avant l'entier paiement du prix de l'adjudication.

Cette prohibition fut renouvellée contre les acquéreurs en vertu de la loi du 16 brumaire an 5, mais elle pouvait être levée moyennant caution.

Cette dernière disposition fut confirmée par la loi du 27 brumaire an 7.

Mise en possession des acquéreurs.

Par arrêté du 14 fructidor an 5, le conseil des Cinq-cents a manifesté au directoire exécutif sa ferme volonté de voir mettre incessamment en possession les légitimes acquéreurs de biens nationaux.

D'après le décret du 24 février 1791, et autres antérieurs, les ajudicataires entraient en possession à compter du jour du paiement du premier terme dû après l'adjudication.

Ils avaient droit aux loyers, rentes, fermages et fruits pendans par racine, à compter du jour de l'adjudication ; mais ils ne pouvaient les percevoir qu'après leur entrée en possession.

Ce droit n'était accordé qu'aux acquéreurs directs de la nation ; les autres partageaient les revenus avec les municipalités revenderesses, au prorata du temps écoulé. (*Décret du 28 février — 6 mars* 1791.)

Les acquéreurs, en vertu de la loi du 10 prairial an 3, furent admis à entrer en possession après le paiement du tiers du prix de leur adjudication, et à jouir à l'instant des revenus ; mais celle du 15 prairial suivant régla qu'ils ne pourraient jouir des *fruits naturels* qu'après la récolte, et des fruits *civils*, qu'après le premier trimestre du bail qui échérait après l'adjudication.

Mode de remplacement des procès-verbaux d'adjudication perdus.

Le décret du 7 thermidor an 3 (B. 166.), porte que les procès-verbaux d'adjudication perdus, seront remplacés par les doubles copies, sans frais, qui pourront avoir été déposées devers le bureau d'administration des domaines nationaux ;

Que ces expéditions feront foi, appuyées du certificat des administrateurs de département, portant que les originaux ont été perdus par suite de l'invasion ou des entreprises des ennemis extérieurs ou intérieurs ;

Qu'à défaut de procès-verbaux, les réclamans produiront,

1°. Les extraits certifiés des ventes faites qui rappelleront la nature des biens, la date de l'adjudication et le prix de la vente ;

2°. Les quittauces des paiemens faits ;

3°. Les affiches contenant la désignation des biens vendus ;

Qu'enfin si les adjudicataires ne peuvent pas non plus produire ces pièces, l'administration du district, de la situation des biens, fera une enquête, soit sur le fait de la vente, soit sur celui du paiement. Le procès-verbal sera soumis au Gouvernement, qui statuera, en suppléant par des arrêtés motivés auxdits procès-verbaux et quittances, et ses arrêtés tiendront lieu de titres.

Validité ou invalidité des ventes.

Le décret du 29 vendémiaire an 4 (B. 198), porte que les acquéreurs troublés dans la jouissance de leurs acquisitions, soit par voie judiciaire ou administrative, ou autrement, en jouiront provisoirement, jusqu'à ce qu'il ait été prononcé par l'autorité compétente.

Cette autorité est désignée par l'arrêté qui suit :

Arrêté du directoire exécutif, du 2 nivose an 6. (B. 170.)

Sur la question de savoir si c'est à l'autorité administrative ou à l'autorité judiciaire, à statuer sur la validité ou l'invalidité de la vente d'un domaine réputé national, aliéné comme tel, contre laquelle on réclame, sur le fondement que le domaine vendu est une propriété particulière.

Cette question relative à la distinction des pouvoirs, à la fortune publique et à la fortune privée des citoyens, a été décidée par le ministre de la justice et le directoire exécutif, en faveur de l'autorité administrative.

42 *

Paiement.

Valeurs admises en paiement des domaines de première origine, et délais.

Les municipalités devaient déposer quinze obligations payables d'année en année, et montant ensemble aux trois quarts du prix convenu.

(*Décret du* 14 — 17 *mai* 1790.)

Quant aux particuliers, ils ont dû payer immédiatement après l'adjudication, savoir :

5. Les acquéreurs de bois, de moulins et d'usines trente pour cent du prix de leur acquisition.

Ceux des maisons, des étangs, des fonds morts et des emplacemens vacans dans les communes, vingt pour cent.

Ceux des terres labourables, des prairies, des vignes et des bâtimens servant à leur exploitation, et des biens de la seconde et de la troisième classe, douze pour cent.

En cas de réunion de ces divers biens, il a dû en être fait ventilation, pour déterminer la somme du premier paiement.

Le surplus a été divisé en douze *annuités* égales, payables en douze ans, y comp.is l'intérêt à cinq pour cent, sans retenue.

(*Décrets du* 14 *mai et* 9 — 25 *juillet* 1790.)

Cependant cette faculté n'a été accordée aux acquéreurs des biens nationaux qu'autant que leur acquisition serait commencée avant le 15 mai 1791.

(*Décret du* 3 — 18 *novembre* 1790.)

Le prix des acquisitions postérieures de ces biens de première classe a été divisé en *dixièmes*, dont deux étaient payables dans le mois de l'adjudication, et les huit autres de six mois en six mois, non compris un troisième dixième payé dans l'année de l'adjudication.

(*Décret du* 3 — 18 *novembre* 1790, *art.* 3.)

Celui des autres espèces de biens a été également divisé en *dixièmes*, dont deux payables dans le mois de l'adjudication, un dans le second mois, et un dans chacun des deux suivans ; les cinq autres de six mois en six mois.

(*Même décret.*)

Néanmoins le prix des bâtimens ou emplacemens vacans dans les communes, des maisons d'habitation et des locaux en dépendant furent payés de la manière et dans les termes prescrits par l'art. 3 du décret du 3 novembre 1790.

Les intérêts sont de cinq pour cent.
(*Décret du* 31 *décembre —* 5 *janvier* 1791.)

Un autre décret du 8 décembre 1791 , prorogea jusqu'au
1er. mai 1792 les facultés accordées aux acquéreurs pour
leurs paiemens par l'article 5 du titre 3 du décret du 14 mai
1790 , mais seulement pour les biens ruraux , bâtimens et emplacemens vacans dans les communes , maisons d'habitation et
bâtimens en dépendant , les bois et usines demeurant formellement exceptés.

Annuités et obligations.

Obligations substituées aux annuités.

Le décret du 24 février 1791 autorisa les acquéreurs à
fournir des *obligations* au lieu des *annuités* prescrites par la
loi du 25 juillet 1790.
Et à payer par anticipation telle annuité ou obligation qu'ils
jugeraient à propos. Il leur fut fait remise de cinq pour cent
d'escompte.

Suppressions des annuités et obligations.

Le décret du 28 septembre 1791 , supprima la souscription des obligations prescrites par *l'art.* 5 *du tit.* 1er. *du*
décret du 14 *mai* 1790 , èt ordonna la remise de celles souscrites.
En conséquence il n'y eut plus lieu au compte de clerc à
maître pour la compensation des cinq pour cent des intérêts
avec le produit des fermages et rentes des biens aliénés aux
municipalités , et auxquels elles n'eurent plus droit.
Les *citoyens* ne furent plus tenus à donner des *annuités* ni
des *obligations* ; le procès-verbal d'adjudication énonça les différens termes de paiemens , conformément à *l'art.* 5 *précité* ,
aux art. 2 , 3 et 4 du décret du 3 novembre suivant , et au
décret du 27 avril 1791.
Ils purent également retirer leurs obligations souscrites.
Au moyen de ces dispositions , il ne fut plus dû d'escompte
pour anticipation de paiement , seulement il y eut cessation
d'intérêts.
Ceux qui souscrivirent ou laissèrent leurs *annuités* ou *obli*

gations ne purent les payer par anticipation qu'en entier et selon leur ordre successif.

Il ne fut plus souscrit d'obligations ou annuités au profit des municipalités.

Faculté de payer en douze années, et primes pour chaque année d'anticipation.

Le décret du 8 janvier 1793, accorda aux citoyens qui acquéreraient en 1793, la faculté d'effectuer leur paiement en douze années et en douze termes.

Un décret d'ordre du jour, du 17 du même mois, avertit que le premier ne dérogeait point aux lois relatives aux acquéreurs des bois et usines.

Celui du 5 juin 1793, art. 7, accorda aux acquéreurs de biens nationaux qui voudraient se libérer avant l'échéance des termes, une prime d'un demi pour cent pour chaque année d'anticipation de leurs obligations, et qu'ils ne seraient tenus de payer aucun intérêt pour le tems qui resterait à écouler jusqu'auxdits termes. Cette faculté fut bornée jusqu'au premier octobre suivant.

Ce délai fut prorogé jusqu'au premier janvier 1794, par le décret du 13 septembre 1793.

Paiement des annuités échues.

Un décret d'ordre du jour, du 13 floréal an 2, déclara que la loi du 9 juillet 1790, ne donnait que deux mois à l'acquéreur, à compter de la sommation, pour payer ses annuités échués, afin d'éviter la déchéance.

Un autre décret, du 25 floréal, déclara que ce premier n'était applicable qu'aux ventes dont la première enchère avait été reçue avant le 15 mai 1791.

Et maintint les dispositions de l'art. 6 du décret du 3 novembre 1790, pour toutes les adjudications dont la première enchère avait été postérieure à cette époque.

Reconnaissances de liquidation.

Liquidation des fonds d'avance ou cautionnemens des régisseurs, etc.

Le décret du 20 — 23 janvier 1791, qui, d'après les art. 4 et 11 du décret du 7 novembre 1790, régla la liquidation des fonds d'avances ou cautionnemens des régisseurs, des administrateurs des domaines, des fermiers généraux, des administrateurs de la loterie et des employés de ces compagnies, admit ces liquidations, à l'exception de celles des receveurs, en paiement de domaines nationaux.

Celui du 23 du même mois admit également les porteurs de brevets de retenue et les propriétaires de décomptes sur les pensions, dont le paiement avait été ordonné par décret du 9 janvier, à donner ces fonds en paiement de domaines nationaux.

Reconnaissances définitives de liquidation, grévées d'oppositions.

Le décret du 16 juillet 1791, régla que les reconnaissances définitives de liquidation, grévées d'oppositions, seraient susceptibles d'être employées en acquisition de domaines nationaux, conformément aux art. 11 et 12 du décret du 30 octobre 1790, et des art. 5 et 10 de celui des 6 et 7 novembre 1790.

Admission des reconnaissances de liquidation de la dette exigible.

Le décret du 17 juillet 1793 admit en paiement de domaines nationaux, les reconnaissances de liquidation de la dette exigible, de la manière prescrite par le décret du 27 juin 1792, en donnant en assignats ou numéraire la moitié de la valeur de ces reconnaissances.

Les acquéreurs, avant le premier octobre 1792, pouvaient payer tout en reconnaissances.

Les acquéreurs intermédiaires n'ont pu jouir de ces facultés, mais seulement en cas d'anticipation, de la remise accordée par l'art. 7 du décret du 5 juin 1793.

Cette remise n'était pas faite dans les deux premiers cas.

Les maisons, bâtimens et usines à vendre ont pu être payés tout en reconnaissances de liquidation.

Admission des inscriptions de la dette publique consolidée.

Le décret du 24 août 1793, relatif à la liquidation de la dette publique, §. 45, régla que la dette publique consolidée serait admise après son enregistrement sur le grand livre, pendant l'année 1794, en paiement des domaines nationaux acquis depuis ce décret, à la charge par les débiteurs de fournir en même temps une pareille somme en assignats.

Les inscriptions fournies avant le 1er. janvier 1794, devaient être reçues au denier 20.

Avant le premier juillet au denier 18, et depuis cette époque jusqu'au 31 décembre au denier 16.

Les maisons, bâtimens et usines pouvaient être payés avec des inscriptions seulement.

Les créances exigibles liquidées étaient admissibles en libération des acquéreurs antérieurs au 1er. octobre 1792.

Les propriétaires d'offices comptables, ou de finance servant de cautionnement, eurent la même faculté.

Admissions des inscriptions sur le grand livre.

Le décret du 8 ventose an 3, (B. 127.) admit en paiement des domaines nationaux, et ce, jusqu'au 1er. vendémiaire an 4, les inscriptions sur le grand livre.

Elles devaient être calculées par vingt fois leur montant annuel, lorsqu'on fournirait en même tems trois fois la même valeur en assignats, et par seize fois si l'on ne fournissait qu'une pareille somme en assignats. Dans les deux cas, il fallait payer le montant de l'adjudication.

L'article 202 de la loi du 24 août 1793, était maintenu en faveur des créanciers de la dette exigible et de leurs cessionnaires.

Il était aussi rendu applicable aux inscriptions de la liquidation de la dette viagère.

Les acquéreurs qui ont soldé avant le 1er. vendémiaire an 4, ont eu une prime d'un pour cent pour une année d'anticipation; de 2 pour deux années, et ainsi de suite d'un de plus pour 100 par chaque année.

Reconnaissances de liquidation.

Par un décret du 21 frimaire an 2, les acquéreurs dans l'intervalle du 17 juillet au 24 août 1793, qui se trouvaient en même tems propriétaires et porteurs de reconnaissances de liquidation, qui devaient être converties en inscriptions provisoires, furent autorisés à jouir de la faculté qui leur avait été donnée par les art. 10 et 11 de la loi du 17 juillet 1793.

Formalités pour faire admettre les reconnaissances de liquidation.

Le décret du 28 décembre 1791, régla que tout porteur de reconnaissances de liquidation ne pourrait être admis à les faire recevoir en paiement des biens nationaux, qu'autant qu'il y joindrait les certificats de résidence exigés par les décrets des 24 juin, 29 juillet et 13 décembre 1791.

Propriétaires de dîmes inféodées.

D'après le décret du 5 — 30 mars 1791, les propriétaires laïcs de dîmes inféodées affectées sur des domaines nationaux, furent autorisés à en donner la valeur en paiement.

Edifices pour les établissemens publics.

Décret du 31 mars 1791, portant que les corps administratifs qui ont acquis des édifices nationaux pour leur établissement, pour celui des tribunaux et bureaux de conciliation, ne pourront être contraints au paiement du cinquième exigible comptant qu'après la révolution d'une année, à la charge d'en payer l'intérêt, et sans que ce délai puisse retarder le paiement des douze annuités.

Biens ruraux, bâtimens et emplacemens vacans dans les communes.

Le décret du 27 avril — 4 mai 1791, prorogea jusqu'au 1er. janvier 1792, la faculté accordée aux acquéreurs par l'article 5 du titre 3 du décret du 14 mai 1790, pour le paiement des biens ruraux, bâtimens et emplacemens vacans dans les communes, maisons d'habitation et bâtimens en dépendant, les bois et usines formellement exceptés.

Seizième dû aux municipalités.

Le décret du 9 — 17 juin 1791, relatif au seizième dû aux municipalités, ordonna qu'il serait fait une table pour les paiemens faits par anticipation des annuités et obligations sous-crites.

Prorogation des délais accordés pour se libérer.

Le décret du 8 décembre 1791, prorogea jusqu'au 1er. mai 1792, les facultés accordées aux acquéreurs, par l'article 5, du titre 3 du décret du 14 mai 1790, pour se libérer; mais seulement pour les *biens ruraux, bâtimens et emplacemens* vacans dans les communes, *maisons d'habitation et bâtimens* en dépendant; les *bois* et *usines* demeurant formellement exceptés.

Le décret du 25 avril 1792, prorogea jusqu'au 1er. janvier 1793, la faculté accordée aux acquéreurs pour leur paiement, par l'art. 5, du titre 3 du décret du 14 mai 1790.

Après cette époque les paiemens durent être faits de la manière prescrite par les articles 3, 4 et 5 du décret du 3 novembre 1790.

D'après le décret du 31 juillet 1792, le délai accordé aux possesseurs de reconnaissances de liquidation pour les employer au paiement des biens nationaux, fixé au 1er. aout 1792; par l'article 1er. du décret du 27 juin dernier, fut prorogé jusqu'au 1er. octobre.

Domaines dans lesquels il se trouvait des dîmes inféodées.

Le décret du 11 septembre 1792, accorda aux acquéreurs de biens nationaux dans lesquels il se trouvait des dîmes inféodées, la faculté de renoncer à leurs acquisitions, en l'exerçant dans le délai de deux mois, et à ceux qui conserveraient leurs acquisitions, un délai d'un an, pour le paiement du premier terme.

Les sommes dues aux renonçans furent payées par le receveur de la caisse de l'extraordinaire, sur l'ordonnance de l'administrateur de cette caisse.

Les actes de renonciation durent être visés des administrateurs de districts et de départemens.

Créances nationales affectées sur les biens vendus.

Décret du 5 juin 1793, qui met en vente les créances de la nation, affectées sur les biens nationaux.

L'acquéreur a pu ensuite rétrocéder ses droits à la nation, en paiement des biens nationaux.

Tant qu'il jouissait des créances, il pouvait faire poursuivre le débiteur par l'administration du district, comme l'eût fait la nation pour son propre compte.

Ce décret accordait aussi une prime d'un demi pour cent, pour chaque année d'anticipation des paiemens qu'il avait à faire avec la remise des intérêts, et seulement jusqu'au 1er. octobre suivant.

Délais accordés aux débiteurs dans les départemens insurgés.

Le décret du 14 septembre 1793, avait suspendu la vente des biens nationaux dans les pays occupés par les ennemis, ou les rebelles ; mais celui du 24 septembre 1793, ordonna à tous débiteurs dans les départemens qui étaient insurgés, et qui, d'après la loi du 2 juillet, ne devaient pas payer aux percepteurs, de s'acquitter.

Et régla au surplus que les délais courus ne compteraient que du moment de la publication de la loi.

Biens des émigrés.

Le décret du 4 nivose an 2, régla que, conformément à l'article 31 de la loi du 25 juillet 1793, relative aux biens des émigrés, le prix des biens nationaux à vendre, à compter du 12 du mois, serait acquitté en dix termes, le premier dans le mois et avant d'entrer en possession, et les neuf autres d'année en année, avec intérêts à cinq pour cent sans retenue.

Acquéreurs de biens dans lesquels sont compris des droits supprimés.

Le décret du 19 ventose an 2, appliqua aux acquéreurs, qui en vertu de l'article 16 de la loi du 25 août 1792, s'étaient pourvus en réduction, à raison des droits supprimés par cette loi avant la publication de celle du 17 juillet 1793, la faculté accordée par l'article 5 de cette dernière loi, aux acquéreurs de biens dans lesquels seraient compris des droits supprimés par elle.

Les liquidations se firent ainsi qu'il est prescrit par cette loi du 17 juillet 1793, et par l'article 4 de celle du 6 juillet 1792.

Domaines acquis en vertu du décret du 6 ventose an 3, (B. 127.)

Ce décret ordonnne que les acquéreurs paieront dans le mois et avant d'entrer en possession, le quart, et le surplus en six paiemens, d'année en année, avec intérêts.

Que ceux qui s'acquitteront par anticipation avant le 1er. vendémiaire an 4, jouiront d'une remise de 2 pour 100 pour la première année;

De 4 pour la seconde année;

De 6 pour la troisième;

De 8 pour la quatrième;

De 10 pour la cinquième;

Et de 12 pour la sixième;

Et qu'ils pourront, à ces conditions, se libérer des années qu'ils jugeront à propos.

Bois, moulins et usines.

Le décret du 2 floréal an 3 (B. 139) déclara que les lois des 4 nivose an 2 et 6 ventose an 3, ne dérogeaient en rien aux décrets des 3 novembre 1790, 25 avril 1792, et 16 janvier 1793, en ce qui concernait les paiemens des ventes des bois, moulins et usines.

Déchéances encourues par les acquéreurs débiteurs.

Le décret du 24 floréal an 3 (B. 144), ordonna aux acquéreurs entièrement redevables, de compter des fruits et revenus recueillis depuis leur indue possession, et de payer le premier à-compte dans la décade, faute de quoi ils étaient déclarés déchus.

Les nouveaux adjudicataires furent tenus de payer le premier à-compte dans le mois, faute de quoi non-seulement ils ne devaient pas être mis en possession, conformément aux articles 3 et 4 de la loi du 3 novembre 1790, mais ils étaient déclarés déchus.

Le décret du premier jour complémentaire an 3, autorisa le comité des finances à prononcer sur les réclamations des acquéreurs de biens nationaux, qui, par l'effet d'une force majeure, avaient été dans l'impossibilité de se conformer à la loi ci-dessus.

Créances nationales.

Le décret du 25 thermidor an 3 (B. 172), rapporta les dispositions de la loi du 5 juin 1793, en ce qui concerne la vente et l'admission des créances nationales en paiement des domaines nationaux.

Obligations de payer dans la caisse des revenus nationaux.

Le décret du 10 vendémiaire an 4 (B. 188), article 12 du titre 4, rend les communes responsables des dommages dûs aux adjudicataires ou fermiers de domaines nationaux qui au raient été forcés de payer à autres dans la caissse des revenus nationaux.

Biens soumissionnés en vertu des lois du 28 ventose et 6 floréal an 4.

La loi du 22 prairial an 4 (B. 52), ordonna aux soumissionnaires de payer dans les dix jours, le second quart du prix de l'objet ; elle obligeait les soumissionnaires futurs à payer, dans les dix jours de l'admission de leur soumission, et que faute de paiement, ils seraient déchus et l'annonce en serait affichée dès le lendemain dans le bureau du receveur.

Elle réglait aussi que si l'estimation était supérieure, le soumissionnaire en compléterait la moitié dans les trois mois qui suivraient, à peine de déchéance.

Les administrations centrales étaient responsables des retards apportés à la vente.

Celle du 19 messidor an 4 (B. 57), ordonna que le troisième quart serait payé dans les quinze jours par tous ceux qui auraient acquitté le deuxième, et ce sous les peines portées par l'article 3 de la loi du 22 prairial ; que si l'estimation n'était pas encore faite, le troisième quart serait payé comme le second ; que les soumissionnaires futurs paieraient le troisième quart quinze jours après l'échéance du second, et qu'à défaut de paiement, la déchéance serait encourue.

Mais toutes ces menaces n'en imposaient pas à la horde de fripons qui s'était emparée des biens nationaux.

Enfin, le corps législatif reconnaissant l'abus que l'on faisait du mode de vente déterminé par la loi du 28 ventose, et que les biens de la République étaient la proie plus encore des lâches ennemis de la chose publique, que des hommes simplement cupides, et voulant en même-tems forcer la rentrée et l'annullation des mandats émis, décréta le 13 thermidor an 4 (B. 62), que le dernier quart du prix des biens soumissionnés serait acquitté en mandats valeur au cours réglé par le directoire exécutif, tous les cinq jours.

Que sur le quatrième quart il serait fait une remise de dix pour cent sur le prix des maisons d'habitation qui, en exécution de la loi du 6 floréal, avaient été estimées séparément.

Que le quatrième quart serait acquitté en six paiemens égaux, avec l'intérêt à cinq pour cent.

Le premier dans le mois, sans intérêt, et les autres de trois mois en trois mois, et que faute de paiement les acquéreurs seraient déchus.

Que ceux qui paieraient le tout dans le mois auraient une remise de dix pour cent ; ceux qui paieraient le vingt-quatrième dans la décade auraient deux pour cent, et qu'il serait accordé à ceux qui paieraient plus tard, un pour cent par mois d'anticipation.

Que quant aux nouvelles soumissions depuis l'époque de cette loi, les soumissionnaires devaient consigner à l'instant le premier quart, deux autres de quinzaine en quinzaine, et le quatrième payable par sixièmes en mandats valeur au cours ; le premier deux mois après la soumission, et les autres de trois mois en trois mois après ce premier. Ils devaient également jouir sous les mêmes conditions des remises accordées aux premiers.

Le directoire exécutif arrêta même le 22 dudit mois (B. 64), que les receveurs ne pourraient recevoir du numéraire en place des mandats.

La loi du 20 fructidor an 4 (B. 74), ordonna qu'à compter de sa publication, les ventes ne seraient plus faites que sur enchères.

Mais elle accorda encore aux acquéreurs et soumissionnaires, en vertu de la loi du 28 ventose, quinze jours pour se libérer des termes échus d'après le nouveau mode de paiement prescrit par la loi du 13 thermidor ;

Celle du 23 du même mois (B. 76), en interprétation de l'article 4 de celle du 13 thermidor, régla : que la remise de dix pour cent accordée sur le prix des maisons d'habitation qui, en exécution de la loi du 6 floréal dernier, avaient été estimées séparément, devaient s'étendre sur la totalité du prix.

Le premier jour complémentaire suivant, le directoire exécutif consulta le corps législatif, par un message, sur les questions de savoir :

1º. Si les acquéreurs dont les contrats avaient été passés et enregistrés avant la publication de cette loi devaient, à raison du supplément de prix qu'elle exige sur le quatrième quart, payer un droit d'enregistrement.

Et 2º. si les acquéreurs qui, d'après l'augmentation du prix exigé par la loi, auraient renoncé à leur acquisition, devaient être rendus entièrement indemnes, et si en conséquence le droit d'enregistrement qu'ils avaient payé devait leur être restitué.

Il penchait pour l'affirmative dans les deux cas.

Le corps législatif convaincu de la résistance insurmontable que les soumissionnaires apportaient à se libérer en papier monnaie, les autorisa, par la loi du 1er. frimaire an 5 (B. 92), à acquitter ce qu'ils redevaient, en numéraire ou en mandats au cours, et chargea les receveurs de fournir chaque jour aux administrations centrales, l'état indicatif des acquéreurs qui auraient payé et des valeurs qu'ils auraient données, et ces dernières d'envoyer chaque décade à la trésorerie nationale copie de ces états.

Mais ce nouveau moyen ne fut pas plus heureux que les précédens. Les soumissionnaires gardèrent le papier, l'argent et les domaines.

Ce fut dans cette position que le corps législatif crut devoir ôter aux mandats le cours forcé de monnoie. Il rendit à cet effet la loi du 16 pluviose an 5 (B. 104), portant:

1º. Que les acquereurs, en exécution de la loi du 28 ventose an 4, paieraient en numéraire ce dont ils restaient redevables.

2º. Qu'ils donneraient en conséquence, en payant le troisième sixième du dernier quart. des obligations pour les trois autres.

5º. Que l'intérêt fixe à quatre pour cent par la loi du 13 thermidor, serait ajouté au principal; savoir, un pour cent pour l'obligation du quatrième sixième, deux pour celle du cinquième sixième, et trois pour la dernière.

6º. Qu'elles seraient payables de trois mois en trois mois.

7º. Qu'elles seraient sur papier timbré fourni *gratis* et enregistrées gratuitement.

8º. et 9º. Que faute de paiement le débiteur serait poursuivi de la manière ordonnée par les articles 16 et 17 de la loi du 16 brumaire an 5, ou le bien revendu dans les formes qu'elle prescrit.

10º. Que les acquéreurs qui ne fourniraient pas leurs obligations, seraient poursuivis ou expropriés, comme il est dit ci-dessus.

11º. Enfin, elle réglait les conditions de la revente aux seconds acquéreurs.

Nota. Le surplus de la loi était relatif à la délégation des cinquante millions mis à la disposition du ministre de la guerre, sur les quatre derniers sixièmes du dernier quart du prix des domaines vendus.

La démonétisation des mandats donna lieu au directoire exécutif de demander au corps législatif, par un message du 16 ventose suivant, qu'il réglât en numéraire le droit d'enregistrement sur les trois quarts du prix des ventes faites en exécution de la loi

loi du 28 ventose an 4, celle du 16 pluviose an 5 ayant ôté aux mandats le cours forcé de monnaie, et ne les admettant en paiement des biens nationaux à vendre et des deux premiers sixièmes du dernier quart des biens vendus en vertu de la loi du 28 ventose, que jusqu'au 1er. germinal an 5.

Ces dernières mesures ne furent pas encore efficaces ; il fallut accorder de nouveaux délais aux soumissionnaires, qui, en haine de la république, continuaient à ne vouloir pas se libérer, mais qui consentaient volontiers à jouir des biens de la république. On rendit donc la loi du 17 ventose an 5 (B. 111), qui accorda, 1º. un nouveau délai de 20 jours pour le paiement des deux premiers sixièmes du dernier quart de la part de ceux qui n'auraient pas retiré leurs consignations ; 2º. que les soumissionnaires d'objets dont la vente avait été suspendue, seraient admis à payer dans vingt jours tous les termes échus ; et 3º. que ceux d'objets non encore estimés, et dont les consignations ne s'éleveraient pas à la totalité des termes échus, seraient admis à compléter ce paiement dans les vingt jours de la clôture du procès-verbal d'estimation.

Le 5 thermidor, le directoire exécutif informa le corps législatif que le nombre des ventes faites en vertu de la loi du 28 ventose, serait de 123,743, et que le prix des aliénations se portait à 665 millions environ, sur lesquels il restait à recouvrer 51 millions.

Il demanda au corps législatif, le 29 du même mois, que les soumissionnaires, en vertu de la loi du 28 ventose an 4, qui n'avaient pu être déclarés adjudicataires avant le retirement du papier monnaie, parce que les évaluations des biens n'étaient pas terminées, ou parce que les biens n'étaient pas encore aliénables, ne pussent plus acquérir ces mêmes biens qu'en numéraire, et selon leur valeur réelle, en monnaie métallique. Enfin, une dernière loi sur l'objet, en date du 15 thermidor an 5 (Bulletin 136), régla qu'à compter du jour de sa publication, les dispositions de celles du 16 nivose, 16 pluviose et 2 ventose an 5, cesseraient d'avoir lieu en ce qui concernait la faculté donnée à divers ministres de déléguer, pour les dépenses extraordinaires de leurs départemens, les quatre derniers sixièmes du dernier quart des domaines nationaux, soumissionnés d'après la loi du 28 ventose an 5.

Nota. La loi du 11 brumaire an 7 a accusé qu'il restait à régler plus de 11 mille comptes des ventes faites en vertu de celle du 28 ventose an 4.

Biens acquis en vertu de la loi du 16 brumaire an 5,
(B. 87.)

Cette loi règle, art. 11, que le prix des domaines nationaux vendus après sa publication, sera payé, savoir :

Un *dixième* en numéraire, dont moitié dans les dix jours et avant la prise de possession, et moitié dans les six mois.

Quatre *dixièmes* en quatre obligations ou cédules, payables d'année en année, et produisant cinq pour cent d'intérêt.

13. Cette première moitié se réglera par le montant de la première offre ou de la mise à prix (qui est des trois quarts de l'évaluation). Tout ce qui sera ajouté par la voie des enchères, pourra se payer comme les cinq autres dixièmes.

Les cinq autres dixièmes peuvent être payés avec,

1°. Des ordonnances des ministres pour fournitures faites à la république ;

2°. Des bordereaux de liquidation de la dette publique ou des émigrés ;

3°. Des bons de réquisitions ;

4°. Des bons d'indemnité de pertes occasionnées par la guerre ;

5°. Des inscriptions sur le grand livre de la dette perpétuelle ;

6°. Des ordonnances de restitution ;

Et 7°. Des bons de loterie.

12. Les cinq premiers objets ne furent reçus que jusqu'au premier messidor suivant.

14. Les paiemens en effets de la dette publique sont faits dans le mois.

20. Les ci-devant religieux et religieuses et autres personnes du clergé supprimé de la ci-devant Belgique, purent payer avec des bons de pension de retraite. L'excédant fut payé en numéraire, obligations ou cédules jusqu'au complément de la moitié de la première offre ; et le surplus en effets de la dette publique.

21. Les particuliers qui ont demandé dans le mois la vente des biens de la Belgique, ont été admis à les payer conformément à la loi du 17 fructidor an 4.

16. A défaut de paiement des obligations des acquéreurs, données par le Gouvernement en paiement à des particuliers, les porteurs peuvent suivre leurs actions personnelles contre le débiteur, ou son expropriation dans les formes ordinaires ;

Ou faire une simple sommation au débiteur, dont ils donnent connaissance au commissaire central (au préfet).

17. Ce dernier fait, dans le mois, une seconde sommation au débiteur de payer dans dix jours.

18. Faute de paiement, le bien est revendu dans la même forme, et le prix payable,

1°. Comptant pour la partie des obligations échues et non payées :

2°. A la charge d'acquitter celles à échoir ;

3°. De payer le surplus du prix, s'il y en a, entre les mains du premier adjudicataire.

L'art. 5 de la loi du 2 fructidor veut que cet excédent soit versé au trésor public.

Cette dernière disposition a été confirmée par l'art. 17 de celle du 25 vendémiaire an 7.

Dans le cas où le prix de cette revente ne couvrirait pas ce qui reste dû par le premier acquéreur, celui ci sera poursuivi et ses biens saisis. Ses obligations ou cédules dues, seront acquittées par la trésorerie nationale.

Loi du 2 fructidor an 5. (B. 138.)

1°. Les biens nationaux seront vendus dans la forme établie par la loi du 16 brumaire dernier ; 2°. jusqu'au premier ventose an 5, les cinq premiers dixièmes de la mise à prix des domaines adjugés, à compter du jour de la publication de la présente, seront acquittés suivant le mode et délais fixés par ladite loi du 16 brumaire ; 3°. les cinq autres dixièmes et le montant des enchères seront acquittés jusqu'à la même époque du premier ventose an 6 ;

En ordonnances des ministres pour fournitures faites ;

En bordereaux de liquidation de la dette publique ou des émigrés ;

En bons de réquisition ;

En bons de loterie ou ordonnances ;

En bons de restitution des biens des condamnés ;

En bons d'indemnités des pertes occasionnées par la guerre ;

En bons de trois-quart d'intérêt et inscriptions.

4. Il n'est point dérogé à la loi du 9 germinal dernier, pour le paiement du prix des bâtimens nationaux.

Les acquéreurs de ces bâtimens jouiront d'un délai de vingt jours pour payer le premier quart ; ils payeront les trois autres quarts dans les deux mois suivans.

6. Les corps administratifs pourront, après avoir entendu le commissaire du directoire exécutif, remettre à la décade suivante, pour une fois seulement, l'adjudication définitive.

7. Les acquéreurs, dans la Belgique, pourront acquitter la première moitié de la mise à prix avec les effets énoncés en l'art. 3, et l'autre moitié avec des soumissions de rapporter des bordereaux de liquidation de la dette particulière de ces départemens réunis.

8. Ces soumissions porteront cinq pour cent d'intérêt.

9. Les membres des maisons et établissemens religieux supprimés par la loi du 15 fructidor an 4, seront admis jusqu'au premier ventose an 6, à recevoir les bons représentatifs des capitaux fixes et gradués par l'art. 11 de cette loi.

10. Ces bons ne seront plus admis en paiement des cinq premiers dixièmes de la mise à prix ; au moyen de quoi les art. 13 et 14 de la loi du 15 fructidor an 4, sont abrogés.

11. Ces bons seront échangés contre des obligations souscrites par les acquéreurs de domaines nationaux, pour le paiement des deux derniers dixièmes de la première moitié de la mise à prix.

Les porteurs jouiront des intérêts, qui seront payés par les acquéreurs.

Detté publique.

Loi du 9 vendémiaire an 6. (B. 148.)

Titre 14. 102. Les bons au porteur seront reçus en paiement de la portion du prix, payable avec la dette publique.

103. Tout propriétaire de rente, soit perpétuelle, soit viagère, pourra payer les domaines nationaux de la manière suivante :

La portion de leur prix payable tant en numéraire qu'en obligations, pourra être acquittée avec le tiers consolidé, et le surplus tant avec les deux autres tiers, qu'avec tous bons de même nature, et tous autres effets de la dette publique, conformément aux lois sur la vente des domaines nationaux.

Mais l'acquéreur paiera la totalité de son acquisition dans les vingt jours de l'adjudication.

104. Les rentiers et pensionnaires pourront former des associations.

105. Un mois après la ratification du dernier traité de paix générale, le prix des ventes ne pourra être aquitté en totalité qu'avec les bons au porteur, provenant du remboursement de la dette publique.

La loi du 16 floréal an 7, a donné un nouveau délai de quatre mois aux débiteurs de la seconde moitié, à condition qu'ils souscriraient quatre obligations de la valeur réduite en numéraire, à raison de 2 francs pour chaque 100 francs d'effets de la dette publique, payables dans les quatre mois de délais, avec les intérêts à cinq pour cent.

Si ces acquéreurs n'ont pas fait leur déclaration dans les vingt jours, de se conformer à ces dispositions, les biens ont dû être revendus à la folle enchère ; comme aussi s'ils n'ont pas rempli leurs engagemens à la fin de chaque mois.

Loi du 16 *frimaire an* 6. (B. 164.)

La moitié de la mise à prix sera payée, soit en numéraire, soit en obligations ou en inscriptions du tiers consolidé, et le surplus en bons de remboursement ou autre partie de la dette publique de même nature.

Les obligations une fois souscrites, ne pourront être acquittées qu'en numéraire.

Loi du 24 *frimaire an* 6. (B. 168.)

84. En conséquence des articles 102, 103 et 105 de la loi du 9 vendémiaire an 6, les ventes de domaines nationaux en maisons ou biens ruraux postérieurs à ladite loi, peuvent être payées en bons des deux tiers remboursés, tant pour la seconde moitié de la mise à prix que pour le produit total des enchères ; la première moitié doit être payée en numéraire, ou en obligations, ou en inscriptions du tiers consolidé ; cette première moitié sera payée dans le mois de l'adjudication, et la seconde ainsi que l'enchère dans les trois mois après l'émission des bons des deux tiers.

L'arrêté du directoire exécutif, du 19 pluviose an 6 (B. . .), qui prescrit un mode pour la liquidation de l'arriéré de la dette publique, règle, par les articles 21, 22, 23, 24 et 25, le mode et les délais du paiement des domaines nationaux en bons des deux tiers et en numéraire.

Arrêté du 29 *pluviose an* 6. (B. 184.)

L'article 22 règle que les délais fixés par l'article 89 de la loi du 24 frimaire, pour le paiement des sommes dues pour le prix des ventes faites en exécution de la loi du 9 vendémiaire dernier, commenceront à courir, à compter du premier ventose prochain inclusivement, cette époque devant être considérée, comme celle du jour auquel le remboursement des bons de deux tiers s'effectuerait à bureau ouvert.

Arrêté du 5 ventose an 6. (B. 185.)

Les créanciers de la république, non encore liquidés, peuvent se rendre adjudicataires de domaines nationaux, et être mis en possession par les administrations centrales, sous la garantie d'une caution acceptée par elles.

Autre du même jour.

Les dispositions des deux articles 9 et 13 de l'arrêté du 29 pluviose précédent, sont applicables aux récépissés de l'emprunt en tontine, mentionnés en l'article 5 de la loi du 24 frimaire ; suit l'article :

Article 5. « Les commissaires de la trésorerie nationale, liqui-
» deront ce qui est dû aux propriétaires des récépissés de l'em-
» prunt en tontine ouvert par la loi de messidor an 3. Le rem-
» boursement en sera fait de la manière prescrite pour le paie-
» ment des arrérages de la dette publique antérieure au der-
» nier semestre de l'an 4. »

Loi du 11 brumaire an 7. (B. 235.)

Le corps législatif, considérant qu'il reste plus de soixante-huit mille comptes à régler des ventes consommées depuis le mois de mai 1790, jusqu'à la loi du 28 ventose an 4 ; plus de onze mille sur celles consenties en vertu de cette dernière loi, et qu'il reste un grand nombre de procès-verbaux à délivrer sur les aliénations faites en exécution des lois des 16 brumaire an 5, 9 vendémiaire et 24 frimaire an 6, a décrété,

1°. Les corps administratifs sont chargés de régler, d'ici au premier nivose prochain, les comptes de toutes les ventes faites antérieurement à la publication de la présente loi.

2°. Les acquéreurs antérieurement au 28 ventose an 4, sont tenus de se liberer dans trois mois et selon l'échelle de dépréciation.

3°. Ceux en vertu de la loi du 28 ventose an 4, dans le mois ; savoir, pour ce qui reste dû sur les trois premiers quarts, en tiers consolidé inscrit, et pour le surplus en numéraire.

4°. Il n'est rien préjugé sur le sort des soumissions et adjudications en litige.

Loi du 27 brumaire an 7. (B. 241.)

1°. Les acquéreurs, en vertu de la loi du 9 vendémiaire
an 6 ; sont admis à acquitter en numéraire la partie payable
en bons de remboursement des deux tiers de la dette consolidée, et ce dans les quatre mois de la publication de la loi,
article 2.

3°. Les bons de 100 francs sont fixés pour les deux premiers
mois à 1 franc 90 centimes.

Pour le troisième mois, à 1 franc 95 centimes.

Et pour le quatrième mois, à 2 francs.

4°. Il pourront payer à la trésorerie ou chez le receveur du
domaine national du chef-lieu.

5. Les acquéreurs qui n'auront pas payé dans ce délai, seront
déchus de plein droit. Le receveur en remettra l'état certifié à
l'administration centrale, qui, sans sommation préalable, remettra en vente les domaines non payés.

6°. Les acquéreurs pourront cependant payer cette partie en
bons de remboursement, mais seulement, dans les cinq décades
de la publication de la loi.

7°. Les acquéreurs d'usines, de maisons et de bâtimens dont
la vente n'était pas suspendue par la loi du 29 fructidor an 6,
continueront de payer dans le délai prescrit par les lois existantes lors de leurs acquisitions.

8°. Les *usines, maisons* et *bâtimens* servant uniquement à
l'habitation, et non dépendant de fonds de terre, continueront
d'être vendus à la chaleur des enchères ; mais le prix ne pourra
en être payé qu'en bons de remboursement des deux tiers de la
dette publique.

10°. Les acquéreurs de ces biens auront un délai de dix-huit
mois pour en payer le prix.

11°. Le montant total du prix de l'adjudication sera divisé
par *sixièmes*, le premier sera payé dans les trois mois, et *avant
la prise de possession*, et les autres de trois mois en trois mois.

14°. Les paiemens ne pourront se faire qu'à la trésorerie
nationale.

17°. Les dispositions de la loi du 26 vendémiaire an 7 contraires, sont rapportées.

Loi du 11 frimaire an 8. (B. 17.)

Il est accordé un nouveau délai, jusqu'au 1er. vendémiaire an 9, aux acquéreurs ci-après désignés.

3. Ceux qui doivent encore des assignats pour acquisitions antérieures à la loi du 28 ventose an 4, sont admis à se libérer en numéraire, suivant la valeur représentative des assignats au cours du jour du procès-verbal de vente, conformément au tableau annexé à la loi du 5 messidor an 5.

4. *Il est rapporté par la loi du 16 du même mois, qui suit :*

5. Tous ceux qui ont acquis, d'après les lois des 16 brumaire et 2 fructidor an 5, peuvent se libérer en numéraire, de la première moitié de la mise à prix, et ils acquitteront, à raison de 2 fr. pour chaque 100 fr., la deuxième moitié de la mise à prix, et le produit des enchères dues originairement en bons des deux tiers, ou en effets de la dette publique.

6. Tous acquéreurs, en vertu des lois des 9 vendémiaire, 16 et 24 frimaire an 6, peuvent se libérer : savoir, en tiers consolidé, de la première moitié de la mise à prix ; et ils doivent acquitter, à raison de 2 fr. pour chaque 100 fr., la deuxième moitié de la mise à prix, et le produit des enchères dues originairement en bons des deux tiers.

7. Les adjudicataires des maisons, bâtimens et usines, suivant la loi du 9 germinal an 5, solderont un tiers de la somme totale du prix de leurs acquisitions, en tiers consolidé, et ils paieront en numéraire le restant du prix, à raison de 2 fr. par chaque 100 fr. dûs originairement en bons des deux tiers.

8. Sont soumis aux mêmes conditions, ceux qui en ont acquis dans l'intervalle de la loi du 29 fructidor an 6, à celle du 26 vendémiaire an 7.

9. Le acquereurs, dans les départemens réunis, d'abord d'après la loi du 4 pluviose an 4, et l'arrêté du 11 du même mois, ensuite d'après celle du 17 fructidor, et l'arrêté du 23 de la même année, acquitteront en numéraire un tiers des sommes dues, et les deux autres tiers, en tiers consolidé ou en bons delivrés aux membres des établissemens ecclésiastiques supprimés.

10. Tous les acquéreurs dont il vient d'être parlé, sont tenus de déclarer, dans le mois de la publication de la présente loi, devant l'administration centrale de la situation des biens, qu'ils entendent profiter de ses dispositions, à peine de déchéance et de dépossession.

11. Ils sont également tenus, dans le même délai, de sous-

crire entre les mains du receveur des domaines, pour la partie payable en numéraire, quatre cédules ou obligations payables de deux mois en deux mois, à partir du 1er. pluviose prochain, ou huit cédules payables de mois en mois, si mieux n'aiment se libérer sur-le-champ. Faute de paiement desdites cédules, ils seront déchus et dépossédés.

12. Ils doivent, en outre, payer les intérêts de toutes les sommes dues et liquidées en numéraire pour la partie payable en effets, autres que du tiers consolidé.

13. La régie est tenue de faire exécuter, sans délai, la dépossession, faute d'exécution des articles 10 et 11.

Les dégradations commises, seront constatées et liquidées par l'administration centrale et la régie de l'enregistrement, après vérification et rapport d'experts. Le montant en sera exigible en numéraire.

14. Les droits d'enregistrement et autres, et frais d'adjudication, ne seront point restitués aux dépossédés.

Le principal payé sera compensé avec l'intérêt à 5 pour 100 du prix de l'acquisition jusqu'au jour de la dépossession, et l'excédent, s'il y en a, sera restitué spécialement sur le prix provenant des reventes qui seront faites par suite de la déchéance.

15. Toutes dispositions contraires à la présente sont rapportées.

Nota. La loi du 16 floréal an 7 (Bulletin 278), avait déjà accordé des délais, et réglé le mode de paiement, ainsi que les valeurs admissibles pour les domaines acquis en vertu de la loi du 9 vendémiaire an 6.

Mode de paiement.

Loi du 16 frimaire an 8. (B. 334.)

L'art. 4 de la loi du 11 frimaire, relatif aux acquéreurs en mandats de domaines nationaux, est rapporté.

2. Les acquéreurs, en vertu de la loi du 28 ventose an 4, sont autorisés à se libérer en numéraire ; savoir, pour ce qu'ils redoivent en mandats, suivant la valeur représentative de ces mandats, au cours du jour de la soumission, tel qu'il a été réglé par l'art. 9, de la loi du 13 thermidor an 4, et par le cours légal arrêté postérieurement par le directoire exécutif ; et aussi en numéraire ce qu'ils ont encore à payer sur le dernier quart du prix de leur acquisition.

Loi du 18 pluviose an 8. (B. 4.)

Le délai dans lequel les acquéreurs de domaines nationaux, désignés en la loi du 11 frimaire dernier, devaient fournir des obligations, est prorogé jusqu'au premier germinal prochain. En conséquence, ceux qui avaient encouru la déchéance, en seront relevés, à la charge par eux d'effectuer, aux termes fixés par la même loi, la totalité des paiemens en numéraire auxquels ils sont tenus.

2. La partie du prix payable en effets de la dette publique sera acquittée avant le premier floréal prochain.

Arrêté du 22 ventose an 8, (B. 11.) qui fixe le délai pendant lequel les billets du syndicat, etc., pourront être employés en paiement de domaines ruraux.

Les consuls de la république, vu l'arrêté du 15 nivose dernier, qui admet comme numéraire, les billets du syndicat, et les effets délivrés aux délégataires sur les contributions et autres produits arriérés des années 5, 6 et 7, en paiement du prix total des domaines ruraux à vendre ; considérant que ledit arrêté ne fixe pas le délai dans lequel les acquéreurs qui se libéreront avec lesdits effets, en feront la remise au trésor public, et qu'il est nécessaire de réparer cette omission ;

Le conseil d'état entendu,

Arrêtent ce qui suit :

1. Les acquéreurs de domaines ruraux qui voudront acquitter tout ou partie du prix de leur acquisition avec les effets mentionnés en l'arrêté du 15 nivose dernier, seront tenus d'en effectuer la remise au trésor public dans les trois mois qui suivront leur adjudication.

2. Ceux d'entre eux qui auront une fois souscrit des obligations, ne pourront les acquitter qu'en numéraire effectif.

Par l'arrêté du 9 floréal an 8 (B. 22.), il est dit, article 1er.

Les porteurs de mandats, ordonnances ou bons de réquisitions, délivrés par les administrations centrales, en exécution des articles 19 et 20 de la loi du 14 messidor an 7, pour l'habillement, équipement et armement des conscrits, pourront les employer en paiement des domaines nationaux qui restent à vendre, en exécution de la loi du 26 vendémiaire an 7, et ce, pour la totalité du prix desdits domaines, payable tant en numéraire qu'en obligations.

2. Lesdits bons ne pourront être admis qu'après avoir été vérifiés et visés par le préfet du département où ils auront été délivrés.

3. L'admission desdits bons, ainsi qu'il est dit ci-dessus, sera définitivement régularisée par les ordonnances qu'en délivrera le ministre de la guerre, sur les borderaux qui lui seront dressés en conséquence par le préfet du département.

L'arrêté du 7 thermidor an 8 (B. 34.), ordonne que la portion du demi pour cent du prix des mises à prix des domaines nationaux, qui était payée aux administrateurs, commissaires du directoire, et employés des administrations centrales, sera versée dans la caisse des domaines nationaux qui en fera compte au trésor public.

Par l'arrêté du 18 fructidor an 8, art. 11, il est dit :

Les porteurs d'ordonnances pour causes antérieures à l'an 9, auront la faculté de les convertir en rescriptions de la trésorerie nationale, admissibles en paiement des domaines nationaux, payables en exécution des lois des 26 vendémiaire an 7 et 11 frimaire an 8, pour lesquelles il n'aurait pas été souscrit de cédules, et de ceux à vendre, ainsi que du rachat des rentes perçues par la république.

Paiement. Valeurs.

Arrêté du 5 frimaire an 10. (B. 131.)

1. A compter de la publication du présent arrêté dans chaque département, les ordonnances, mandats, bons ou leurs coupures délivrées par les administrations centrales et les préfets, en paiement de l'habillement, équipement et armement des bataillons de conscrits mis en activité de service par la loi du 10 messidor an 7, ne seront plus admis immédiatement en paiement des domaines nationaux ni de subvention de guerre.

2. Les porteurs desdits mandats, ordonnances ou bons, seront tenus de les représenter au préfet de chacun des départemens où ils ont été délivrés, pour y être par eux vérifiés et visés de nouveau.

3. Ces formalités remplies, les mandats et bons seront ordonnancés par le ministre de la guerre, à mesure des fonds qui seront mis pour cet objet à sa disposition : ces ordonnances seront acquittées par la trésorerie, en rescriptions admissibles

tant en paiement des domaines nationaux payables en exécution des lois des 26 vendémiaire an 7, et 11 frimaire an 8, pour lesquels il n'aura pas été souscrit de cédules, que pour moitié dans la subvention de guerre, conformément à l'article 27 de la loi du 27 brumaire an 8.

Arrêté du 22 prairial an 10. (B. 196.)

Les consuls de la république, vu la réclamation d'un grand nombre d'acquéreurs de domaines nationaux antérieurs à la loi du 28 ventose an 4, contre une décision du ministre des finances, du 16 frimaire an 8, de laquelle il résulte :

1°. Qu'à partir de la publication de ladite loi du 28 ventose, les assignats par eux versés dans les caisses publiques, n'ont pu être admis que pour le trentième de leur valeur nominale ;

2°. Que les mandats par eux également versés dans lesdites caisses postérieurement à la loi du 29 messidor an 4, ne doivent leur être comptés qu'au cours.

Le conseil d'état entendu ;

Considérant qu'aux termes des lois, les acquéreurs de domaines nationaux antérieurs à celle du 28 ventose an 4, ont pu valablement se libérer du prix de leurs acquisitions, en assignats et mandats valeur nominale, jusqu'à l'époque de leur démonétisation respective,

Arrêtent :

1. Tous les paiemens faits par les acquéreurs de domaines nationaux dont les acquisitions sont antérieures à la loi du 28 ventose an 4, en assignats ou mandats valeur nominale, tant que ces papier-monnaie ont été en circulation, sont déclarés valables ; en conséquence, toute décision contraire est annullée.

Paiement. Sursis.

Arrêté du 27 prairial an 9. (B. 84.)

1. Les acquéreurs de maisons et usines payables en bons deux tiers, qui n'ont pas soldé leurs acquisitions, seront admis jusqu'au premier vendémiaire prochain, à déposer à la caisse d'amortissement, soit en bons deux tiers, soit à un quart pour cent en inscriptions tiers consolidé, le tiers de la somme dont ils sont redevables.

2. Il leur sera délivré, par la caisse d'amortissement, une reconnoissance de ce dépot : ils la remettront au receveur des domaines, qui leur en donnera un récépissé.

3. Il est sursis provisoirement à toutes poursuites contre les acquéreurs, débiteurs en bons deux tiers, jusqu'au premier vendémiaire prochain ; passé lequel délai, le sursis n'aura lieu qu'au profit de ceux qui auront fait le dépôt autorisé par l'article premier.

Voyez l'arrêté qui suit, portant prorogation.

Arrêté du 29 fructidor an 9. (B. 104.)

Le sursis accordé par l'arrêté du 27 prairial dernier aux acquéreurs de maisons et usines payables en bons deux tiers, qui n'ont pas soldé leurs acquisitions, est prorogé, pour dernier délai, jusqu'au premier nivose prochain, aux mêmes charges et conditions que celles prescrites par ledit arrêté.

Vente de fonds ruraux.

Loi du 15 floréal an 10. (B. 187.)

1. La vente des fonds ruraux appartenant à la nation, non réservés par la loi du 30 ventose an 9, continuera d'avoir lieu par la voie des enchères, suivant les formes prescrites par la loi du 16 brumaire an 5.

2. La mise à prix desdits fonds est fixée à dix fois le revenu de 1790.

3. Dans le cas où il y aurait des maisons ou bâtimens dépendans de ces fonds qui ne seraient point nécessaires à l'exploitation, ils seront estimés séparément en capital, valeur de 1790, et le montant de leur estimation sera ajouté à la mise à prix.

4. Ladite mise à prix sera en outre augmentée de dix pour cent, lesquelles tiendront lieu de l'intérêt du prix de la vente, du paiement duquel les adjudicataires seront dispensés pour tout le tems du crédit qui leur est accordé par l'article suivant.

5. Le prix de la vente sera acquitté en numéraire, par cinquième ; le premier dans les trois mois de l'adjudication ; le se-

cond, un an après le premier, et les trois autres aussi successivement, d'année en année.

6. Les adjudicataires seront tenus de payer le droit d'enregistrement dans les vingt jours de l'adjudication, à raison de deux pour cent : tous autres frais de vente demeurent à la charge de la république.

Un arrêté du 23 floréal an 11 (B. 282), déclare que les droits de timbre, tant des minutes que des expéditions délivrées aux citoyens des procès-verbaux d'adjudication, doivent être payés par les adjudicataires.

7. Les paiemens seront poursuivis et recouvrés en vertu du procès-verbal d'adjudication; il n'y aura plus, à l'avenir, ni obligations, ni cédules.

8. Les acquéreurs en retard de payer aux termes ci-dessus fixés, demeureront déchus de plein droit, si, dans la quinzaine de la contrainte à eux signifiée, ils ne se sont pas libérés : ils ne seront point sujets à la folle enchère, mais ils seront tenus de payer, par forme de dommages et intérêts, une amende égale au dixième du prix de l'adjudication, dans le cas où ils n'auraient encore fait aucun paiement, et au vingtième, s'ils ont délivré un ou plusieurs à-compte ; le tout sans préjudice de la restitution des fruits.

9. Les préfets sont autorisés à exiger des adjudicataires dont la solvabilité ne leur sera pas connue, bonne et suffisante caution pour sûreté du prix de la vente : la même obligation pourra être imposée aux commands ou amis.

10. Les fonds ruraux que la république possède par indivis, et qui seront reconnus n'être point susceptibles de partage, seront vendus en totalité, d'après les mêmes formes et aux mêmes conditions que ceux qui lui appartiennent sans part d'autrui, et les propriétaires par indivis avec la republique, percevront, aux échéances, leur portion dans le prix.

11. Pour assurer l'exécution de l'article 14 de la loi du 30 ventose an 9, qui affecte à l'extinction de la dette publique la somme de soixante-dix millions à prendre sur celle de cent vingt millions que doit produire la vente d'une portion du restant des domaines nationaux, le trésor public, à partir du premier vendémiaire an 12, versera à la caisse d'amortissement dix millions par année, jusqu'au versement complet de ladite somme de soixante-dix millions.

12. Seront, au surplus, les lois relatives à la vente des domaines nationaux, exécutées dans toutes celles de leurs dispositions qui ne renferment rien de contraire à la présente.

Loi du 16 floréal an 10. (B. 187.)

1. A compter de la promulgation de la présente loi, il ne sera plus délivré de bons deux-tiers ; la valeur en sera acquittée en inscriptions au grand-livre, sur le pied réglé par la loi du 30 ventose an 9.

2. Les maisons, bâtimens et usines nationaux ne pourront, à l'avenir, être vendus qu'en numéraire ; la mise à prix est fixée à six fois le revenu de 1790 ; les ventes seront faites, au surplus, suivant les formes et aux mêmes conditions que les ventes *des biens ruraux.*

Loi du 5 ventose an 12. (B. 345.)

105. A compter de la publication de la présente loi, la première mise à prix des domaines nationaux qui seront mis en vente, sera fixée à vingt années de revenu pour les biens ruraux, et à douze années pour les maisons, bâtimens et usines.

106. Le prix des adjudications continuera d'être payé en cinq termes, conformément aux lois des 15 et 16 floréal an 10. Le premier terme, payable dans les trois mois de l'adjudication, ne paiera pas d'intérêt ; mais il sera dû, à raison de cinq pour cent l'an, pour chacun des quatre autres termes.

107. Les domaines nationaux situés dans les départemens de la Doire, de la Sesia, du Pô, du Tanaro, de la Stura et de Marengo, seront mis en vente, jusqu'à concurrence de quarante millions de valeur fixée conformément à l'art. 105.

108. Le prix de ces adjudications sera payable en capitaux de la dette constituée du ci-devant Piémont, calculés à vingt fois la rente pour la dette perpétuelle, et à dix fois pour la dette viagère. Les arrérages qui restent dus sur le quatrième trimestre de l'an 8 et sur l'an 9, pourront être également donnés en paiement.

109. Les actions qui ont été émises sur les biens de l'abbaye de Lucidio, montant à 1,350,000 francs, seront également admises en paiement desdites adjudications.

110. Les paiemens seront faits dans l'année de l'adjudication, un quart dans les trois mois et avant l'entrée en jouissance, et le surplus dans les neuf mois suivans, avec intérêts à raison de 5 pour 100 pour les trois derniers quarts.

111. Les domaines à vendre seront divisés en autant de lots que la nature de chaque propriété pourra le comporter, afin de faciliter l'emploi des capitaux inférieurs de la dette constituée.

112. Les lois des 15 et 16 floréal an 10, continueront d'être exécutées en tout ce qui n'est pas contraire à la présente.

Débiteurs.

Le ministre des finances, par une décision du 2 brumaire an 10, a autorisé les conseils de préfecture à prononcer et à faire exécuter la contrainte par corps encourue par les adjudicataires de bois ou d'autres biens, pour le paiement desquels ces adjudicataires ont souscrit des effets ou traites, qu'ils ont ensuite laissé protester.

Avis du conseil d'état sur la peine de déchéance prononcée par la loi du 11 frimaire an 8, et la revente à la folle enchère des domaines nationaux pour non acquittement des obligations souscrites par les acquéreurs.

Du 12 brumaire an 9.

Le conseil d'état qui, sur le renvoi des consuls, et sur le rapport de la section des finances, a discuté une pétition du citoyen . . . . . par laquelle il demande.

1°. Si la loi du 11 frimaire an 8 n'a pas substitué la simple peine de déchéance à celle de déchéance et revente à folle enchère, dont il expose que le ministre des finances ordonne encore l'application contre les acquéreurs de domaines nationaux qui n'acquittent pas les obligations qu'ils ont souscrites;

2°. Si la loi du 28 pluviose an 8, qui a établi un conseil de préfecture dans chaque département pour connoître du contentieux des domaines nationaux, autorise un préfet à prononcer seul la folle enchère et à rejeter seul les demandes des acquéreurs qui réclament contre cette peine, et que, jusqu'à ce qu'il ait été statué sur ces deux questions, il soit sursis à toutes poursuites en folle enchère.

Est d'avis, sur la première question, que la loi du 11 frimaire an 8 n'a eu d'autre objet que de relever de la déchéance

ceux

ceux des acquéreurs des domaines nationaux qui l'ont encourue; et que l'on ne peut induire avec fondement, d'aucune de ces dispositions, qu'elle a aboli la peine de la folle enchère établie par toutes les lois précédentes, notamment celle du 16 brumaire an 5.

Et sur la seconde question, que la loi du 28 pluviose an 8 charge les préfets seuls de l'administration ; que la mise à exécution d'une décision du ministre est un fait d'administration, et que dès lors on ne doit pas considérer comme contentieux, quant au préfet, ce qu'il est chargé par l'autorité supérieure de faire exécuter, nonobstant les réclamations des parties intéressées.

D'après cela, le conseil d'état estime, que la décision du ministre des finances, dont se plaint le citoyen...... doit être maintenue, et qu'il n'y a pas lieu conséquemment à ordonner un sursis aux poursuites en folle enchère.

Loi du 30 ventose an 9. (B. 76.)

7. Les acquéreurs des domaines nationaux payables en deux tiers mobilisés qui, au premier messidor prochain, n'auront pas acquitté les termes échus du prix de leur adjudication, sont déclarés définitivement déchus; ils seront incontinent dépossédés, sans néanmoins être assujetis à la peine de la folle enchère.

8. Le Gouvernement fera procéder au compte à faire entre la république et les acquéreurs dépossédés, ainsi qu'à la liquidation des sommes qui pourront être respectivement dues.

Arrêté du 9 floréal an 9. (B. 81.)

8. Le liquidateur continuera de délivrer aux créanciers de la dette constituée et de la dette exigible, des certificats des deux tiers mobilisés de leurs créances, à mesure des liquidations.

9. Lesdits certificats, ainsi que les bons des deux tiers actuellement émis, seront admis en paiement des bâtimens, maisons et usines, ou en acquisition des rentes créées par la loi du 30 ventose.

13. Les bons des deux tiers mobilisés et certificats délivrés par le liquidateur général pour en tenir lieu, seront conservés en nature à la caisse d'amortissement et pourront être cédés par elle aux acquéreurs de maisons, bâtimens et usines qui en au-

ront besoin pour se libérer, sur le même pied que la loi lui a fixé pour les recevoir.

Le ministre des finances aux préfets des départemens.

Je vous adresse, cîtoyen préfet, l'expédition imprimée d'un avis du conseil d'état, du 12 de ce mois, approuvé par le premier consul.

Il consacre les vrais principes résultant de la loi du 11 frimaire an 8, contre les acquéreurs de domaines nationaux, souscripteurs de cédules, et sujets à défaut de paiement, à la peine de déchéance de plein droit et à celle de revente à la folle-enchère.

Il doit servir de règle à votre conduite.

Ainsi, non-seulement la revente à la folle-enchère doit s'opérer sur les acquéreur infidèles à leurs engagemens, et elle ne peut être retardée sous aucun prétexte, dès l'instant qu'elle est provoquée par le porteur de cédules, qui dénonce une sommation infructueuse, mais avant même que le rescript soit effectué, la république doit ressaisir le domaine qui forme le gage de la cédule protestée. C'est la conséquence nécessaire de la déchéance de plein droit, et le vœu précis de l'article 13 de la même loi du 11 frimaire, qui charge la régie des domaines de faire exécuter sans délai la dépossession des acquéreurs tombés en déchéance.

Assurez-moi, citoyen préfet, que ces dispositions seront exactement observées dans votre département.

Je vous salue.

P. S. Je vous observe que les revenus et fermages saisis sur les acquéreurs dépossédés, seront employés successivement, et par à-compte, au paiement des porteurs de cédules protestées, le tout par ordre de date, et à valoir tant sur le capital que sur les intérêts des cédules. La régie est chargée de veiller avec soin à l'exécution de cette mesure.

Déchéance.

Arrêté du 3 ventose an 10. (B. 166.)

1. Les acquéreurs, des maisons et usines nationales payables en bons deux tiers, qui n'ont pas acquitté le premier sixième échu du prix de leurs acquisitions, et qui, en conséquence, n'ont pas été ou n'ont pas dû être mis en possession, demeurent définitivement déchus.

2. Ceux desdits acquéreurs qui, ayant payé ce sixième, ont été mis en possession, et qui restent redevables du surplus du prix pour le tout ou pour partie, seront admis à en verser en numéraire, au trésor public, la valeur représentative, au cours du mois de leur adjudication, et conformément au tableau annexé au présent arrêté.

3. Ils acquitteront par tiers, la somme dont ils demeurent

débiteurs; savoir, le premier en floréal, le second en messidor, et le troisième en fructidor prochain.

4. Le trésor public tiendra compte à la caisse d'amortissement, du produit de ces versemens.

5. A défaut de paiement à chacun des termes ci-dessus, l'administration de l'enregistrement fera, en conformité de la loi du 30 vetose an 9, incontinent prendre possession de tous les domaines nationaux compris dans les adjudications non soldées; ladite prise de possession aura lieu dès-à-présent, à l'égard des acquéreurs mentionnés en l'article 1er.

Cours moyen par chaque mois, d'après lequel la caisse d'amortissement recevra la valeur représentative des bons deux tiers.

Cours moyen par chaque mois, d'après le cours tenu à la trésorerie, par chaque jour.

		fr.	cent.
An 7..	Brumaire	2	12
	Frimaire	1	90
	Nivose	1	85
	Les cours des huit autres mois a été pour chacun de	1	50
An 8..	Vendémiaire, jusques et compris prairial, chacun	1	50
	Messidor	1	53
	Thermidor	1	55
	Fructidor et jours complémentaires	1	58
An 9..	Vendémiaire	1	68
	Brumaire	1	65
	Frimaire	1	60
	Nivose, jusqu'au premier vendémiaire, par chaque mois	2	50
An 10.	Vendémiaire et brumaire	2	50

Folle enchère, déchéances et restitutions.

A défaut de paiement du premier à-compte du prix des domaines nationaux, vendus antérieurement au 15 mai 1791, de la part des adjudicataires, ou d'une annuité échue, il sera fait dans le mois, à la diligence du commissaire du pouvoir exécutif près l'administration centrale, sommation au débiteur d'effectuer son paiement avec les intérêts du jour de l'échéance, et si ce dernier n'y a pas satisfait deux mois après ladite sommation, il sera procédé sans délai à une adjudication nouvelle à sa folle enchère, dans les formes prescrites par les articles 3 et 4 du décret du 14 mai 1790.

Et quant à celles postérieures au 15 mai 1791, la première enchère qui sera faite faute de paiement, aura lieu quinzaine après l'expiration de l'un des termes de paiement, sans autres formalités que la signification de l'enchère au premier acquéreur.

Ils seront aussi soumis à la surveillance des corps administratifs, pour leurs jouissances jusqu'à parfait paiement, ainsi qu'il est prescrit par l'instruction du 31 mai, et l'article 9 du décret du 29 juin 1790.

(*Décret du 3 — 18 novembre 1790.*)

Le procureur-général syndic poursuivant, se portera premier enchérisseur pour une somme égale au prix de l'estimation ou pour la valeur de ce qui restera dû;

Si cette valeur est inférieure au prix de l'estimation, il sera prélevé sur le prix de la nouvelle adjudication, le montant de ce qui se trouvera échu avec les intérêts et les frais, et l'adjudicataire sera tenu d'acquitter au lieu et place de l'acquéreur dépossédé, toutes les annuités à échoir.

(*Art. 9 du décret du 14 — 17 mai 1790.*)

Décret du 24 floréal an 3. (B. 144.)

Les adjudicataires qui manquent des paiemens à leur échéance, sont sommés dans la décade d'y satisfaire.

Si dans le mois suivant ils n'ont pas payé, ils sont déclarés déchus.

Le commissaire du pouvoir exécutif, poursuit la revente des biens à folle enchère, et s'il y a du déficit, il est payé par l'acquéreur évincé.

Par une circulaire du 2 messidor an 9, le ministre des finances a averti les préfets que les biens rentrés sous la main du Gouvernement par l'effet des déchéances prononcées contre les premiers acquéreurs, devaient être estimés de nouveau avant d'être remis en vente, pour la montant de l'estimation, servir de mise à prix.

Sursis à la revente sur folle enchère dans les départemens troublés.

Le décret du 9 juillet 1793, sursit à la vente sur folle enchère, des domaines, dans les départemens dont les administrateurs étaient en état de révolte, à peine de mort contr'eux.

Déjà un décret du 30 Juin, avait ordonné cette suspension, à la charge, par les acquéreurs, de payer les intérêts des capitaux dus, et d'acquitter les termes échus au moment de l'évacuation des ennemis, dans six mois après cette époque.

Mandats de paiement pour les restitutions et frais de vente.

Le décret du 25 mars 1793, chargea l'administrateur des domaines de viser et arrêter les états de distribution des restitutions à faire aux acquéreurs de domaines, soit pour trop payer, soit par suite de résiliation de ventes ou de réduction en exécution des lois des 6 juillet, 25 août, 11 et 13 septembre 1792.

Et les commissaires de la trésorerie de délivrer des mandats de paiement sur ces états.

Ces restitutions et les frais de vente, ainsi que le seizième dû aux municipalités, furent déduits du produit des ventes et des fruits, pour que le produit net fût toujours connu.

Restitutions pour trop payé.

Le décret du 3 prairial an 2, ordonna que les restitutions sur les domaines nationaux ou pour adjudications annullées, se feraient comme pour les autres dépenses publiques, et sans affectation particulière de fonds.

Remise des titres de propriété.

Le décret du 24 février 1791 régla que les baux courans et les cueilloirs seraient remis aux acquéreurs après le paiement du premier terme de leur adjudication, avec un état sommaire des autres titres de propriété.

Le décret du 12 juillet 1793, porte que tous les titres de

propriété, baux anciens, déclarations, seront remis aux adjudicataires, en justifiant du paiement du prix de leur acquisition.

Qu'en cas d'adjudication divisée, ces titres seront remis à l'adjudicataire qui aura acquis pour une plus forte somme.

Que les autres acquéreurs pourront en faire faire des copies ou extraits sur papier timbré, lesquels, après avoir été collationés et visés par le directoire du district, aujourd'hui le préfet, auront foi en jugement comme les titres originaux, jusqu'à inscription de faux, et que le principal adjudicataire détenteur des titres originaux, sera tenu d'en aider sous récépissé, les adjudicataires partiels dont les extraits seraient argués de faux.

DROITS CIVILS ET POLITIQUES.

Sommaire.

Domicile civil — Droits civils. — Privation des droits civils. — Droits politiques. — Conditions pour être citoyen. — Étrangers citoyens. — Conditions imposées aux étrangers pour devenir citoyens français. — Exception. — Conditions pour exercer les droits de citoyen. — Domicile politique des militaires, des citoyens absens de leur canton, et des fonctionnaires publics. — Mode de nomination aux fonctions des autorités qui composent le Gouvernement, et autres, et durée des fonctions des membres qui les composent. — Des juges de paix et de leurs suppléans ; résidence, leurs greffiers et huissiers. — Serment des suppléans. — Jugement des opérations relatives aux élections. — Remplacement des juges de paix empêchés. — Renouvellement des juges de paix.

Assemblées politiques. — Assemblées de canton ; composition. — Convocation. — Organisation. — Présidens ; scrutateurs ; secrétaires ; sections ; durée ; police ; attributions ; incompatibilité ; liste des 600 plus imposés par département ; des 100 plus imposés par commune. — Renouvellement des conseils municipaux. — Scrutins et votes ; procès-verbal ; tableaux des élections. — Maires des communes au-dessus de 5,000 habitans. — Collége électoral d'arrondissement ; composition ; compatibilité ; révocation des membres ; convocation ; police ; organisation ; attributions ; scrutins et votes. — Collége électoral de département ; composition ; incompatibilité ; attributions ; scrutins et votes, etc. — Résumé des présentations pour le corps législatif ; obligations des candidats. — Tableau des députés à élire par chaque département. — Tableau des séries de sortie des membres.

Domicile civil.

Code civil. Loi du 23 ventose an 11.

102. Le domicile de tout Français, quant à l'exercice de ses droits civils, est au lieu où il a son principal établissement.

103. Le changement de domicile s'opérera par le fait d'une

habitation réelle dans un autre lieu, joint à l'intention d'y, fixer son principal établissement.

104. La preuve de l'intention résultera d'une déclaration expresse, faite tant à la municipalité du lieu qu'on quittera qu'à celle du lieu où on aura tranféré son domicile.

105. A défaut de déclaration expresse, la preuve de l'intention dépendra des circonstances.

106. Le citoyen appelé à une fonction publique temporaire ou révocable; conservera le domicile qu'il avait auparavant, s'il n'a pas manifesté d'intention contraire.

107. L'acceptation de fonctions conférées à vie, emportera translation immédiate du domicile du fonctionnaire dans le lieu où il doit exercer ces fonctions.

108. La femme mariée n'a point d'autre domicile que celui de son mari. Le mineur non émancipé aura son domicile chez ses père et mère ou tuteur; le majeur interdit aura le sien chez son curateur.

109 Les majeurs qui servent ou travaillent habituellement chez autrui, auront le même domicile que la personne qu'ils servent ou chez laquelle ils travaillent, lorsqu'ils demeureront avec elle dans la même maison.

110. Le lieu où la succession s'ouvrira, sera déterminé par le domicile.

111. Lorsqu'un acte contiendra, de la part des parties ou de l'une d'elles, élection de domicile pour l'exécution de ce même acte dans un autre lieu que celui du domicile réel, les significations, demandes et poursuites relatives à cet acte, pourront être faites au domicile convenu, et devant le juge de ce domicile.

Droits civils.

De la jouissance et de la privation des droits civils.

Code civil. — Loi du 17 ventose an 11.

7. L'exercice des droits civils est indépendant de la qualité de *citoyen*, laquelle ne s'acquiert et ne se conserve que conformément à la loi constitutionnelle.

8. Tout français jouira des droits civils.

9. Tout individu né en France, d'un étranger, pourra, dans l'année qui suivra l'époque de sa majorité, réclamer la qualité de *français*; pourvu que, dans le cas où il résiderait en

France, il déclare que son intention est d'y fixer son domicile ; et que, dans le cas où il résiderait en pays étranger, il fasse sa soumission de fixer en France son domicile , et qu'il l'y établisse dans l'année, à compter de l'acte de soumission.

9. Tout enfant né d'un français, en pays étranger , est français.

Tout enfant né , en pays étranger , d'un français qui aurait perdu la qualité de français , pourra toujours recouvrer cette qualité, en remplissant les formalités prescrites par l'art. 9.

11. L'étranger jouira en France des mêmes droits civils que ceux qui sont ou seront accordés aux français par les traités de la nation à laquelle cet étranger appartiendra.

12. L'étrangère qui aura épousé un français, suivra la condition de son mari.

13. L'étranger qui aura été admis par le Gouvernement à établir son domicile en France, y jouira de tous les droits civils , tant qu'il continuera d'y résider.

14. L'étranger , même non résident en France , pourra être cité devant les tribunaux français, pour l'exécution des obligations par lui contractées en France avec un français : il pourra être traduit devant les tribunaux de France , pour les obligations par lui contractées en pays étranger , envers des français.

15 Un français pourra être traduit devant un tribunal de France , pour des obligations par lui contractées en pays étranger , même avec un étranger.

16. En toutes matières , autres que celles de commerce , l'étranger qui sera demandeur , sera tenu de donner caution pour le paiement des frais et dommages-intérêts résultant du procès , à moins qu'il ne possède en France des immeubles d'une valeur suffisante pour assurer ce paiement.

De la privation des droits civils par la perte de la qualité de français.

17. La qualité de français se perdra, 1°. par la naturalisation acquise en pays étranger; 2°. par l'acceptation non autorisée par le Gouvernement, de fonctions publiques conférées par un Gouvernement étranger ; 3°. par l'affiliation à toute corporation étrangère qui exigera des distinctions de naissance ; 4°. enfin, par tout établissement fait en pays étranger, sans esprit de retour.

Les établissemens de commerce ne pourront jamais être considérés comme ayant été faits sans esprit de retour.

18. Le français qui aura perdu sa qualité de français, pourra toujours la recouvrer en rentrant en France avec l'autorisation du Gouvernement, et en déclarant qu'il veut s'y fixer, et qu'il renonce à toute distinction contraire à la loi française.

19. Une femme française qui épousera un étranger, suivra la condition de son mari.

Si elle devient veuve, elle recouvrera la qualité de française, pourvu qu'elle réside en France, ou qu'elle y rentre avec l'autorisation du Gouvernement, et en déclarant qu'elle veut s'y fixer.

20. Les individus qui recouvreront la qualité de français, dans les cas prévus par les articles 10, 18 et 19, ne pourront s'en prévaloir qn'après avoir rempli les conditions qui leur sont imposées par ces articles, et seulement pour l'exercice des droits ouverts à leur profit depuis cette époque.

21. Le français qui, sans autorisation du Gouvernement, prendrait du service militaire chez l'étranger, ou s'affilierait à une corporation militaire étrangère, perdra sa qualité de français.

Il ne pourra rentrer en France qu'avec la permission du Gouvernement, et recouvrer la qualité de français qu'en remplissant les conditions imposées à l'étranger pour devenir citoyen; le tout sans préjudice des peines prononcées par la loi criminelle contre les français qui ont porté ou porteront les armes contre leur patrie.

De la privation des droits civils par suite des condamnations judiciaires.

22. Les condamnations à des peines dont l'effet est de priver celui qui est condamné, de toute participation aux droits civils ci-après exprimés, emporteront la mort civile.

23. La condamnation à la mort naturelle emportera la mort civile.

24. Les autres peines afflictives perpétuelles n'emporteront la mort civile qu'autant que la loi y aurait attaché cet effet.

25. Par la mort civile, le condamné perd la propriété de tous les biens qu'il possédait; sa succession est ouverte au profit de ses héritiers, auxquels ses biens sont dévolus, de la même manière que s'il était mort naturellement et sans testament.

Il ne peut plus ni recueillir aucune succession, ni transmettre, à ce titre, les biens qu'il a acquis par la suite.

Il ne peut ni disposer de ses biens, en tout ou en partie, par donation entre – vifs, ni par testament, ni recevoir à ce titre, si ce n'est pour cause d'alimens.

Il ne peut être nommé tuteur, ni concourir aux opérations relatives à la tutelle.

Il ne peut être témoin dans un acte solennel ou authentique, ni être admis à porter témoignage en justice.

Il ne peut procéder en justice, ni en défendant, ni en demandant, que sous le nom et par le ministère d'un curateur spécial, qui lui est nommé par le tribunal où l'action est portée.

Il est incapable de contracter un mariage qui produise aucun effet civil.

Le mariage qu'il avait contracté précédemment, est dissous, quant à tous ses effets civils.

Son époux et ses héritiers peuvent exercer respectivemen les droits et les actions auxquels sa mort naturelle donnerait ouverture.

16. Les condamnations contradictoires n'emportent la mort civile qu'à compter du jour de leur exécution, soit réelle, soit par effigie.

27. Les condamnations par contumace n'emporteront la mort civile qu'après les cinq années qui suivront l'exécution du jugement par effigie, et pendant lesquelles le condamné peut se représenter.

28. Les condamnés par contumace seront, pendant les cinq ans, ou jusqu'à ce qu'ils se représentent ou qu'ils soient arrêtés pendant ce délai, privés de l'exercice des droits civils.

Leurs biens seront administrés et leurs droits exercés de même que ceux des absens.

29. Lorsque le condamné par contumace se présentera volontairement dans les cinq années, à compter du jour de l'exécution, ou lorsqu'il aura été saisi et constitué prisonnier dans ce délai, le jugement sera anéanti de plein droit ; l'accusé sera remis en possession de ses biens : il sera jugé de nouveau ; et si, par ce nouveau jugement, il est condamné à la même peine ou à une peine différente emportant également la mort civile, elle n'aura lieu qu'à compter du jour de l'exécution du second jugement.

30. Lorsque le condamné par contumace, qui ne se sera représenté ou qui n'aura été constitué prisonnier qu'après les cinq ans, sera absous par le nouveau jugement, ou n'aura été condamné qu'à une peine qui n'emportera pas la mort

civile, il rentrera dans la plénitude de ses droits civils, pour l'avenir et à compter du jour où il aura reparu en justice ; mais le premier jugement conservera, pour le passé, les effets qu'avait produits la mort civile dans l'intervale écoulé depuis l'époque de l'expiration des cinq ans jusqu'au jour de sa comparution en justice.

31. Si le condamné par contumace meurt dans le délai de grâce des cinq années sans s'être représenté, ou sans avoir été saisi ou arrêté, il sera réputé mort dans l'intégrité de ses droits. Le jugement de contumace sera anéanti de plein droit, sans préjudice néanmoins de l'action de la partie civile, laquelle ne pourra être intentée contre les héritiers du condamné que par la voie civile.

32. En aucun cas la prescription de la peine ne réintégrera le condamné dans ses droits civils pour l'avenir.

33. Les biens acquis par le condamné, depuis la mort civile encourue, et dont il se trouvera en possession au jour de sa mort naturelle, appartiendront à la nation par droit de déshérence.

Néanmoins le Gouvernement en pourra faire, au profit de la veuve, des enfans ou parens du condamné, telles dispositions que l'humanité lui suggérra.

Droits politiques.

Conditions pour être citoyen.

Acte constitutionnel de l'an 8.

2. Tout homme né et résident en France, qui, âgé de 21 ans accomplis, s'est fait inscrire sur le registre civique de son arrondissement communal, et qui a demeuré depuis, pendant un an, sur le territoire de la république, est citoyen français.

4. La qualité de citoyen français se perd :

1°. Par la naturalisation en pays étranger ;

2°. Par l'acceptation de fonctions ou de pensions offertes par un Gouvernement étranger ;

4°. Par l'affiliation à toute corporation étrangère qui supposerait des distinctions de naissance ;

5°. Par la condamnation à des peines afflictives ou infamantes.

Les individus bannis de France, par des jugemens antérieurs à l'institution des jurés, et qui se sont retirés dans les pays réunis depuis à la république française, non-seulement ne peuvent voter dans les assemblées politiques, mais même ne peuvent continuer à faire leur résidence dans ces pays.

Les naturels de ces pays, condamnés à des peines afflictives ou infamantes avant la réunion. ne peuvent non plus exercer de droits politiques, jusqu'à réhabilitation. ou abolition, ou commutation de peine, demandées en vertu de la loi du 3 septembre 1792.

Ils ne peuvent voter, puisqu'ils n'ont pas les qualités requises par la constitution, et que les habitans réunis sont assimilés en tous points aux Français.

Et les premiers ne peuvent rester dans les pays réunis, parce que ces pays sont devenus territoire français, et que d'ailleurs il serait absurde d'admettre qu'ils pussent habiter un de ses départemens, tandis qu'ils ne pourraient mettre le pied sur aucun autre (*Décision du directoire exécutif, du 7 ventose an 5.*)

Suspension des droits politiques

5. L'exercice des droits de citoyen français est suspendu,

1º. Par l'état de débiteur failli, ou d'héritier immédiat, détenteur à titre gratuit de la succession totale ou partielle d'un failli.

L'état de failli se constitue par le dépôt d'un bilan au greffe d'un tribunal, ou par un attermoiement à perte.

2º. Par l'état de domestique à gages, attaché au service de la personne ou du ménage.

3º. Par l'état d'interdiction judiciaire, d'accusation ou de contumace.

Ainsi un inscrit sur la liste des émigrés, qui conséquemment est en état d'accusation, et mort civilement jusqu'à sa radiation définitive, ne jouit pas du titre de citoyen, et ne peut en exercer les droits politiques. (*Loi du 22 ventose an 5. B. 110.*)

Étrangers citoyens.

Sont citoyens Français, les étrangers qui ont profité des dispositions de la loi du 2 mai 1790. Pour jouir des droits de citoyen, la constitution de l'an 3 ou celle de l'an 8, à l'acceptation desquelles ils ont pu concourir, les ont trouvés investis de ces droits, et elles n'ont pu les en dépouiller, parce que l'une ou l'autre ne pouvaient avoir d'effet rétroactif.

Les *juifs Portugais, Espagnols* et *Avignonais,* ont été déclarés citoyens français par le décret du 28 janvier 1790.

Les diverses lois de réunion de pays étrangers à la république ont toutes accordé aux habitans de ces pays le titre de citoyens français, comme s'ils l'étaient d'origine, et ils ont pu et dû exercer à l'instant de la réunion tous les droits politiques des citoyens français.

Mais tous les étrangers parmi eux n'ont pas cessé de l'être à l'égard de la république, s'ils n'étaient pas français, et ils sont tenus aux épreuves établies par la constitution.

Aussitôt la réunion d'un pays étranger à la république et l'organisation des autorités locales, les habitans, reconnus citoyens, bourgeois ou domiciliés et naturalisés par leur ancien gouvernement, doivent s'empresser de se faire inscrire sur le registre civique de la commune où ils veulent établir leur domicile de droit et de fait. On peut avoir plusieurs habitations, plusieurs résidences mais on ne peut avoir qu'un domicile de droit.

On constitue ce domicile par la déclaration que l'on fait à la municipalité, de la volonté où l'on est d'établir ce domicile dans la commune, et en lui rapportant un certificat de celle que l'on a fait à la municipalité que l'on veut quitt r, de la translation de ce domicile. Après un an de résidence, on est inscrit sur le registre civique, c'est-a-dire, sur le registre des citoyens de la commune. Si la translation de domicile n'a pas été faite un an avant l'époque des élections, on a le droit d'aller encore voter dans la commune que l'on a quittée, ou l'arrondissement, dans lesquels on avait acquis le domicile nécessaire pour exercer ses droits politiques (*Loi du 10 vendémiaire an 4.*) *Voyez* encore l'observation à la suite de l'art. 6.

Décret du 30 avril — 2 mai 1790.

1. Tous ceux qui, nés hors de France, ou de parens étrangers, sont établis en France, sont réputés français et admis, en prêtant le serment civique, à l'exercice des droits de citóyens actifs après cinq ans de domicile continu dans la France, s'ils ont en outre, ou acquis des immeubles ou épousé une française, ou formé un établissement de commerce, ou reçu dans quelque ville des lettres de bourgeoisie, principalement dans les départemens des frontières et dans les villes maritimes, non-obstant tous réglemens contraires, auxquels il est dérogé.

Chaque municipalité doit tenir continuellement deux registres ouverts pour l'acquisition par les habitans des communes des droits de citoyen français

Le premier est le registre municipal, sur lequel chaque nouvel habitant fait inscrire sa déclaration d'habitation et de volonté d'acquérir domicile dans la commune, en rapportant la déclaration contraire qu'il a faite à l'administration municipale du domicile qu'il a quitté, et son passe-port.

Le second, est le registre *civique* sur lequel chaque nouvel habitant se fait inscrire après une année de résidence ou de déclaration de résidence, pour jouir des droits politiques.

Le service de la garde nationale n'est plus obligatoire pour exercer les droits politiques, mais dès qu'on est inscrit au registre civique, on est tenu d'acquitter sa portion des charges publiques, et le maire de la commune peut, d'office, faire commander pour le service de la garde nationale, le citoyen inscrit au nombre des habitans, et celui-ci ne peut s'y refuser.

Étrangers.

Constitution de l'an 8.

3. Un étranger devient citoyen français, lorsqu'après avoir atteint l'âge de vingt-un ans accomplis, et avoir déclaré l'intention de se fixer en France, il y a résidé pendant dix années consécutives.

Les étrangers, et notamment les Suisses, qui avaient domicile dans les pays réunis à la France, et y jouissaient des droits politiques ou de cité, ou y avaient exercé des fonctions publiques ou civiles réservées aux seuls indigènes, ou avaient manifesté, par des demandes ou des actes, le desir d'en jouir à raison de leur établissement dans ce pays, et de leur contribution aux charges locales, avaient par chacun de ces faits, renoncé à leur indigénat étranger, et la réunion à la France du pays sur lequel ils ont fait quelqu'un de ces actes, les a rendu français comme les indigènes purs. Ceux-là donc doivent être réputés membres de la grande nation, et en exercer les droits comme les devoirs.

Mais ceux de ces étrangers qui, avant la réunion, s'étaient tenus isolés de la communauté des indigènes, en exerçant ou se réservant l'exercice exclusif de leur indigénat dans leur pays natal ou d'origine, et qui depuis la réunion n'ont pas déclaré vouloir renoncer à leur naturalisation ou bourgeoisie étrangère et se faire adopter par la république, ne peuvent, aux termes de la constitution, jouir des droits qu'elle assure aux français.

Néanmoins on doit considérer comme ayant fait cette déclaration, ceux de ces étrangers qui, immédiatement après la réunion des pays qu'ils habitaient, se sont présentés, et ont été admis dans les assemblées polititiques de ces pays, parce que par ces actes ils ont renoncé à leur indigénat étranger, se sont soumis aux lois françaises, et ont été reconnus, par les indigènes, susceptibles de leur être assimilés. Ces étrangers peuvent donc continuer à exercer les droits politiques réservés aux citoyens.

Les déclarations des premiers ne peuvent leur valoir pour acquérir la jouissance de ces droits, qu'à compter du jour qu'elles ont été faites devant l'autorité municipale de la commune et du canton (de l'arrondissement) dans lesquels ils ont fixé leur demeure. (*Décision du ministre de l'intérieur, du 21 pluviose an 7.*)

Exception.

Senatus-consulte du 28 vendémiaire an 11. (B. 224).

1. Pendant cinq ans, à compter de la publication du présent sénatus-consulte organique, les étrangers qui rendront ou qui auraient rendus des services importans à la république, qui apporteront dans son sein, des talens, des inventions ou une industrie utiles, ou qui formeront de grands établissemens, pour-

ront, après un an de domicile, être admis à jouir du droit de citoyen français.

2. Ce droit leur sera conféré par un arrêté du Gouvernement, pris sur le rapport du ministre de l'intérieur, le conseil d'état entendu.

3. Il sera délivré à l'impétrant une expédition dudit arrêté, visée par le grand-juge, ministre de la justice, et scellée du sceau de la république.

4. L'impétrant, muni de cette expédition, se présentera devant la municipalité de son domicile, pour y prêter le serment d'être fidèle au Gouvernement établi par la constitution : il sera tenu registre et dresse procès-verbal de cette prestation de serment.

D'après les dispositions du code civil, titre du domicile et l'article 4, ci-dessus, le conseil d'état a décidé, le 14 fructidor an 12, qu'il ne serait proposé à l'Empereur par le ministre, aucune naturalisation qu'après que les impétrans auront produit une déclaration de domicile, et que l'année, depuis cette déclaration, sera révolue.

Exercice des droits politiques.

Code civil. Loi du 17 ventose an 11.

7. L'exercice des droits civils est indépendant de la qualité de *citoyen*, laquelle ne s'acquiert et ne se conserve que conformément à la loi constitutionnelle.

Acte constitutionnel de l'an 8. (B. 333).

6. Pour exercer les droits de cité dans un arrondissement communal, il faut y avoir acquis domicile par une année de résidence, et ne l'avoir pas perdu par une année d'absence.

Les individus qui avaient acquis les droits de cité désignaient, en vertu de l'art. 7, le dixième d'entre eux qu'ils jugeaient les plus propres à gérer les affaires publiques. Ce dixième formait la liste communale.

D'après l'art. 8, ce dixième se décimait également pour former une liste dans laquelle devaient être pris les fonctionnaires départementaux.

Enfin, d'après le vœu de l'art. 9, ce centième se décimait de même pour former la liste des candidats éligibles aux fonctions publiques nationales.

La seconde liste n'a point été suivie. Le premier consul a nommé aux préfectures, non-seulement des individus qui n'étaient pas sur les listes de présentation, mais même qui n'étaient pas domiciliés dans le département.

Pour

Pour régulariser ces nominations, le premier consul rendit, le 23 vendémiaire an 10 (B. 112), un arrêté qui conférait à ces fonctionnaires publics et autres, 1°. le domicile de droit dans le canton où ils devaient exercer leurs fonctions ; et 2°. l'inscription sur la liste analogue à ces fonctions.

Mais plusieurs de ces fonctionnaires ne devant pas rester en place, on pensa qu'ils ne devaient pas perdre en même temps la notabilité qui leur avait été concédée avec leurs fonctions, et le 3 brumaire an 11 (B. 226), on arrêta qu'ils auraient la faculté de se faire inscrire parmi les votans de leur grade dans le canton, ou de leur ancien domicile ou de tout autre qu'ils choisiraient après la cessation de leurs fonctions.

Antérieurement à l'acte constitutionnel de l'an 8, et d'après la loi du 19 ventose an 5, les fonctionnaires publics ne pouvaient acquérir le domicile politique que dans la forme commune à tous les citoyens ; aussi, leur absence de leur domicile politique pour cause d'exercice de leurs fonctions, ne leur faisait pas perdre le droit d'y exercer leurs droits, pendant tout le tems qu'ils avaient jugé à propos de ne pas l'établir ailleurs.

Cette même loi du 19 ventose an 5 (B. 110), porte en outre :

1°. Les militaires et les citoyens ne perdent pas leur droit de domicile, quelqu'ait été la durée de leur simple séjour hors du canton (de l'arrondissement), pour raison de l'exercice de leurs fonctions, ou par force majeure.

2°. Et réciproquement, le domicile ne s'acquiert point par un pareil séjour, s'il n'a eu que la même cause.

3°. En conséquence, les fonctionnaires publics et autres citoyens ne peuvent voter dans les assemblées politiques communales des cantons (des arrondissemens) où ils exercent leurs fonctions, qu'autant qu'ils y avaient précédemment leur domicile ordinaire, ou qu'ils l'y ont transféré depuis au moins un an, par *l'inscription civique* dans les registres de la municipalité.

L'absence seule depuis plus d'un an ne suffit pas non plus pour faire perdre le domicile ; il faut avoir déclaré ailleurs que l'on y prenait un domicile de droit. Cette vérité résulte du mode de constitution du domicile de droit, que l'on ne doit pas confondre avec la résidence, le simple séjour, qui, pour affaires personnelles, maladies et autres causes, peuvent retenir les citoyens éloignés de leur domicile de droit plus d'un an, mais sans qu'ils aient demandé à jouir dans le lieu de leur séjour momentané ou accidentel, des droits de cité.

Mais dans le système actuel, les plus imposés aux contributions publiques dans les différentes parties de l'empire, au nombre de 600 par département, étant déclarés les seuls aptes à indiquer des candidats pour les fonctions publiques et nationales, on a déclaré, d'après un avis du conseil d'état, approuvé le 2 vendémiaire an 11 (B. 225):

I 45

Qu'on devait accorder aux six cents plus imposés de chaque département, la faculté d'élire leur domicile et d'exercer leurs droits politiques dans un des départemens où ils prouveraient être imposés aux contributions.

Cette faculté ne doit cependant pas être exercée sans formalités préalables, c'est-à-dire, sans avoir renoncé à son domicile actuel et sans avoir déclaré ailleurs qu'on en constituait un autre, ainsi qu'on le verra ci-après, pour qu'on puisse s'assurer que, conformément à la loi, l'individu ne peut exercer ailleurs les mêmes droits politiques ; mais ces formalités remplies, ces 600 plus imposés peuvent cesser d'exercer et exercer leurs droits avant l'année révolue, depuis la déclaration de renonciation et d'élection de domicile politique.

Dans cet état des choses, et d'après les sénatus-consultes organiques qu'on verra ci-après, l'exercice des droits politiques peut s'acquérir de trois manières :

1°. Par la résidence d'une année dans une commune, précédée de la renonciation au précédent domicile, et de la déclaration de l'intention d'en acquérir un nouveau. Il suffit de n'être dans aucun des cas pour lesquels les lois et l'acte constitutionnel de l'an 8, art. 2 et 6, prononcent la suspension des droits civils et politiques.

2°. Par l'inscription volontaire sur la liste des six cents plus imposés d'un département. Cette inscription et la déclaration de domicile politique faite par l'inscrit, le saisissent à l'instant du droit de voter dans le nouvel arrondissement, art. 64 du réglement du 19 fructidor an 10, interprété par l'avis du 29 vendémiaire an 11, cité plus haut, et décret impérial du .... frimaire an 14.

Et 3°. par l'adjonction ou l'admission dans un collége électoral, en vertu de l'article 27 du Sénatus-consulte du 16 thermidor an 10, et de l'article 99 de celui du 28 floréal an 12.

Ces adjonctions, ces admissions, saisissent du domicile, puisque sans ce domicile politique, on ne pourrait faire partie de ces assemblées ; articles 16, 18 et 19 du Sénatus-consulte du 16 thermidor an 10.

Les présidens des colléges qui ne sont pas pris dans le sein des colléges, en deviennent membres, et sont également saisis du domicile par la même raison et en vertu du même droit d'adjonction. (*Décret impérial du 24 nivose an 13 ; bulletin 26, confirmé par celui du 25 thermidor suivant.*)

Décret du 22 décembre 1789.

1ere. section, art. 9. Nul citoyen ne peut exercer son droit de citoyen dans plus d'un endroit; et dans aucune assemblée, personne ne peut se faire représenter par un autre.

Registres civiques.

Décret impérial du . . . frimaire, an 14.

1. Pour l'exécution des articles 2 et 6 de l'acte des constitutions de l'empire, en date du 22 frimaire an 8, à compter de la publication du présent décret, il sera formé, au chef-lieu de chaque arrondissement, un registre civique qui sera conforme au modèle ci-annexé, sous le n°. 1er.

L'art. 2 ordonne l'inscription sur le registre civique de l'arrondissement communal; l'art. 6 exige un an de résidence pour exercer le droit de cité.

2. Sera porté sur le registre civique de son arrondissement, tout français qui, âgé de 21 ans accomplis, ayant son domicile politique dans l'une des communes de l'arrondissement, y ayant prêté le serment prescrit par l'acte des constitutions de l'empire, en date du 28 floréal an 12, ne se trouvera dans aucun des cas pour lesquels les constitutions et les lois prononcent la suspension des droits civils ou politiques. A cet effet, le sous-préfet se fera remettre par les maires, la liste des habitans de la commune *qu'ils croiront devoir être inscrits.*

Il ne peut résulter de cette disposition sous-lignée, que les maires aient le droit de porter ou d'omettre arbitrairement sur la liste, les habitans de leurs communes, puisque la constitution assure l'exercice des droits politiques à tous ceux qui en habitent une, et où ils ont déclaré depuis plus d'un an qu'ils venaient y établir leur domicile; mais elle les avertit que cependant tous ces habitans peuvent n'y être pas compris. Ceux que les maires ne doivent pas y porter, quoiqu'ils doivent les désigner au sous-préfet, sont indiqués par la loi du 22 juillet 1791 Ce sont 1°. les gens *sans aveu;* 2°. les gens *suspects*, et 3° les gens mal-intentionnés.
Ceux encore qui ne sont pas citoyens français, ou dont l'exercice des droits est suspendu dans les cas prévus par l'art. 5 de la constitution de l'an 8.

Le sous-préfet, après avoir vérifié les listes, les arrêtera; et ceux qui y seront compris, seront inscrits sur le registre.
3. Le domicile prescrit par l'article précédent, est celui

qu'exigent pour l'exercice des droits politiques, les actes des constitutions de l'empire des 22 frimaire an 8 (art. 2 et 6), du 16 thermidor an 10 (art. 4, 16, 18, 19, 27, 28, 30 et 32), du 28 floréal an 12 (art. 45, 50 et 99).

L'article 4 dit que l'assemblée de canton se compose des citoyens du canton inscrits sur le registre civique de l'arrondissement· Les autres articles concernent les colléges électoraux.

Ces trois articles sont relatifs encore aux colléges électoraux et à leur présidence.

Conformément aux dispositions des articles 7 et 102 du code civil, le domicile politique est indépendant du domicile civil ; il ne se transfère d'une commune à une autre, qu'en vertu de déclarations formelles.

4. Seront considérés comme ayant acquis le domicile, et inscrits comme tels sur le registre civique,

1°. Ceux qui auront résidé pendant un an dans une des communes de l'arrondissement ;

2°. Ceux qui, étant inscrits sur la liste des six cents plus imposés du département, auront fait, dans une des municipalités de l'arrondissement, une déclaration du choix qu'ils en font pour leur domicile.

3°. Ceux qui, ayant été appelés par nous à des fonctions qui exigent un domicile politique dans un arrondissement, auront fait pareille déclaration à la municipalité d'une des communes de cet arrondissement ;

4°. Les grands fonctionnaires publics de l'état et membres de la légion d'honneur, qui, quoique résidant ailleurs, auront déclaré vouloir exercer leurs droits politiques dans une municipalité qu'ils auront désignée ; et les membres de la légion d'honneur qui, en vertu de l'art. 99 de l'acte des constitutions de l'Empire, du 28 floréal an 12, seront désignés par brevet du grand électeur pour un collége électoral, et auront fait choix de domicile dans une des communes de l'arrondissement.

5. Les déclarations dont il s'agit en l'article précédent, §. 2. 3 et 4, seront conformes, suivant les cas, aux modèles annexés au présent décret, sous les n°s. 2, 3, 4, 5.

Après la première inscription, en cas de translation de domicile, on sera tenu de présenter un certificat conforme au modèle n°. 6.

6. L'exercice des droits politiques dans une commune ne cesse, pour les personnes désignées au §. 1ᵉʳ. de l'art. 4 du

présent décret, qu'un an après qu'elles ont déclaré vouloir la transférer dans une autre commune ;

Pour les personnes désignées aux paragraphes-suivans du même article, il cesse au moment de la déclaration qu'elles en font ; et pour les membres de la *légion d'honneur*, par un nouveau brevet du grand électeur, et une nouvelle déclaration portant choix de domicile dans une commune.

7. Il sera délivré ou adressé par le sous-préfet, à chacun des citoyens inscrits sur le registre civique de son arrondissement, une carte civique qui sera conforme au modèle qui suit, et qu'il sera tenu d'exhiber, s'il en est requis, lorsqu'il se présentera pour voter dans son assemblée cantonale.

D'après la première disposition de cet article, le sous-préfet peut envoyer les cartes civiques à chaque maire, à la charge par eux de ne les délivrer qu'en les faisant signer devant eux par ceux auxquels elles sont destinées, ou en y exprimant qu'ils ne savent le faire.

La dernière disposition, *s'il en est requis*, est applicable à tous les citoyens qui ne sont pas connus des membres du bureau de l'assemblée.

MODELE N°. 1.

REGISTRE CIVIQUE DE L'ARRONDISSEMENT D

DÉPARTEMENT D

Inscriptions.		Noms.	Prénoms.	Qualifications.	Époque de la naissance.	Lieu du domicile politique.			Mutations.	
n°.	Dates.					Canton.	Section du canton.	Commune.	Dates.	Motifs.

M O D È L E N°. 2.

MAIRIE d   DÉPARTEMENT
                                  d

Extrait du registre destiné à recevoir les   ARRONDISSEMENT
déclarations relatives au domicile po-   d
litique.
                                                  CANTON
L'AN   le   jour du mois de   d
            par-devant nous, maire de cette
commune, est comparu N.

lequel nous a remis un certificat du maire de
la commune d   canton d
arrondissement d   département
d   duquel il résulte qu'il a déclaré
ne plus vouloir exercer ses droits politiques
dans ladite commune, et en transférer l'exercice dans la commune d   canton
d   arrondissement d
département d   et a ledit comparant réitéré la susdite déclaration : pourquoi
et aux fins d'être immédiatement porté sur le
registre civique de l'arrondissement d
dans un an à partir de ce jour, conformément au paragraphe 1er. de l'art. 4 du décret
impérial du   an 13, il nous a
requis de lui donner acte de ces remise et déclaration, *et a signé avec nous* (1).

Pour extrait conforme à   le
                jour du mois de
l'an

---

(1) Si le comparant ne sait point écrire, il faudra
remplacer les mots italiques par ceux-ci, *qu'il n'a*
point signé avec nous, faute de savoir écrire.

MODÈLE Nº. 3.

<table>
<tr><td>

MAIRIE d

Extrait du registre destiné à recevoir les déclarations relatives au domicile politique.

</td><td>

DÉPARTEMENT
d

ARRONDISSEMENT
d

CANTON
d

</td></tr>
</table>

L'AN   le   jour du mois de   par-devant nous , maire de cette commune , est comparu N.

inscrit sur la liste des six cents plus imposés du département d   lequel nous a remis un certificat du maire de la commune d   canton d   arron- dissement d   département d   duquel il résulte qu'il a déclaré ne plus vouloir exercer ses droits politiques dans ladite commune , et en transférer l'exer- cice dans la commune d   canton d   arrondissement d   département d   et a ledit comparant réitéré la susdite déclaration : pourquoi et aux fins d'être immédiatement porté sur le registre civique de l'arrondissement d   conformément au paragraphe 2 de l'art. 4 du décret impérial du   an 14, il nous a requis de lui donner acte de ces remise et déclaration , *et a signé avec nous* (1):

Pour extrait conforme , à   le   jour du mois d   l'an

---

(1) Si le comparant ne sait point écrire , il faudra remplacer les mots italiques par ceux-ci, *qu'il n'a point signé , faute de savoir écrire.*

MODÈLE Nº. 4.

MAIRIE d

Extrait du registre destiné à recevoir les déclarations relatives au domicile politique.

DÉPARTEMENT
d

ARRONDISSEMENT
d

CANTON
d

L'AN   le   jour du mois de   par-devant nous, maire de cette commune, est comparu N.

ayant précédemment son domicile politique dans le département d   et appelé par Sa Majesté l'Empereur à des fonctions qui exigent un domicile politique dans le département d   lequel nous a remis un certificat du maire de la commune d   canton d   arrondissement d   département d   duquel il résulte qu'il a déclaré ne plus vouloir exercer ses droits politiques dans ladite commune, et en transférer l'exercice dans la commune d   canton d   arrondissement d   département d   et a ledit comparant réitéré la susdite déclaration : pourquoi et aux fins d'être immédiatement porté sur le registre civique de l'arrondissement d   conformément au paragraphe 3 de l'art. 4 du décret impérial du   an 14, il nous a requis de lui donner acte de ces remise et déclaration, *et a signé avec nous* (1).

Pour extrait conforme, à   le   jour du mois de   l'an

____

(1) Si le comparant ne sait point écrire, il faudra remplacer les mots italiques par ceux-ci, *qu'il n'a point signé avec nous, faute de savoir écrire.*

M O D È L E N°. 5.

MAIRIE d

DÉPARTEMENT
d

ARRONDISSEMENT
d

CANTON
d

Extrait du registre destiné à recevoir les déclarations relatives au domicile politique.

L'AN   le   jour du mois de   par-devant nous, maire de cette commune, est comparu N.

membre de la légion d'honneur, au grade de   désigné par brevet de S. A. I. monseigneur le grand électeur pour faire partie du collége électoral d   ' (*on énoncera si c'est de l'arrondissement ou du département*), lequel a déclaré fixer son domicile en cette commune, et vouloir y exercer ses droits politiques, conformément à l'article 99 de l'acte des constitutions de l'empire, du 28 floréal an 12, et au paragraphe 4 de l'article 4 du décret impérial du   de quoi il nous a requis acte et a signé avec nous.

Pour extrait conforme à   le
                    jour du moisde

MODÈLE Nº. 6.

MAIRIE d

DÉPARTEMENT
d

ARRONDISSEMENT
d

CANTON
d

Extrait du registre destiné à recevoir les déclarations relatives au domicile politique.

L'AN   le   jour du mois
de   par-devant nous, maire de cette
commune, est comparu N.

lequel nous a déclaré qu'il entendait cesser d'exercer ses droits politiques dans cette commune, et en transférer l'exercice dans la commune d   canton d   arrondissement d   département d
pourquoi il nous a requis de lui donner acte de cette déclaration, conformément aux dispositions du paragraphe 1er. de l'article 56 de l'acte des constitutions de l'Empire, en date du 28 floréal an 12, *et a signé avec nous* (1).

Pour extrait conforme, à   le
            jour du mois de
l'an

---

(1) Si le comparant ne sait point écrire, il faudra remplacer les mots italiques par ceux-ci. *et n'a point signé avec nous la présente déclaration, faute de savoir écrire.*

MODÈLE Nº. 7.

CARTE CIVIQUE,

OU

Extrait du registre civique de l'arrondissement d

Département d

| Inscript. | | | | | Époque de la naissance. | Lieu du domicile politique. | | |
Nº. Date.	Noms.	Prénoms.	Qualifications.			Canton.	Section du Canton.	Commune

Pour extrait conforme délivré par nous, sous-préfet soussigné, au susnommé, *qui a signé avec nous la présente carte* (1).

A   le   jour du mois de   l'an

Signature du sous préfet.   *Signature du porteur.*

(1) Si la personne qui la carte sera délivrée ne sait point écrire, il faudra remplacer les mots italiques par ceux-ci. *qui n'a point signé avec nous la présente carte, faute de savoir écrire.*

Nomination aux fonctions des autorités qui composent le Gouvernement, et autres, et durée des fonctions des membres qui les composent.

Le titre d'*Empereur* est héréditaire dans la descendance masculine et légitime de Napoléon Bonaparte (*S.-C. O. du 28 floréal an* 12).

Le *sénat conservateur* est composé de 80 membres, inamovibles, et à vie, âgés de 40 ans au moins, (art. 15 de l'acte constitutionnel de l'an 8) nommés par le sénat sur la présentation par l'Empereur, de trois candidats pour chaque place pris sur la liste des citoyens désignés par les colléges électoraux. (*S.-C. O. du* 16 *thermidor an* 10 , *art.* 61).

Il est composé en outre des princes français âgés de 18 ans ; des titulaires des grandes dignités de l'empire , et des citoyens que l'Empereur juge à propos d'élever à la dignité de sénateur. (*S.-C. O. du 28 floréal an* 12 , *art.* 57).

Le *corps législatif* est composé d'un nombre de membre proportionné à l'étendue de la population de chaque département. (*S.-C. O. du* 16 *thermidor an* 10).

L'acte constitutionnel de l'an 8 , avait , par l'art. 31 , fixé le nombre à 300. Voyez le tableau au titre *Gouvernement*.

Les membres du corps légistatif doivent être âgés de 30 ans au moins. Ils sont renouvellés par cinquième tous les ans. Il doit toujours s'y trouver un citoyen au moins de chaque département. (*art:* 31 , *de l'acte constitutionnel de l'an* 8).

32. Un membre sortant du corps législatif ne peut y rentrer qu'après un an d'intervalle ; mais il peut être immédiatement élu à toute autre fonction publique, y compris celle de tribun , s'il y est d'ailleurs éligible.

Le *tribunat* est composé de 50 membres , âgés de 25 ans au moins. Ils sont renouvellés par moitié tous les 5 ans, et indéfiniement rééligibles.

Les membres du corps législatif sont nommés par le sénat et pris dans la liste des candidats présentés par les colléges électoraux de département.

Ceux du tribunat sont nommés par la même autorité sur la

présentation des colléges électoraux d'arrondissement. (*art.* 86 , 32 , *et 29* , *du S.-C. O. du* 16 *thermidor an* 10).

Les membres des *conseils généraux* de département sont nommés par l'Empereur, sur la présentation des colléges électoraux de département. Ces conseils se renouvellent par tiers tous les 5 ans.

Ceux des conseils d'arrondissement sont présentés par les colléges électoraux d'arrondissement, et se renouvellent comme les conseils généraux de département (*même S.-C. O. art.* 28 *et* 30).

Acte constitutionnel de l'an 8.

41. L'Empereur nomme tous les juges criminels et civils, autres que les juges-de-paix et de commerce, sans pouvoir les révoquer.

Il nomme et révoque à volonté les membres du conseil d'état, les ministres, les ambassadeurs et autres agens extérieurs en chef, les officiers de terre et de mer, les membres des administrations publiques, et les procureurs-impériaux près les tribunaux.

D'après l'art 20 , le premier consul devait choisir dans la liste nationale, les juges du tribunal de cassation. les commissaires à la comptabilité nationale, les conseillers d'état. les ministres. les substituts du commissaire et le greffier en chef du tribunal de cassation ; enfin les jurés de la haute cour nationale.

D'après le silence des sénatus-consultes organiques, qui suivent. sur ces différentes fonctions, l'empereur peut les faire exercer par qui il juge à propos.

───────

Juges de paix.

Sénatus-Consulte organique, *du* 16 *thermidor an* 10.

8. L'assemblée de canton désigne deux citoyens sur lesquels le premier consul (l'Empereur) choisit le juge-de-paix du canton.

Elle désigne pareillement deux citoyens pour chaque place vacante de *suppléant de juge-de-paix.*

9. Les juges-de-paix et leurs suppléans sont nommés pour dix ans.

Toutes les fois qu'une assemblée de canton est convoquée, elle désigne de nouveau des candidats pour les places de juge de paix et de suppléans, quoique l'empereur n'ait fait encore aucun choix sur la liste antérieure.

D'après la constitution de l'an 8, art. 60, les juges de paix étaient élus immédiatement par les justiciables, pour 3 ans.

Loi du 28 floréal an 10. (B. 191.)

8. Tout juge-de-paix qui, après sa nomination, ne résidera point dans le canton, sera averti par le commissaire du Gouvernement près le tribunal de première instance, d'y fixer son domicile dans le mois de l'avertissement ; passé lequel délai, et après que le commissaire aura dénoncé la non-résidence au sous-préfet, il sera, à la diligence de ce dernier, pourvu au remplacement du juge-de-paix considéré comme démissionnaire.

Il en sera de même des suppléans.

9. On ne pourra considérer comme cessation de résidence d'un juge-de-paix, les absences qui seront autorisées comme il suit :

Lorsqu'un juge-de-paix voudra s'absenter de son canton, il se munira d'une autorisation du commissaire du Gouvernement près le tribunal civil de son arrondissement.

Lorsque son absence devra durer plus d'un mois, il s'adressera au ministre de la justice pour en obtenir un congé.

10. Dans tous les cas où un juge-de-paix demandera un congé, il devra justifier d'un certificat du premier suppléant, et, à son défaut, du second, constatant que le service public n'en souffrira point.

11. L'affirmation des procès-verbaux des gardes champêtres et forestiers continuera d'être reçue par le juge-de-paix : ses suppléans pourront néanmoins la recevoir pour les délits commis dans le territoire de la commune où ils résideront, lorsqu'elle ne sera pas celle de la résidence du juge-de-paix.

Les maires, et à défaut des maires, leurs adjoints, pourront recevoir cette affirmation, soit par rapport aux délits commis dans les autres communes de leurs résidences respectives, soit même par rapport à ceux commis dans les lieux où résident le juge de paix et ses suppléans, quand ceux-ci seront absens.

12. Dans les villes qui renferment plusieurs justices de paix, il n'y aura plus qu'un seul tribunal de police.

13. Chaque juge de paix y siégera tour-à-tour pendant trois mois.

Dans les villes où les arrondissemens sont par ordre numérique, on suivra l'ordre des numéros ; dans les autres villes, on suivra l'ordre qu'occupent les justices de paix dans l'arrêté relatif à leur fixation.

14. Il y aura pour ce tribunal de police un greffier particu-lier, à la nomination du premier consul (l'Empereur): ce greffier fournira un cautionnement supérieur, du quart en sus, à celui que devront fournir les greffiers de justices de paix établis dans la même ville.

Il pourra s'adjoindre un commis-greffier qui sera tenu de prêter serment, et dont le traitement sera à sa charge.

3. Tous les greffiers de juge de paix seront nommés par le premier consul.

Ils fourniront un cautionnement, savoir :

A Paris, de. 4,800 f.
A Bordeaux, Lyon et Marseille, de 3,600
Dans les villes de cinquante à cent mille habitans ,
de 2,400
Dans celles de trente à cinquante mille habitans ,
de. 1,800
Dans celles de dix à trente mille habitans, de . . . 1,200
Dans les villes ou bourgs au-dessus de trois mille
jusqu'à dix mille habitans, de. 800
Et dans les autres lieux, de 400

4. Lorsque les greffiers des juges de paix auront un commis-greffier, le traitement de ce commis sera à leur charge.

5. Chaque juge de paix nommera un huissier au moins, et deux au plus.

La première nomination pourra porter sur ceux qui ont exercé ou exercent actuellement les fonctions simples d'huissiers près des justices de paix, ou sur les huissiers déjà reçus par les tribunaux d'appel, criminel ou de première instance, pourvu qu'ils résident dans le ressort de la justice de paix.

6. A l'avenir, les juges de paix ne pourront prendre leurs huissiers que dans cette dernière classe.

7. Si cependant il n'y a point d'huissier de cette qualité résidant dans le canton, le juge de paix pourra nommer tous autres citoyens. lesquels n'entreront néanmoins en exercice qu'après que le tribunal de première instance, s'étant fait rendre compte de leurs mœurs et de leur capacité, aura confirmé leur nomination.

15. Les huissiers des diverses justices de paix composant le ressort d'un même tribunal de police, exerceront concurremment leur ministère près ce même tribunal.

16. Dans le cas où le tribunal de police embrasserait plus de quatre justices de paix, le Gouvernement pourra diviser ce tribunal en deux sections, dans chacune desquelles siégera

un

un juge de paix, toujours alternativement et pendant trois mois.

Le greffier sera, dans ce cas, tenu d'avoir un commis assermenté pour le service de la seconde section.

17. Les lois relatives soit à l'organisation, soit aux attributions des justices de paix, continueront d'être exécutées dans toutes les dispositions auxquelles il n'est point dérogé par la présente.

Serment des suppléans.

Extrait de la lettre du ministre de la justice, du 19 germinal an 10.

Les suppléans ne sont pas, comme les juges de paix, obligés de se présenter devant les tribunaux de première instance pour faire leur serment ; il suffit qu'ils le fassent entre les mains des juges de paix dont ils sont suppléans, conformément à ce qui avait été réglé par l'art. 3 de la loi du 6 — 27 mars 1791 , et leur installation se borne alors à cette formalité.

Le ministre de l'intérieur avait décidé que les suppléans devaient prêter serment devant le tribunal civil, parce qu'il n'avait pas trouvé de parité entre des *assistans* le juge de paix et des *suppléans* ; mais depuis, il s'en est référé à la décision du ministre de la justice.

Jugement des opérations relatives aux élections.

Arrêté du 24 vendémiaire an 11. (B. 223.)

I. Toutes difficultés relatives à la validité des élections des juges de paix et de leurs suppléans, celles même qui seront antérieures au senatus-consulte du 16 thermidor an 10, seront décidées par le Gouvernement en conseil d'état.

Remplacement des juges de paix.

Loi du 16 ventose an 12. (B. 348.)

I. En cas d'empêchement légitime d'un juge de paix et de ses suppléans, le tribunal de première instance dans l'arrondissement duquel est située la justice de paix, renverra les parties devant le juge de paix du canton le plus voisin.

II. Ce jugement de renvoi sera rendu à la demande de la

partie la plus diligente, sur simple requête, et d'après les conclusions du commissaire du Gouvernement, parties présentes ou dûment appelées..

III. La distance d'une justice de paix à l'autre est réglée d'après celle de leurs chefs-lieux entre eux.

Renouvellement.

Avis du conseil d'état, approuvé le 29 vendémiaire an 11.
(B. 225.)

« Comment seront renouvelés par cinquième les juges de » paix ?

Le ministre de l'intérieur et le grand-juge se réuniront pour désigner, sur le nombre total des cantons de la république, un nombre égal au cinquième de ce total, pris indistinctement sur tous les départemens de la république, de manière qu'une partie seulement des juges de paix d'un arrondissement ou d'un département pourra être comprise dans l'indication du cinquième à renouveler ;

Cette indication ne doit pas se faire cette année pour les cinq renouvellemens successifs, mais seulement pour l'an 11, et ainsi de suite d'année en année.

Assemblées politiques.

Sénatus-consulte du 16 thermidor an 10 (B. 206), et règlement du 19 fructidor.

I. Chaque ressort de justice de paix a une assemblée de canton.

II. Chaque arrondissement communal, ou district de sous-préfecture, a un collége électoral d'arrondissement.

III. Chaque département a un collége électoral de département.

Assemblées de canton.

Composition.

IV. L'assemblée de canton fut composée en l'an 11, de tous les citoyens domiciliés dans le canton, et qui y étaient inscrits sur la liste de notabilité communale d'arrondissement.

A dater de l'époque où, aux termes de la constitution, les listes communales doivent être renouvelées, l'assemblée de canton sera composée de tous les *citoyens* domiciliés dans le canton et qui y jouissent de leurs droits politiques. (*Conformément à l'art. 2 de la constitution.*)

2. La réunion des notables communaux portés sur la liste de chaque canton, formera l'assemblée cantonale jusqu'au 30 messidor an 12, époque fixée par la loi du 30 ventose an 9 (*sur la notabilité*), pour le renouvellement des listes

Après cette époque de l'an 12, l'assemblée cantonale sera formée de tous les citoyens du canton (*indistinctement*), suivant l'article 4 ci-dessus.

Jusques-là, les assemblées de canton ne seront pas partagées en sections.

Dispositions relatives à Paris.

90. Les assemblées de canton de la ville de Paris ne seront qu'au nombre de douze, ou d'une par canton, comme dans les autres villes de la république.

91. Le ministre de l'intérieur prendra des mesures pour que les assemblées de chaque canton aient lieu successivement, et que deux cantons ne soient jamais convoqués en même tems.

Convocation des assemblées de canton.

XVII. Le Gouvernement convoque les assemblées de canton, fixe le tems de leur durée et l'objet de leur reunion.

Il détermine l'organisation et les formes de chaque assemblée. (*Art. 4.*)

23. Les lettres de convocation des assemblées de canton seront signées par le premier consul, contre-signées par le ministre de l'intérieur et envoyées par lui aux préfets, qui les feront remettre aux présidens desdites assemblées.

Chaque lettre de convocation contiendra l'indication. 1º. du jour où l'assemblée devra ouvrir, et de celui où elle devra clore ses séances; 2º. des objets dont elle devra s'occuper; 3º. de la commune où elle devra se réunir.

24. Les lettres de convocation seront publiées aux chefs-lieux de préfecture et d'arrondissement, dix jours avant l'ouverture de l'assemblée.

25. Le président fera aussi proclamer, dans toutes les communes du canton, le jour et l'heure de l'ouverture de l'assemblée cantonale d'après la proclamation faite aux chefs-lieux d'arrondissement et de département.

26. Le préfet désignera l'édifice public où les assemblées de canton tiendront leurs séances.

27. Après la première convocation dont il sera parlé ci-après, les assem-

blées de canton ne s'ouvriront que successivement, et lorsqu'ayant des élections à faire pour les conseils municipaux, les justices de paix ou les colléges électoraux d'arrondissement et de département, elles auront été convoquées par le gouvernement.

Décret impérial du . . . frimaire an 14.

10. Lorsque nous aurons convoqué une assemblée cantonale, il sera adressé au préfet par le ministre de l'intérieur,

1º. Une ampliation du décret de convocation ;

2º. Pour le président du canton, une expédition du même décret, et la lettre par laquelle nous donnons avis à ce président de la convocation de l'assemblée.

Le préfet fera publier au chef-lieu de département le décret de convocation, et l'arrêté par lequel il désignera les édifices dans lesquels les différentes sections de l'assemblée devront se réunir.

Il transmettra au sous-préfet, 1º copies de ces deux actes pour être publiés au chef-lieu de l'arrondissement ;

2º. Pour le président du canton, les deux pièces qui devront lui être remises.

Les publications à faire par le préfet et le sous-préfet, devront avoir lieu dix jours au moins avant l'ouverture de l'assemblée ;

11. Le sous-préfet fera passer au président de canton,

1º. L'expédition du décret de convocation, et notre lettre à ce sujet ;

2º. Copie de l'arrêté par lequel le préfet aura désigné les édifices destinés à la tenue des assemblées sectionnaires.

3º. La liste générale des ayant-droit de voter dans le canton ;

4º. La liste des ayant-droit de voter dans chaque assemblée sectionnaire ;

5º. Les listes des dix plus âgés et des dix plus imposés de chaque section ; ces individus seront classés sur ces listes suivant l'ordre de leur âge et la quotité de leurs impositions ;

6º. Si l'assemblée a des nominations à faire pour le collége électoral de département, un exemplaire de la liste des six cents plus imposés du département pour chaque section ;

7º. Les listes des cent plus imposés de chacune des villes pour le conseil municipal desquelles l'assemblée aura la présentation à faire.

Organisation des assemblées de canton.

Président.

V. Le premier consul nomme le président de l'assemblée de canton ; les fonctions de président durent cinq ans ; il peut être renommé indéfiniment.

Ce président peut être choisi hors du canton. — Il peut être en même tems président d'un collége électoral (*Avis du conseil d'état, approuvé le 2 frimaire an 11.* (B. 229.)

Réglement.

3. Les actes de nomination des présidens de chaque assemblée de canton, seront envoyés par le ministre de l'intérieur aux préfets, et par ceux-ci aux sous-préfets.

Les sous-préfets enverront au président de chaque assemblée de canton, avec l'acte de leur nomination, la liste des citoyens inscrits sur la liste communale.

Décret impérial du . . . frimaire an 14.

12. En cas d'empêchement du président du canton avant l'ouverture de l'assemblée, le préfet désignera 'a personne qui devra le remplacer; l'acte de désignation sera conforme au modèle qui suit :

Ce remplacement cessera avec la session de l'assemblée.

Au nom de S. M. l'Empereur.

Nous préfet du département de   après nous être assuré que N... président du canton d   était dans l'impossibilité de se rendre à son poste pour l'ouverture de la session de cette assemblée, fixée au   par décret impérial en date du   an   , nous avons désigné et désignons pour le remplacer pendant ladite session . N... inscrit sur le registre civique de cet arrondissement, et ayant son domicile politique dans la commune de   section cantonale de à la charge par lui de prêter, avant d'entrer en exercice, devant le juge de paix du canton, le serment dont la teneur suit :

» Je jure d'obéir aux constitutions et lois de l'empire, et aux réglemens émanés de l'Empereur pour leur exécution, d'être fidèle à la personne de l'Empereur . de me conformer aux instructions qui me seront données . de maintenir l'ordre dans l'assemblée que je présiderai, de ne pas souffrir qu'elle s'occupe d'autres objets que de ceux qui seront prescrits par le décret de convocation . de ne tolérer aucune coalition tendant à capter ou à gêner les suffrages, de ne rien faire par haine ou par faveur . de clore l'assemblée le   jour du mois de   époque fixée par le décret de convocation; enfin d'exercer mes fonctions avec zèle, exactitude, fermeté et impartialité.

Fait à

Remplacement pendant la session.

Décret impérial du . . . frimaire an 14.

19. Le président et le secrétaire, en cas d'absence, seront remplacés, le premier par le plus âgé, le second par le plus jeune des scrutateurs.

Assemblées sectionnaires.

VI. L'assemblée de canton se divise en sections pour faire les opérations qui lui appartiennent.

Lors de la première convocation de chaque assemblée, l'organisation et les formes en seront déterminées par un réglement émané du Gouvernement.

Décret impérial du .. frimaire an 14.

9. La division des assemblées cantonales en sections, sera faite par les préfets, de manière que les municipalités les plus voisines entre elles fassent partie de la même section, et qu'il n'y ait, autant qu'il sera possible, ni moins de 150, ni plus de 400 votans dans une section.

Il sera assigné par la même opération, à chaque section, un chef-lieu dont elle portera le nom.

La première section sera toujours celle que présidera le président de canton.

VII. Le président de l'assemblée de canton nomme les présidens des sections

Décret impérial du .. frimaire an 14.

13. Immédiatement après la réception des pieces dont il a été parlé en l'article 11. (*Voyez* convocation) le president du canton procedera à la nomination des présidens des assemblées sectionnaires par un acte conforme au modéle qui suit, et dont la minute sera annexée aux procès-verbaux de l'assemblée.

Suite de l'art. VII. Les fonctions des présidens de sections finissent avec chaque assemblée sectionnaire.

Modèle.

Au nom de S. M. l'Empereur.

Nous président du canton d
arrondissement d   département d
Vu l'article 7 de l'acte des constitutions de l'empire, en date du 16 thermidor an 10, et l'article 13 du décret impérial du
an 14, nous avons nommé et nommons pour présider la section
                    pendant la session qui, conformément au
décret impérial du   commencera le
et finira le
N.

inscrit sur le registre civique de l'arrondissement d
et ayant son domicile politique dans la commune d
à la charge par lui de prêter entre nos mains, avant d'entrer en
exercice, le serment dont la teneur suit:

« Je jure d'obéir aux constitutions et lois de l'empire, et aux régle-
» mens émanés de l'Empereur pour leur exécution; d'être fidèle à la
» personne de l'Empereur; de me conformer aux instructions qui me
» seront données; de maintenir l'ordre dans la section de l'assemblée
» cantonale que je suis appelé à présider; de ne pas souffrir qu'elle
» s'occupe d'autres objets que de ceux qui seront prescrits par le décret
» de convocation; de ne tolérer aucune coalition tendant à capter
» ou à gêner les suffrages; de ne rien faire par haine ou par faveur;
» de clore la session le
» jour du mois de   époque fixée par le décret de convo-
» cation; enfin, d'exercer mes fonctions avec zèle, exactitude, fer-
» meté et impartialité. »
      Fait à   le   jour du mois de   l'an

13. *Suite.* Le président du canton fera publier dans chaque commune
du canton les noms des présidens des assemblées sectionnaires, les jours
et heures auxquels les opérations devront commencer, la commune et
l'édifice où chaque section devra se réunir.

Scrutateurs.

V. *Suite.* Il est assisté de quatre scrutateurs, dont deux sont
les plus âgés, et les deux autres les plus imposés des citoyens
ayant droit de voter dans l'assemblée de canton.

4. Pour l'exécution de cette disposition, le sous-préfet enverra au président la liste des dix citoyens du canton inscrits sur la liste communale
qui sont les plus *âgés*, et celle des dix qui sont les plus *imposés*, en
les plaçant sur chacune des listes selon l'ordre de leur âge ou de la quotité de leurs contributions.

5. Pour remplir les fonctions de scrutateurs, le président de l'assemblée
cantonale prendra, sur chacune de ces listes, les deux premiers inscrits
présens et sachant écrire.

En cas d'empêchement ou refus, la nomination passera, dans l'ordre
de chaque liste, au citoyen qui suivra immédiatement l'absent, l'empêché ou le refusant.

VII. *Suite.* Les présidens de sections sont assistés chacun de
deux scrutateurs, dont l'un est le plus âgé, et l'autre le plus
imposé des citoyens ayant droit de voter dans la section.

Décret impérial du .. frimaire an 14.

15. Les présidens sectionnaires prendront pour leurs deux scrutateurs,
sur chacune des listes des 10 plus âgés et des 10 plus imposés de la
section, les premiers présens et sachant écrire.

En cas d'empêchement ou refus, les présidens sectionnaires procéderont comme il est dit pour l'assemblée cantonale.

Secrétaire.

V. §. 3. Le président et les quatre scrutateurs nomment le secrétaire.

6, Ils feront cette nomination au scrutin et à la majorité absolue, et en dresseront procès-verbal en tête de celui qui sera tenu de toutes les opérations de l'assemblée de canton. (*et art* 16 *du décret impérial du . . . frimaire an* 14.)

Par arrêté du 3 brumaire an 11, (B. 225.) le président du canton avait . art. 9, la nomination des secrétaires des assemblées de section; l'article 13 même du décret nouveau, leur confère encore cette nomination, mais il est contradictoire avec les dispositions de l'article 16 de ce décret. Cette erreur sera sans doute rectifiée mais comme on ne peut prévoir quel sera le système adopté . on donne ici le modèle de brevet à délivrer aux secrétaires des assemblées sectionnaires pour le cas où le président du canton conserverait le droit de les nommer.

Au nom de S. M. l'Empereur.

Nous président du canton d
arrondissement d   département de
Vu l'article 13 du décret impérial du   frimaire an 14,
nous avons nommé et nommons pour secrétaire de la section
                 pendant la session qui , conformément au décret impérial du   commencera le   et finira
le   N...   inscrit sur le registre civique de l'arrondissement et ayant son domicile politique dans la commune de
Fait à

Police des assemblées de canton.

8. La police de l'assemblée appartiendra au président , il donnera en conséquence , tous les ordres nécessaires.

Nulle force armée ne pourra être placée près de l'assemblée sans la réquisition du président ; et s'il en fait , les commandans de la gendarmerie et tous autres seront tenus d'y déférer sur-le-champ·

Ceux qui auront droit de voter , pourront seuls entrer dans l'assemblée. Il n'y aura jamais de spectateurs.

23. *Suite.* Le président ne permettra jamais que l'assemblée de canton fasse d'autres opérations que celles qui lui seront indiquées , ni ne contreviene à ce qui sera prescrit par les lettres de convocation.

Décret impérial du .. frimaire an 14.

14. La police générale de l'assemblée cantonale appartiendra au président du canton ; elle sera exercée en son nom, dans les sections. par les présidens sectionnaires ; ils donneront, en conséquence, tous les ordres nécessaires,

Durée des assemblées de canton.

Avis du conseil d'état, approuvé le 29 vendémiaire an 11.
(B. 225.)

Suivant l'article XII du réglement du 19 fructidor, il doit y avoir *autant de boites pour recevoir les scrutins, que de fonctions diverses pour lesquelles l'assemblée de canton sera chargée de faire des choix ;*

Il résulte de cette disposition, que les scrutins seront faits par chaque citoyen pour les quatre choix à faire en l'an XI, suivant l'article 32 du même réglement, en une seule séance qui pourra être prolongée au deuxieme et même au troisième jour ;

En supposant qu'on n'obtienne pas la majorité au premier et au second tour de scrutin, on ne sera cependant obligé que de, faire trois tours au plus ;

En donnant donc douze jours pour la tenue de l'assemblée, c'est fixer une dnrée suffisante ;

Attributions des assemblées de canton.

VIII. L'assemblée de canton désigne deux citoyens sur lesquels le premier consul choisit le *juge de paix de canton.*

Elle désigne pareillement deux citoyens pour chaque place vacante de *suppléant de juge-de-paix.*

28. Toutes les fois qu'une assemblée de canton sera convoquée, elle désignera les candidats pour les places de juges de paix et de suppléans, de maniere que la vacance survenant par mort, démission ou autrement, le premier consul puisse nommer sur-le-champ.

29. Si, depuis la désignation de candidats faite par l'assemblée de canton, le premier consul la convoque de nouveau pour quelqu'autre opération, elle réitérera entièrement sa présentation pour les fonctions de juge de paix et de suppléans, quoique le premier consul n'eût fait qu'un choix, ou même n'en eût fait aucun sur la liste formée à l'assemblée précédente.

IX. Les juges-de-paix et leurs suppléans sont nommés pour dix ans.

89. Dans le cinquième des départemens de la république, les juges de paix seront renouvelés en l'an 11, et ainsi de suite, par cinquième, d'année en année. (*Voyez page* 722.)

14. L'assemblée de canton nomme au *collége électoral d'arrondissement*, le nombre de membres qui lui est assigné, en raison du nombre de citoyens dont elle se compose.

35. Il n'est procédé par aucune assemblée de canton, à la nomination des places qui lui appartiennent dans un collége électoral, que quand ces places sont réduites aux deux tiers.

18. Les colléges électoraux d'arrondissement ont un membre pour cinq cents habitans domiciliés dans l'arrondissement.

Le nombre des membres ne peut néanmoins excéder deux cents, ni être au-dessous de cent vingt.

33. Les colléges électoraux d'arrondissement seront composés du nombre de membres porté au tableau n°. 1.

XXXIII. On peut être membre d'un conseil de commune et d'un collége électoral d'arrondissement.

XV. L'assemblée de canton nomme au *collége électoral de département*, sur une liste dont il sera parlé ci-après, le nombre de membres qui lui est attribué.

XIX. Les colléges électoraux de département ont un membre par mille habitans domiciliés dans le département ; et neanmoins ces membres ne peuvent excéder trois cents, ni être au-dessous de deux cents.

XXV. Pour parvenir à la formation des colléges électoraux de département, il sera dressé dans chaque département, sous les ordres du ministre des finances : une liste de six cents citoyens plus imposés aux rôles des contributions foncière, mobiliaire et somptuaire, et au role des patentes.

On ajoute à la somme de la contribution, dans le domicile du département, celle qu'on peut justifier payer dans les autres parties du territoire de la France et de ses colonies.

Cette liste sera imprimée.

XXVI. L'assemblée de canton prendra sur cette liste les membres qu'elle devra nommer au collége électoral du département.

Incompatibilité.

XXXIII. On ne peut-être à-la-fois membre d'un collége d'arrondissement et d'un collége de département.

Formation de la liste des six cents plus imposés.

63. Chaque préfet de département fera faire, par le directeur des contributions, sur les rôles des impositions de tout genre, le relevé des rôles des plus imposés, et il réunira tout ce qui sera payé dans le département par la même personne :

1°. En contribution foncière ;

2°. En contributions personnelle, mobiliaire et somptuaire ;

3°. En patentes, par impôt fixe et proportionnel.

64. Les contribuables, qui seraient imposés dans plusieurs départemens, se procureront un relevé conforme au mode ci-annexé, sous le n°. 2, des sommes pour lesquelles ils se trouveront compris dans les rôles des départemens, autres que celui de leur domicile.

Ils remettront ce relevé au préfet du département où ils auront domicile, et où ils déclareront vouloir exercer leurs droits politiques,

Ils pourront l'adresser au ministre des finances avec la même déclaration

65. La contribution foncière payée par le fermier où locataire, à la décharge du propriétaire, en vertu de convention, sera comptée à ce dernier.

66. On comptera au mari les contributions de toute nature payées par sa femme, quoique non-commune en biens.

67. On comptera au père les contributions payées sur les biens de ses enfans mineurs.

68. Un citoyen dont le père paie une somme totale de contributions assez forte pour être un des six cents plus imposés de son département, pourra, si son père y consent par une déclaration authentique, visée du maire du lieu de son domicile, être inscrit en sa place comme plus imposé sur la liste des éligibles.

69. Si une femme veuve et non remariée paie une somme de contribution assez forte pour être du nombre des six cents plus imposés, elle pourra désigner un de ses fils majeurs pour être inscrits sur la liste des éligibles comme plus imposé.

Arrêté du 12 brumaire an 11. (B. 225.)

Art. I. Les dispositions de l'article LXVIII, titre III, de l'arrêté du 19 fructidor, qui autorisent l'inscription d'un des fils, au lieu de son père, sur la liste des plus imposés de la commune ou du département, pourront s'appliquer aux gendres.

II. Si un citoyen interdit paie une somme de contribution suffisante pour être inscrit sur la liste des plus imposés de la commune ou du département, et qu'il ait des fils ou gendres majeurs, ses impositions profiteront, pour l'inscription sur la liste des plus imposés, à l'aîné de ses fils, ou successivement, du consentement de l'aîné, à l'un des puînés.

A défaut des fils, ou de leur consentement, les impositions de l'interdit profiteront, pour l'inscription sur la liste des plus imposés, au mari de l'aînée des filles, ou successivement au mari d'une des puînées, du consentement du mari de l'aînée.

Réglement. 70. Le préfet enverra au ministre des finances les pièces et renseignemens qui seront parvenus, et la liste dressée par le directeur des contributions, avant le 10 vendémiaire prochain.

71. Le ministre des finances comparera les listes de tous les départemens, y ajoutera, suivant les pétitions appuyées de preuves qu'il aura reçues directement, et arrêtera définitivement la liste des six cents plus imposés de chaque département, suivant le modèle ci-joint n°. 3.

Cette liste ne contiendra pas la quotité de l'imposition de chaque individu; mais le ministre conservera la minute où cette quotité sera établie.

72. Le ministre fera imprimer ces listes, et en enverra un exemplaire à chaque préfet de département.

73. Ces listes seront formées par ordre alphabétique, si ce n'est pour les trente plus imposés du département, qui seront portés en tête de la lisse, suivant la quotité de leur imposition.

74. Pour que le ministre des finances puisse examiner et comparer plus exactement les droits des concurrens, il ne mettra, à la première formation, que cinq cent cinquante noms sur la liste, les cinquante noms restans seront ajoutés dans le cours de l'an 11.

75. Les listes des plus imposés d'un département seront refaites tous les cinq ans.

76. Les réclamations contre la formation de la liste arrêtée par le ministre des finances, seront portées au Gouvernement, qui décidera en conseil d'état.

En aucun cas, elles ne pourront arrêter l'exécution des listes, qui aura lieu provisoirement, et jamais la décision à intervenir, qu'elle quelle soit, n'invalidera les élections ou opérations antérieures.

X. Dans les villes de cinq mille ames, l'assemblée de canton présente deux citoyens pour chacune des places du *conseil municipal.*

Dans les villes où il y aura plusieurs justices de paix ou plusieurs assemblées de canton, chaque assemblée présentera pareillement deux citoyens pour chaque place du conseil municipal.

XI. Les membres des conseils municipaux sont pris par chaque assemblée de canton, sur la liste des cent plus imposés du canton. Cette liste sera arrêtée et imprimée par ordre du préfet.

Formation de la liste des plus imposés des municipalités.

77. Le préfet fera dresser la liste des cent citoyens les plus imposés de chaque ville ayant plus de cinq mille ames de population, suivant le modèle joint au premier réglement, n°. 4.

78. Pour former la cote de chaque citoyen, le préfet réunira:

1°. Les cotes foncières de ceux qui en paieront plusieurs dans le département ;

2°. Les cotes personnelle, mobiliaire et somptuaire ;

3°. Le montant total des patentes, c'est-à-dire, la cote fixe et la cote proportionnelle ;

4°. Les cotes foncières sur les propriétés et les patentes, à raison des établissemens de commerce situés hors du département, dont on aura justifié suivant la forme prescrite par l'art. 58.

79. L'état dressé dans la forme et d'après les bases ci-dessus établies, sera arrêté par le préfet et imprimé.

Il sera adressé au président de l'assemblée de canton, et à chacun des citoyens qui feront partie de la liste des plus imposés.

Les réclamations, s'il en survient, seront portées au conseil de préfecture, sauf le recours au Gouvernement, qui décidera en conseil d'état.

80. Dans aucun cas, les réclamations ni la décision à intervenir, ne pourront retarder ou annuller les opérations de l'assemblée de canton, et les nominations faites en conséquence par le Gouvernement : elles serviront seulement à la rectification de la liste pour les assemblées ultérieures, s'il y a lieu.

Le décret impérial du 25 thermidor an 13 (B. 53), autorise chaque préfet à reformer, sous l'approbation des ministres des finances et de l'intérieur, les listes des communes au-dessus de 5,000 habitans qui renfermeraient des noms d'individus qui n'avaient pas les qualités requises pour entrer dans les conseils municipaux.

Chaque assemblée de canton d'une ville composée de plusieurs arrondissemens de justice de paix, et qui cependant n'a qu'une municipalité, nomme sur la liste entière des cent plus imposés

Si un arrondissement de justice de paix de la ville comprend une ou plusieurs communes rurales, ces communes concourent au choix des candidats pour le conseil municipal de la ville, sur la seule liste des cent plus imposés dans la municipalité

Il ne doit pas exister de communes rurales dépendantes d'une municipalité de ville et en même tems d'un arrondissement de paix rural ou étranger à ceux de la ville ; cependant s'il en existait, toutes les communes de l'arrondissement de paix rural devraient concourir avec celles du même arrondissement qui dependraient de la municipalité de la ville, à l'élection des candidats pour le conseil municipal de cette ville, mais toujours sur la seule liste des cent plus imposés dans la municipalité de la ville. (Instruction du ministre de l'intérieur.)

Renouvellement des conseils municipaux.

XII. Les conseils municipaux se renouvellent tous les dix ans par moitié.

81. Les conseils municipaux seront renouvelés par moitié en l'an 11, dans les villes au-dessus de cinq mille ames, l'autre moitié sera renouvelée en l'an 20, et ainsi de dix en dix ans, suivant l'article 12 du sénatus-consulte.

82. En conséquence, d'ici au premier vendémiaire, les préfets de département tireront au sort, en présence du conseil de préfecture, pour cha-

cune des villes dont le nom est marqué d'un astérique au tableau n°. 1 , les noms des citoyens qui devront sortir du conseil municipal.

Tous les conseils municipaux des villes au-dessus de cinq mille ames , étant de trente uniformement. selon l'article 15 de la loi du 28 pluviose , les sortans seront au nombre de quinze.

83. Les membres sortant des conseils municipaux pourront être réélus.

Dispositions relatives à Paris.

93. Chaque canton de la ville de Paris nommera , comme les autres cantons de la république , un nombre de membres des collèges électoraux d'arrondissement et de département , proportionné à sa population , suivant le tableau général,

94. Les collèges électoraux d'arrondissement de la ville de Paris , présenteront . comme ceux des autres départemens , et quand il y aura lieu , des candidats pour le tribunat et le corps législatif.

Les règles générales leur seront applicables.

Scrutins et votes.

Suspension des droits politiques.

1°. Les *émigrés* rentrés qui n'ont pas encore reçu le certificat d'amnistie qui doit être délivré en vertu de l'art. 8 du sénatus-consulte du 6 floréal an 10 , ne peuvent jouir de l'exercice des droits politiques que leur promet l'art 15 . ni , en conséquence , être électeurs et éligibles.

2°. Les *prêtres* condamnés à la déportation et rentrés en France ou admis à y rester , ensuite du concordat. sont restés sous l'empire des lois sur la déportation , s'ils n'ont pas reconnu la juridiction du nouvel évêque du département , et dès-lors ils ne peuvent être électeurs ni éligibles pour aucunes fonctions par les assemblées de canton et les collèges électoraux.

Historique. Avant les réglemens qui suivent, la loi qui servit de guide aux assemblées primaires et électorales. fut celle du 22 décembre 1789 , remise en vigueur par celle du 28 brumaire et 6 germinal an 6 , B. 184 et 192.

La loi du 22 décembre 1789, n'est point applicable aux corps électoraux actuels : cette loi exigeait. en certains cas . la majorité absolue , dans d'autres . la simple pluralité relative. Les articles 27 et 30 du décret qui suit , prescrivent la majorité absolue pour toutes les élections.

La loi du 22 décembre désignait trois espèces de scrutins; le scrutin *individuel* . le scrutin de *liste simple* et le scrutin de *liste double.* D'après les articles 41 et 9 du réglement nouveau , tous les choix doivent être faits au scrutin de *liste simple.*

D'après la loi du 22 décembre , il fallait au scrutin de liste simple , obtenir aux deux premiers tours la majorité absolue pour être élu ; mais au troisième tour il suffisait d'obtenir la pluralité relative , sans que l'assemblée fut astreinte à ne faire tomber son choix que sur un nombre d'individus déterminé ; ensorte que tel qui aux deux premiers tours avait été très-

près d'obtenir la majorité absolue, pouvait se voir écarter par un concur-
rent qui n'ayant obtenu aucun suffrage aux deux premiers tours, n'avait eu
au troisième qu'une foible pluralité relative. C'est pour éviter un pareil abus
et rendre les élections l'ouvrage d'une portion notable de l'assemblée, que
les articles 27, 30 et 41 du réglement et du décret, veulent qu'au troisième
tour de scrutin les choix ne puissent plus porter que sur des citoyens en
nombre double de celui des places auxquelles il reste à nommer, qui aient
réuni le plus de suffrages au précédent tour ; et la majorité absolue est toujours exigée, avec d'autant plus de raison, qu'elle doit se décider beaucoup plus facilement lorsque le nombre des concurrens est réduit et déterminé.

Il est possible cependant que ce troisième tour ne produise pas encore
le nombre d'élections que l'assemblée avait à faire ; mais dans ce cas, son
œuvre reste incomplette, parce que le réglement ne lui permet pas de faire
d'autres tours de scrutin.

Décret impérial du . . . frimaire an 14.

15. Au jour fixé pour la tenue de l'assemblée, le scrutin sera ouvert
au lever du soleil. (*Art. 7 du réglement de l'an 10*)

17. Immédiatement après la nomination des secrétaires, ils ouvriront les
procès-verbaux ; ils y consigneront les opérations qui auront eu lieu jusqu'à
ce moment, et celles qui les suivront.

Ces procès-verbaux seront tenus en double minute ; ils seront arrêtés et
signés, à la fin de chaque séance, par les membres du bureau qui y auront
assisté.

18. Il sera déposé sur le bureau de chaque section, autant de boîtes pour
recevoir les bulletins que de fonctions diverses pour lesquelles l'assemblée
sera chargée de faire des nominations.

Ces boîtes fermeront à deux clefs.

Le président en aura une, le plus imposé des scrutateurs aura l'autre.
(*Art. 12 du réglement.*)

19. Les présidens proclameront l'ouverture de chaque scrutin : l'heure à
laquelle cette proclamation aura lieu sera consignée au procès-verbal.

Il suffira pour la réception des votes,

Dans la première section, de la présence du président et de deux scrutateurs, ou de trois scrutateurs et du secrétaire, ou des quatre scrutateurs en
l'absence du président et du secrétaire.

Dans les autres sections, de la présence du président et d'un scrutateur,
ou d'un scrutateur et du secrétaire, ou des deux scrutateurs en l'absence du
président et du secrétaire.

Le président et le secrétaire, en cas d'absence, seront remplacés, le
premier par le plus âgé, le second par le plus jeune des scrutateurs.
(*art. 7 du réglement.*)

20. Chaque bulletin sera écrit par le votant même ; ou, s'il ne sait ou ne
peut écrire, par un des membres du bureau, en présence du président.

Le scrutin sera fait par liste simple ; chaque votant fera autant de bulletins qu'il y aura de fonctions diverses pour lesquelles l'assemblée cantonale
sera chargée de faire des choix. (*art. 9 du réglement.*)

A mesure que chaque personne se présentera pour voter, elle inscrira
ses noms, qualités et demeure sur des feuilles conformes au modèle, n°. 11,
en présence du membre du bureau qui recevra son bulletin. Si le votant
ne sait ou ne peut écrire, cette formalité sera remplie par ce membre.

Ensuite, et aux prochaines assemblées cantonales, chaque membre prétera le serment prescrit par le §. 1. de l'art. 56 de l'acte des constitutions de l'empire, du 28 floréal an 12.

Ces feuilles seront arrêtées par les membres du bureau au moment du dépouillement du scrutin, et seront aux minutes des procès-verbaux.

21. En cas de contestation sur le droit de voter, les membres du bureau décideront provisoirement à la majorité absolue, sauf le recours à nous pour y être statué sur l'avis de notre conseil d'état. (*Art.* 10 *du réglement.*)

22. Lorsque l'assemblée devra s'occuper de nominations pour le collége électoral de département, ou de présentations pour des conseils municipaux, les membres des bureaux mettront sous les yeux des votans la liste des plus imposés, sur laquelle les choix devront être faits. ils les préviendront que tous les noms qui ne seront pas pris sur cette liste seront rayés des bulletins. (*Art.* 11 *du regle ent.*)

23 Six heures après l'ouverture d'un scrutin. si personne ne se présente plus pour voter, et si les trois quarts des ayant-droit de voter ont donné leurs suffrages, le président déclarera le scrutin fermé, et il en ordonnera le dépouillement.

Il en sera de même neuf heures après l'ouverture d'un scrutin, si la moitié des ayant-droit de voter a donné ses suffrages. Trente-six heures après l'ouverture du scrutin. quel que soit le nombre des personnes qui auront voté, il sera clos et dépouillé. (*Au lieu des art.* 12 *et* 14 *du réglement.*)

24. Avant de dépouiller un scrutin, le président comptera le nombre des bulletins ; et s'ils excèdent celui des personnes qui ont voté, le scrutin sera brûlé sans aucun examen préalable des bulletins qu'il renfermait. (*Art.* 17 *du réglement.*)

25. Les membres du bureau de chaque section constateront au procès-verbal les noms des personnes qui auront obtenu des suffrages, et le nombre de suffrages que chacune aura obtenus pour chaque fonction.

Ils rayeront de tout bulletin,

1°. Les derniers noms inscrits au-delà de ceux qu'il pouvait contenir;

2° Les noms qui ne désigneraient pas clairement l'individu auquel ils s'appliquent : il sera statué, à cet égard, par le bureau, à la majorité absolue ;

3°. Les noms qui ne seront pas pris sur les listes des plus imposés, lorsqu'il s'agira de nominations pour lesquelles cette inscription est nécessaire,

26. Le troisième jour au plus tard après l'ouverture d'un scrutin, ou plutôt si les scrutins sont faits et si le président du canton l'ordonne, les présidens sectionnaires porteront à la première section leurs procès-verbaux ; les membres de leur bureau pourront les y accompagner s'ils le jugent convenable, et assister avec eux au recensement général des votes, qui sera fait par les membres du bureau de la première section.

27. Pour être élu, il faudra avoir obtenu un nombre de suffrages égal à la majorité absolue des votans qui auront concouru à l'élection.

28. A nombre égal de suffrages, le plus âgé aura la préférence. (*Art.* 17 *du réglement.*)

29. Si le résultat du premier scrutin ne donne pas le nombre complet des nominations que l'assemblée avait à faire, son président ordonnera, pour le lendemain, un second scrutin, à l'ouverture et au dépouillement

duquel

duquel il sera procédé de la manière indiquée aux articles 19; 20, 22, 23, 24, 25, 26, 27 et 28 du présent décret. (*Art. 18 du règlement*)

30. Si le second scrutin ne donne pas encore le nombre complet des nominations, le président du canton ordonnera pour le lendemain du recensement général, un troisième et dernier scrutin, à l'ouverture et au dépouillement duquel il sera procédé de la manière prescrite en l'article précédent, sauf les modifications suivantes.

Le président du canton indiquera, en nombre double des citoyens restant à élire pour chaque fonction, ceux qui auront obtenu le plus de voix : il sera remis à chaque président sectionnaire un exemplaire de chacune de ces listes. Les votans ne pourront faire de choix que sur ces listes, et les noms qui n'y seront pas pris seront rayes des bulletins. (*Art. 29 du règlement.*)

31. Le procès-verbal de la première section de l'assemblée cantonale sera signée, à la fin de chaque recensement général, par les membres des bureaux qui y auront assisté.

32. Dans aucun cas, un président de canton ne pourra sur sa responsabilité personnelle, souffrir que l'assemblée se prolonge au-delà du terme fixé par notre décret de convocation. (*Art. 23 du règlement.*)

Procès-verbaux.

33 Immédiatement après la clôture du procès-verbal de l'assemblée cantonale, le président du canton adressera au *sous-préfet*, pour être transmise au préfet, une des deux minutes du procès-verbal de chacune des assemblées sectionnaires, avec les pièces qui devront y être annexées.

Le président restera dépositaire des secondes minutes ; et lorsqu'il cessera ses fonctions, il les remettra à son successeur (*Art. 20 du règlement.*)

34. Le préfet déposera ces minutes aux archives de la préfecture ; il en dressera, sur un registre à ce destiné, procès-verbal de réception, qui sera signé par lui.

Listes.

Il formera, d'après le procès-verbaux des assemblées cantonales, des listes qui contiendront les résultats de leurs opérations.

Les citoyens élus seront classés, sur chacune de ces listes par ordre de suffrages dans les cantons et arrondissemens respectifs. (*Art. 21 et 22 du règlement.*)

35. Lorsqu'un individu aura été nommé en même tems à un collège de département et à un collège d'arrondissement, il fera connaître sous dix jours, au préfet, la nomination qu'il entendra accepter; passé ce délai, il sera censé avoir opté pour le collège de département.

36 Lorsqu'un individu aura été nomme au même collège par plusieurs assemblées cantonales, il ne sera porté qu'une seule fois sur la liste de ce collège, et il y sera compris dans le contingent du canton où il a son domicile politique, s'il a été élu par ce canton, dans le cas contraire, dans le contingent du canton où il aura obtenu le plus de suffrages.

37. Lorsque, par suite de doubles emplois, le contingent d'un canton

pour les colléges électoraux se trouvera incomplet, le préfet prendra, pour le compléter, ceux qui, après les personnes qui auront été l'objet de ces doubles emplois, auront obtenu le plus de suffrages, avec les conditions prescrites par l'article 28 de ce décret.

38. Les listes formées par le préfet seront adressées en double expédition au ministre de l'intérieur. (*Art. 21 du réglement.*)

Candidats pour la justice de paix.

39. Toutes les fois que nous convoquerons une assemblée cantonale, elle présentera deux nouveaux candidats pour la place de juge de paix, et quatre nouveaux candidats pour celles de suppléans. Ces candidats seront ajoutés à ceux qui auront été nommés aux précédentes élections. (*Art. 23 du Réglement.*)

Candidats pour les conseils municipaux.

40. Les présentations des assemblées cantonales pour les conseils municipaux, cesseront d'avoir leur effet lorsqu'il aura été pourvu par nous aux places pour lesquelles elles auront été faites. Dans l'intervalle d'une convocation à l'autre, il sera nommé directement par nous aux places qui viendront à vaquer; mais ces nominations seront faites dans la classe où l'assemblée aurait dû faire ses choix, c'est-à-dire, parmi les plus imposés.

Réclamations.

41. S'il s'élève des réclamations contre les opérations d'une assemblée cantonale, il nous en sera référé, pour y être statué par nous en conseil d'état.

42. Les dispositions du réglement du 19 fructidor an 10, relatives aux assemblées cantonales, sont rapportées en ce qu'elles ont de contraire à celles du présent décret.

Nota. *La date du décret ci-dessus, portant réglement, est du 17 janvier 1806. (B.   ), au lieu de frimaire an 14.*

Ce décret doit recevoir les changemens suivans :

A l'article 13, les mots, *et des secrétaires*, seront supprimés.

Le modèle n°. 10 est supprimé.

A l'article 20, le n°. 10 doit être substitué.

Au modèle n°. 6, mettez : *conformément aux dispositions du § 2 de l'article 5 du décret impérial du 17 janvier 1806; au lieu de : l'acte des constitutions de l'Empire.* (*Décret impérial du 11 mars 1806. B. 79.*)

MODÈLE.

(1) SCRUTIN pour le

Désignation des votans qui sont venus déposer leurs bul-
tins dans la section d   de l'assemblée
cantonale d   arrondissement de
département d

Numéros d'ordre.	NOMS.	Qualifications.	LIEU du domicile politique.	NOMS des membres du bureau qui ont écrit pour les votans hors d'état de le faire.

(1) Cette indication sera, suivant le cas, conformé aux modèles ci-dessous :

1er. 2e. 3e. } Scrutin pour le collége électoral de département.

1er. 2e. 3e. } Scrutin pour le collége électoral d'arrondissement.

1er. 2e. 3e. } Scrutin pour la nomination des candidats pour les fonctions de juge de paix.

1er. 2e. 3e. } Scrutin pour la nomination des candidats pour les fonctions de suppléans de juge de paix.

1er. 2e. 3e. } Scrutin pour le conseil municipal de la commune d

47 *

Tableaux des élections.

Réglement de l'an 10.

21. Le préfet déposera toutes les minutes, qui lui seront adressées, aux archives du département, et dressera, sur un registre tenu à cet effet, procès-verbal de leur réception, signé de lui et du secrétaire-général de la préfecture.

Il formera, d'après les élections des assemblées de canton, 1°. la liste des candidats pour les juges de paix ; 2°. celle des candidats pour les conseils municipaux ; 3°. celle des colléges électoraux d'arrondissement ; 4°. celle des colléges électoraux de département.

Expédition de ces listes sera envoyée, sans délai, au ministre de l'intérieur.

22. Les citoyens élus pour chaque fonction y seront placés à leur rang, suivant le nombre de suffrages qu'ils auront obtenu ; à cet effet, mention en sera faite au procès-verbal de l'assemblée de canton.

Maires et adjoints des communes de 5,000 habitans.

XIII. Le premier consul choisit les maires et adjoints dans les conseils municipaux : ils sont cinq ans en place ; ils peuvent être renommés.

Colléges électoraux.

Sénatus-consulte du 22 février 1806. (B. 76.)

1. Les grands-officiers, commandans et officiers de la légion d'honneur qui, aux termes de l'art. 99 de l'acte des constitutions de l'empire, du 28 floréal an 12, sont membres des colléges électoraux de département, seront en sus du nombre de membres fixé pour les colléges, par l'art. 19 de l'acte des constitutions du 16 thermidor an 10, sans qu'ils puissent excéder dans chaque collége le nombre de vingt-cinq,

2. Les membres de la légion d'honneur qui, aux termes du même article, sont membres des colléges électoraux d'arrondissement, seront également en sus du nombre fixé par l'art. 18 de l'acte des constitutions du 16 thermidor, sans qu'ils puissent excéder dans chaque collége le nombre de trente.

3. La désignation des membres de la légion qui devront, selon leur grade, être admis aux colléges électoraux de département ou d'arrondissement, sera faite par sa Majesté impériale et royale pour chaque collége ; et il sera délivré, à cet effet, aux grands-officiers, commandans, officiers ou légionnaires, un brevet de nomination, d'après lequel ils seront portés sur la liste des membres du collége.

Mutations dans les colléges.

Réglement du　·　mars 1806.

33. On perd sa place dans un collége électoral en faisant élection de domicile politique dans un département ou un arrondissement autre que celui du collége dont on est membre.

Prohibition relative aux membres des colléges.

34. Un président de collége électoral ne pourra être nommé par ce collége, candidat pour une fonction quelconque, comme pris hors du collége.

Il en sera de même à l'égard de tout électeur qui aura donné sa démission de membre de son collége, postérieurement à la publication du décret par lequel nous aurons convoqué ledit collége.

Réclamations.

35. S'il s'élève des réclamations contre les opérations d'un collége électoral, il nous en sera référé pour être statué par nous en notre conseil d'état.

L'élection d'un candidat pour le sénat, le corps législatif ou le tribunat, ne pourra être annulée qu'en vertu d'un sénatus consulte.

Toute autre élection pourra être annullée en vertu d'un simple décret impérial.

36. Les dispositions de l'arrêté du 19 frnctidor an 10, et de tous autres, sont rapportées en tout ce qui concerne les colléges électoraux.

Colléges d'arrondissement.

Composition.

Sénatus-consulte-organique, du 16 thermidor an 10.

II. Chaque arrondissement communal ou district de sous-préfecture, a un collége électoral d'arrondissement.

XVIII. Les colléges électoraux d'arrondissement ont un membre pour cinq cents habitans domiciliés dans l'arrondissement.

Le nombre des membres ne peut néanmoins excéder deux cents ni être au dessous de cent vingt.

Ils sont nommés par les assemblées de canton (art. XIV.) parmi les citoyens de l'arrondissement.

Sénatus-consulte organique du 28 floréal an 12.

99. Les légionnaires sont membres du collége électoral de leur arrondissement.

Les membres de la légion d'honneur sont admis au collége électoral dont ils doivent faire partie, sur la présentation d'un brevet qui leur est délivré à cet effet par le grand-électeur.

Ce sénatus-consulte organique déroge à l'article suivant du premier, portant.

XXVII. Le premier consul peut ajouter aux colléges électoraux d'arrondissement, dix membres pris parmi les citoyens appartenant à la légion d'honneur ou qui ont rendu des services.

Il n'est point assujéti, pour ces nominations, à des époques déterminées.

Et celui du 28 floréal an 12 est régularisé par celui du 22 février 1806.

Réglement du   mars 1806.

1. Les colléges électoraux se composent, outre les membres élus par les assemblées de canton, conformément aux dispositions des art. 14, 15, 16, 18, 19, 25 et 26 de l'acte des constitutions de l'empire, du 16 thermidor an 10, des individus que nous adjoignons à ces colléges, suivant l'art. 27 du même acte ; et des membres de la légion d'honneur, qui usent du droit que leur donne l'art. 99 de l'acte du 28 floréal an 12.

2. Les individus que nous adjoindrons aux colléges électoraux, et les membres de la légion d'honneur, seront admis dans ces corps, en vertu de nos ordres, donnés sur le rapport du ministre de l'intérieur.

3. A cet effet, le grand chancelier de la légion d'honneur fera passer à notre ministre de l'intérieur, tous les documens qui lui seront nécessaires pour pouvoir nous proposer les adjonctions qui devront être faites, suivant l'article 99 de l'acte du 28 floréal an 12.

4. Il sera délivré par le grand électeur aux individus qui seront adjoints à un collége, 1°. un brevet conforme, suivant le cas, aux modèles Nᵒˢ. 1 ou 2, et sur l'exhibition duquel ils seront portés par le préfet, sur la liste des membres du collége ; 2°. une lettre par laquelle il donnera au président de leur collége, avis de l'adjonction.

5. Immédiatement après leur nomination ou leur adjonction, les membres des colléges électoraux adresseront par écrit au préfet de leur département, le serment prescrit par le §. 1. de l'art. 56 de l'acte du du 28 floréal an 12. Il leur sera délivré par cet administrateur, une carte d'électeur, conforme au modèle qui suit, et sans laquelle ils ne pourront être admis à prendre part aux opérations de leur collége.

CARTE D'ELECTEUR.

O U

Extrait de la liste des membres du collège électoral
de

Nom.	Prénoms.	Qualification.	EPOQUE de la naissance.	DOMICILE POLITIQUE.		
				Arrondissement	Canton.	Commune.

Pour extrait conforme, délivré par nous préfet du département
de..... soussigné, au sus-nommé, *qui a signé avec nous la présente*
carte (1).

A..... le..... jour du mois de..... l'an

Signature du préfet.   Signature de l'électeur.

Dispositions relatives à la ville de Paris.

Réglement de l'an 10.

23. La ville de Paris sera partagée en quatre arrondissemens, qui auront chacun un collége électoral.
Le premier arrondissement sera composé des trois premières municipalités.

____

(1) Ou, *qui n'a point signé avec nous la présente carte, faute de*
savoir, ou de pouvoir écrire.

Le deuxième arrondissement des quatrième, cinquième et sixième municipalités.

Le troisième arrondissement des septième, huitième et neuvième municipalités.

Le quatrième arrondissement, des dixième, onzième et douzième municipalités.

Comptabilité.

XXXIII. On peut être membre d'un conseil de commune et d'un collège électoral d'arrondissement.

XX. Les membres des collèges électoraux sont à vie.

Révocation des membres.

XXI. Si un membre d'un collège électoral est dénoncé au Gouvernement, comme s'étant permis quelque acte contraire à l'honneur ou à la patrie, le Gouvernement invite le collège à manifester son vœu : il faut les trois quarts des voix pour faire perdre au membre dénoncé sa place dans le collège.

XXII. On perd sa place dans les collèges électoraux pour les mêmes causes qui font perdre le droit de citoyen.

On la perd également lorsque, sans empêchement légitime, on n'a point assisté à trois réunions successives.

Convocation.

XXXVI. Les collèges électoraux ne s'assemblent qu'en vertu d'un acte de convocation émané du Gouvernement.

Réglement du   mars 1806.

7. Lorsque nous aurons convoqué un collège électoral, il sera adressé par notre ministre de l'intérieur au préfet,

1°. Ampliation du décret de convocation ;

2°. Pour le président du collège, une expédition du même décret et la lettre par laquelle nous donnerons avis à ce président de la convocation du collège.

Le préfet fera publier au chef-lieu du département le décret de convocation et l'arrêté par lequel il aura désigné l'édifice dans lequel le collège devra se réunir ; il transmettra à chacun des sous-préfets de son département copie de ces deux actes, pour qu'ils soient publiés, tant au chef-lieu que dans toutes les communes de l'arrondissement.

Toutes ces publications devront avoir lieu dix jours au moins avant l'ouverture de la session du collège.

8. Le préfet transmettra au président du collège,

1°. L'expédition du décret de convocation et notre lettre à ce sujet.

2°. Copie de l'arrêté par lequel il aura désigné l'édifice dans lequel le collége devra se réunir.

3°. La liste des membres du collége.

Organisation.

XXIII. Le premier consul nomme les présidens des colléges électoraux à chaque session.

Réglement du   mars 1806.

Présidences à vie. 6. Lorsqu'avant de convoquer un collége électoral dont la présidence est à vie, nous aurons reconnu que le titulaire se trouve légalement empêché de remplir ses fonctions pendant la session que nous aurons indiquée, il sera nommé par nous, pour le tems seulement de cette session, un vice-président qui jouira de tous les droits et avantages que les lois et nos réglemens accordent aux présidens temporaires des colléges électoraux.

Présidens   temporaires

Remplacement. 9 Si avant l'époque fixée pour l'ouverture d'un collége électoral, le président temporaire ou le vice-président se trouve empêché de remplir ses fonctions, le préfet désignera, par un acte qui sera conforme au modèle qui suit, celui des membres du collége qui devra le remplacer.

Collèges électoraux.

Série n°.   AU NOM DE SA MAJESTÉ
L'EMPEREUR.

Département d

Nous, préfet du département d   après nous être assuré que M.   nommé pour présider le collége électoral d   pendant la session qui, aux termes du décret impérial du   doit commencer e   du mois de   an   et finir le   du mois de suivant, était dans l'impossibilité de se rendre à son poste pour l'ouverture de ladite session.

En vertu de l'article 9 du décret impérial du   nous avons désigné et désignons pour remplacer ledit   pendant tout le tems de son empêchement, M N***, membre dudit collége électoral, ayant son domicile politique dans la commune de   à la charge par lui de prêter   avant d'entrer en exercice, devant M. le présisident (*de la première autorité judiciaire qui existera dans la commune où le collége devra tenir sa session*) e serment dont la teneur suit :

« Je jure d'obéir aux constitutions et lois de l'empire, et aux réglemens émanés de l'Empereur pour leur exécution ; d'être fidèle à la personne de l'Empereur ; de me conformer aux instructions qui me seront données de maintenir l'ordre dans le collège électoral que je suis appelé à présider ; de ne pas souffrir qu'il s'occupe d'autres objets que de ceux qui seront prescrits par le décret de convocation ; de ne tolérer aucune coalition tendant à capter ou a gêner les suffrages de ne rien faire par haine ou par faveur ; de clore la session le   jour du mois de   époque fixée par le décret de convocation ; enfin d'exercer mes fonctions avec zèle, exactitude, fermeté et impartialité.

Fait à   le

Scrutateurs et Secrétaire.

XXIV. Les colléges électoraux nomment, à chaque section, deux scrutateurs et un secrétaire.

Attributions des colléges électoraux d'arrondissement,

XXVIII. Les colléges électoraux d'arrondissement présentent au premier consul deux citoyens domiciliés dans l'arrondissement, pour chaque place vacante dans le *conseil d'arrondissement.*

Un, au moins, de ces citoyens doit être pris hors du collége électoral qui le désigne.

Décret du 25 thermidor an 13. (B. 53.)

1. Les dispositions de notre décret du 24 nivose an 13. relatif aux présidens et membres des colléges électoraux qui auraient donné leur démission depuis la session indiquée. sont applicables à toutes les nominations dont les colléges électoraux sont chargés : en conséquence, aucun président d'un collége électoral ne pourra être nommé par son collége, candidat pour une fonction quelconque, comme pris hors du collége. Il en sera de même à l'égard de tout électeur qui aurait donné sa démission de membre de son collége. postérieurement à la date du décret par lequel nous aurons convoqué ledit collége.

Les conseils d'arrondissement se renouvellent par tiers tous les cinq ans.

XXIV. Les colléges électoraux d'arrondissement, présentent, à chaque réunion, deux citoyens pour faire partie de la liste sur laquelle doivent être choisis les membres du *tribunat.*

Un au moins de ces citoyens est pris nécessairement hors du collége qui le présente.

Tous deux peuvent être pris hors du département.

XXXII. Les colléges électoraux d'arrondissement et de département, présentent chacun deux citoyens domiciliés dans le département, pour former la liste sur laquelle doivent être nommés les membres de la députation au *corps legislatif*.

Un de ces citoyens est pris nécessairement hors du collége qui le présente.

Il doit y avoir trois fois autant de candidats différens sur la liste formée par la réunion des présentations des colléges électoraux de département et d'arrondissement, qu'il y a de places vacantes.

Voyez le réglement au titre des colléges électoraux de département.

Police.

XXIII. Le président a seul la police du collége électoral, lorsqu'il est assemblé.

XXXIV. Les membres du corps législatif et du tribunat ne peuvent assister aux séances du collége électoral dont ils font partie. Tous les autres fonctionnaires publics ont droit d'y assister et d'y voter.

XXXVI. Les colléges électoraux ne peuvent s'occuper que des opérations pour lesquelles ils sont convoqués, ni continuer leurs séances au-delà du terme fixé par l'acte de convocation.

S'ils sortent de ces bornes, le Gouvernement a le droit de les dissoudre.

XXXVII. Les colléges électoraux ne peuvent, ni directement ni indirectement, sous quelque prétexte que ce soit, correspondre entre eux.

XXXVIII. La dissolution d'un corps électoral opère le renouvellement de tous ses membres.

Réglement du   mars 1806.

10. La police d'un collége électoral appartiendra à son président; il donnera en conséquence tous les ordres nécessaires. Nulle force armée ne pourra être placée auprès du lieu des séances du collége sa s sa réquisition, et s'il en fait, le commandant de la gendarmerie et tout autre, seront tenus d'y déférer sur-le-champ.

Voyez au titre qui suit : Ouvertures des assemblées électorales ; — Scrutins et votes.

Colléges électoraux de département.

Composition.

III. Chaque département a un collége électoral de département.

XIX. Les colléges électoraux de département ont un membre par mille habitans domiciliés dans le département; et néanmoins ces membres ne peuvent excéder trois cents, ni être au dessous de deux cents.

XX. Les membres des colléges électoraux sont à vie.

Ils sont nommés par les assemblées de cantons sur une liste des six cents citoyens les plus imposés. (Art. XV et XXV.)

XXVII. Le premier consul peut ajouter à chaque collége électoral de département vingt citoyens, dont dix pris parmi les trente plus imposés du département, et les dix autres, soit parmi les membres de la légion d'honneur, soit parmi les citoyens qui ont rendu des services. (*Voyez le sénatus consulte du 22 février.*)

Il n'est point assujéti, pour ces nominations, à des époques déterminées.

Sénatus-consulte organique du 28 floréal an 12.

99. Les grands officiers, les commandans et les officiers de la légion d'honneur, sont membres du collége électoral du département dans lequel ils ont leur domicile, ou de l'un des départemens de la cohorte à laquelle ils appartiennent.

Incompatibilité.

XXXIII. On ne peut être à-la-fois membre d'un collége d'arrondissement et d'un collége de département.

Attributions.

XXX. Les colléges électoraux de département présentent au premier consul deux citoyens domiciliés dans le département, pour chaque place vacante dans le *conseil général du département.*

Un de ces citoyens au moins est pris nécessairement hors du collége électoral qui le présente.

Les conseils généraux de département se renouvellent par tiers tous les cinq ans.

Présentations de candidats pour les conseils généraux et d'arrondissement.

32. Les présentations des colléges électoraux pour les conseils généraux et pour les conseils d'arrondissement, cesseront d'avoir leur effet lorsqu'il aura été pourvu par nous aux places pour lesquelles elles auront été faites. Dans l'intervalle d'une convocation à l'autre, nous nommerons directement aux places qui viendront à vaquer; mais ces nominations seront faites dans la classe où les colléges auraient dû faire leurs choix.

XXXI. Les colléges électoraux de département présentent, à chaque réunion, deux citoyens pour former la liste sur laquelle sont nommés les membres *du sénat.*

Un au moins est nécessairement pris hors du collége qui le présente; et tous deux peuvent être pris hors du département.

Ils doivent avoir l'âge et les qualités exigés par la constitution, (40 ans).

Sénatus-consulte organique du 28 floréal an 12.

98. Toutes les fois qu'un collége électoral de département est réuni pour la formation de la liste des candidats au corps législatif, les listes de candidats pour le sénat, sont renouvelées.

Chaque renouvellement rend les présentations antérieures de nul effet.

100. Les préfets et les commandans militaires des départemens, ne peuvent être élus candidats au sénat par les collég eséelectoraux des départemens dans lesquels ils exercent leurs fonctions.

XXXII. Les colléges électoraux de département et d'arrondissement, présentent chacun deux citoyens domiciliés dans le département, pour former la liste sur laquelle doivent être nommés les membres de la députation *au corps législatif.*

Un de ces citoyens est nécessairement pris hors du collége qui le présente.

Il doit y avoir trois fois autant de candidats différens sur la liste formée par la réunion des présentations des colléges électoraux de département et d'arrondissement qu'il y a de places vacantes.

Présentations de condidats pour le corps législatif.

Réglement du   mars 1806.

27. Dans les départemens où la présentation de deux candidats par collége ne produirait pas un nombre de candidats au moins triple de cel ui des

places à nommer au corps législatif, il sera élu par chaque collége trois candidats; il en sera nommé quatre si la présentation de trois n'es pas suffisa... ... ur former ce nombre triple.

... ce premier cas, un des candidats sera nécessairement pris hors du collége: dans le second, il en sera pris nécessairement deux.

... chaque collége élira autant de suppléans e candidats que de candidats de a manière indiquée en 'article précédent. Ces suppléans serviront a compléte a présentation de chaque collége dans le cas dont il sera parle a 'article 31

29. Lorsqu'un candidat aura été nommé par plusieurs colléges, il sera tenu de faire connaître sous trois jours, au préfet de son departement, qu'il est le collége dont il entend préférer la nomination. Passé ce délai, il sera assigné au collége qui lui aura donné le plus de suffrages.

30. Si malgré les doubles emplois, la liste de présentation contenait un nombre de candid ts triple des places à nommer, aucun suppléant ne sera appelé à en faire partie.

31 Si plusieurs nominations d'un même individu pour candidat, rend le nombre total des candidats inférieur au triple de celui des places à nommer, les *suppléans* seront appelés dans chaque collége, par ordre de suffrages, à remplacer les candidats qui n'auront point accepté la nomination du collége et ce toujours de manière a ce que les dispositions des articles 27 et 28 reçoivent leur execution.

Ouverture des assemblées électorales.

Scrutins et votes.

Réglement du   mars 1806.

11. La session d'un collége commencera avec le lever du soleil, le jour fixé par le décret de convocation.

Le président désignera deux scrutateurs et un secrétaire provisoires.

Il sera ensuite procedé au scrutin individuel, et à la majorité absolue, à la nomination de deux scrutateurs et d'un secrétaire définitifs.

Le concours de la moitié des membres du collége ne sera point nécessaire pour cette première opération.

12. Immédiatement après que le president aura proclamé les membres du bureau définitif, le secrétaire ouvrira le procès-verbal et il y consignera les opérations qui auront eu lieu jusqu'à ce moment.

Ce procès-verbal sera tenu en double minute, il sera signé à la fin de chaque séance par tous les membres du bureau qui y auront assisté.

Scrutins et votes.

12. Il sera déposé sur le bureau autant de boëtes pour contenir les bulletins, que de fonctions diverses pour lesquelles le collége sera chargé de faire des choix.

Ces boëtes fermeront à deux clefs; le président en aura une; le plus âgé des scrutateurs aura l'autre.

14. Le président , en proclamant l'ouverture de chaque vote , fera faire l'appel des électeurs. Il suffira , pour la réception des votes , de la présence du président et d'un scrutateur , ou d'un scrutateur et du secrétaire , ou des deux scrutateurs , en l'absence du président et du secrétaire.

Le président et le secrétaire , en cas d'absence, seront *remplacés*, le premier par le plus âge , le second, par le plus jeune des scrutateurs.

15. Chaque bulletin sera écrit par le votant même, ou s'il ne sait ou ne peut écrire, par un des membres du bureau, en présence du président.

Chaque votant fera autant de bulletins qu'il y aura de fonctions diverses pour lesquelles le collége sera chargé de faire des choix.

A mesure que chaque électeur se presentera pour voter, il inscrira ses noms , qualités et demeure sur des feuilles conformes au modèle qui suit , en présence du membre du bureau qui recevra son bulletin , et si le votant ne sait ou ne peut écrire, cette formalité sera remplie par ce membre.

Ces feuilles seront arrêtées par les membres du bureau au moment du dépouillement des scrutins, et elles seront annexées aux minutes du procès-verbal.

(*Voyez encore les articles* 17 *et* 18.

Premier (*deuxième* ou *troisième*) scrutins pour la nomination des candidats pour (1).

Désignation des électeurs qui sont venus déposer leurs votes au collége électoral d'.......

Numéros d'ordre.	Noms.	Qualifications,	Lieu du domicile politique,	Noms des membres du bureau qui ont écrit pour les électeurs hors d'état de le faire.

16. En cas de *contestation sur le droit de voter*, les membres du bureau décideront provisoirement à la majorité absolue, sauf le recours à nous pour y être statué sur l'avis de notre conseil d'état.

17. Chaque scrutin restera ouvert jusqu'a ce que 'a moitié des membres du collége ait donné son suffrage; alors *seulement*, et après un réappel des électeurs, le président pourra clore le scrutin et en annoncer le dépouillement.

Il résulte de cette disposition que si dans le temps donné au collége pour compléter ses opérations, il n'obtient pas les voux de la moitié de ses membres. le scrutin commencé doit être regardé comme non avenu; mais le procès-verbal doit faire mention de cette circonstance. et de la destruction des bulletins reçus.

Avant de procéder au dépouillement, le président comptera le nombre des bulletins, et s'il excède celui des personnes qui auraient voté, le scrutin sera brûlé sans aucun examen préalable des bulletins qu'il renfermait.

(1) Le sénat conservateur.
Le corps législatif.
Les suppléans de candidats au corps législatif.
Le tribunat,
Le conseil général de département.
Le conseil de l'arrondissement communal.

18. Les membres du bureau rayeront de tout bulletin,

1º. Les derniers noms inscrits au-delà de ceux qu'il pouvait contenir;

2º. Les noms qui, faute d'indication de prénoms ou de qualifications, ne désigneraient pas clairement l'individu auquel ils s'appliquent.

Il sera statué à cet égard par le bureau à la majorité absolue.

19. Chaque espèce de nomination devra être consommée en trois tours de scrutin. Ne sera point considéré comme tour de scrutin, tout scrutin qui aura été annullé pour cause d'irrégularité.

Les deux premiers scrutins seront faits par listes simples; le troisième sera individuel.

Pour être élu, il faudra avoir obtenu un nombre de suffrages égal à la majorité absolue des votans qui auront concouru à l'élection. (*la moitié, plus un.*) A égalité de suffrages, le plus âgé des concurrens aura la préférence.

Lorsqu'au scrutin individuel, deux concurrens auront obtenu chacun la moitié des suffrages, l'ancienneté d'âge suppléera à la majorité absolue.

20. Si le résultat du premier scrutin ne donne pas le nombre complet de nominations que le collége aura à faire, le président ordonnera l'ouverture d'un second scrutin, à l'ouverture et au dépouillement duquel il sera procédé de la même manière que pour le premier.

21. Si le second scrutin ne donne point encore le nombre complet de nominations, les membres du bureau indiqueront, en nombre double des personnes restant à élire, celles qui auront obtenu le plus de suffrages à ce second scrutin. Il en sera fait une liste sur laquelle les individus seront classés par ordre de suffrages.

Conformément aux dispositions des articles 28, 29, 30, 31 et 32 de l'acte des constitutions de l'empire, en date du 16 thermidor an 10, cette liste pourra être entièrement composée de noms pris hors du collége, si la quantité des suffrages le déterminé ainsi; mais dans aucun cas, il ne pourra y être porté plus d'un membre du collége par chaque place pour laquelle les choix pourront être faits indifféremment en de dans ou en dehors du collége.

Il sera fait pour chaque fonction, autant de scrutins individuels, qu'il restera de places à nommer. Le balotage sera établi au premier scrutin individuel entre les deux personnes portées en tête de la liste; au second scrutin, entre la personne qui, au précedent scrutin, n'aura point obtenu la majorité absolue et celle qui la suivra immédiatement sur la liste, et ainsi de suite, jusqu'à la fin de chaque nomination.

Il sera procédé à l'ouverture et au dépouillement de ces scrutins, de la manière prescrite aux articles 14, 15, 17 et 18 du présent décret.

22. Dans aucun cas, le président d'un collége ne pourra, sur sa responsabilité personnelle, souffrir que l'assemblée se prolonge au-delà du terme fixé par notre décret de convocation.

Cloture du procès-verbal.

(L'article 12 porté au chapitre de l'organisation des assemblées, est relatif à son ouverture.)

23. Immédiatement après la clôture du procès-verbal, le président adressera au préfet du département l'une des deux minutes de ce procès-verbal, avec les pièces qui devront y être annexées.

Le président restera dépositaire de l'autre minute, et lorsqu'il cessera ses fonctions, il la remettra à son successeur.

24. Le préfet déposera la minute du procès-verbal aux archives de la préfecture; il dressera, sur un registre à ce destiné, procès-verbal de cette réception.

Il adressera à notre ministre de l'intérieur, deux expéditions du procès-verbal du collége.

Listes des candidats.

25. Notre ministre de l'intérieur formera, d'après le dépouillement de ces procès-verbaux, les listes de candidats présentés pour le sénat, le corps législatif, le tribunat, les conseils généraux et les conseils d'arrondissement.

Il joindra, à l'appui des listes de candidats pour le *sénat* et le *tribunat*, l'acte de naissance de chaque candidat et un certificat qui constatera que ce candidat jouit du droit de citoyen français.

A l'appui des listes de candidats pour le *corps législatif*, l'acte de naissance de chaque candidat, et un certificat qui constatera que ce candidat jouit des droits de citoyen français, et qu'il a son domicile politique dans le département pour lequel il aura été présenté.

26. Il sera adressé par nous au sénat conservateur, copies des listes de candidats pour le sénat, le corps législatif et le tribunat, avec une expédition du procès-verbal des opérations de chaque collége, et les pièces à l'appui des élections.

Tableau du nombre des députés à élire ; par chaque département, pour la formation du corps législatif.

NOMS des DÉPARTEMENS.	Nombre des députés	NOMS des DÉPARTEMENS.	Nombre des députés.
Ain	3	Forêts	2
Aisne	4	Gard	3
Allier	2	Garonne (Haute)	4
Alpes (Basses)	1	Gènes	4
Alpes (Hautes)	1	Gers	3
Alpes-Maritimes	1	Gironde	5
Ardèche	2	Golo	1
Ardennes	2	Hérault	3
Arriège	2	Ille-et-Vilaine	4
Appenins	2	Indre	2
Aube	2	Indre-et-Loire	2
Aude	2	Isère	4
Aveyron	3	Jemmapo	4
Bouches-du Rhône	3	Jura	2
Calvados	4	Landes	2
Cantal	2	Léman	2
Charente	3	Liamone	1
Charente-Inférieur	4	Loir-et-Cher	2
Cher	2	Loire	3
Corrèze	2	Loire (Haute)	2
Côte-d'Or	3	Loire-Inférieure	4
Côtes-du-Nord	4	Loiret	3
Creuse	2	Lot	4
Doire	2	Lot-et-Garonne	3
Dordogne	4	Lozère	1
Doubs	2	Lys	4
Drôme	2	Maine-et-Loire	4
Dyle	4	Manche	4
Elbe	1	Marengo	3
Escaut	4	Marne	3
Eure	4	Marne (Haute)	2
Eure-et-Loir	2	Mayenne	3
Finistère	4	Meurthe	3

NOMS des DÉPARTEMENS.	Nombre des députés.	NOMS des DÉPARTEMENS.	Nombre des députés.
Meuse....................	2	Sambre-et-Meuse.....	2
Meuse-Inférieure.......	2	Saône (Haute)........	2
Mont-Blanc.............	3	Saône-et Loire.........	4
Montenotte..............	3	Sarre....................	2
Mont-Tonnerre.........	3	Sarthe..................	4
Morbihan..............	4	Seine.................	8
Moselle..................	4	Seine-Inférieure.........	6
Nèthes (Deux).........	3	Seine-et-Marne........	3
Nièvre....................	2	Seine-et-Oise..........	4
Nord....................	8	Sèvres (Deux).........	2
Oise.....................	3	Sésia....................	2
Orne....................	4	Somme..................	4
Ourthe...................	3	Stura...................	3
Pas-de-Calais...........	4	Tarn....................	2
Pô.......................	4	Var.....................	3
Puy-de-Dôme..........	4	Vaucluse...............	2
Pyrénées (Basses).....	2	Vendée.................	3
Pyrénées (Hautes).....	2	Vienne.................	2
Pyrénées-Orientales...	1	Vienne (Haute).......	2
Rhin (Bas)..............	4	Vosges..................	3
Rhin (Haut)...........	3	Yonne..................	3
Rhin-et-Moselle.......	2		
Rhône..................	3	TOTAL.............	324
Roër.....................	4		

Séries des départemens.

Arrêté du sénat-conservateur, du 12 fructidor an 10.

Le résultat du tirage au sort de l'ordre dans lequel les cinq séries qui comprennent les départemens de la république, seront appelés à présenter des députés au corps législatif, assigne aux cinq séries l'ordre suivant :

1°. La quatrième série ;   4°. La deuxième ;
2°. La troisième ;   5°. La première.
3°. La cinquième ;

Tableaux des départemens de la république, divisés en cinq séries.

N°. I. 4ᵉ. SÉRIE.

Gironde.
Moselle.
Morbihan.
Alpes (Basses).
Puy-de-Dôme.
Orne.
Rhin (Bas).

Sambre-et-Meuse.
Eure-et-Loir.
Loire.
Aube.
Golo.
Charente.

Vosges.
Sarre.
Seine.
Stura.
Maine-et-Loire.
Escaut.

N°. II. 3ᵉ. SÉRIE.

Loiret.
Isère.
Marne.
Arriége.
Charente-Inférieure.
Bouches-du-Rhône.
Meuse.
Vienne.

Lot-et-Garonne.
Côtes-du-Nord.
Jura.
Mont-Blanc.
Nièvre.
Oise.
Ourthe.
Ardèche.

Alpes-Maritimes.
Pas-de-Calais.
Mayenne.
Nèthes (Deux).
Jemmape.
Doire.
Sézia.

N°. III. 5ᵉ. SÉRIE.

Dordogne.
Doubs.
Drôme.
Seine-Inférieure.
Pyrénées (Basses).
Côte-d'Or.
Hérault.

Saône-et-Loire.
Haute-Vienne.
Indre.
Lot
Landes.
Léman.
Sarthe.

Liamone.
Rhône.
Loire (Haute).
Seine-et-Oise.
Loire-Inférieure.
Roër.
Montenotte.

N°. IV. 2ᵉ. SÉRIE.

Garonne (Haute).
Var.
Finistère.
Seine-et-Marne.
Nord.
Tarn.
Somme.

Meurthe.
Ille-et-Vilaine.
Rhin-et-Moselle.
Vaucluse.
Pyrénées (Hautes).
Calvados.

Yonne.
Forêts.
Rhin (Haut).
Vendée.
Dyle.
Marengo.
Gênes.

N°. V. 1ʳᵉ. SÉRIE.

Ain
Aisne.
Allier.

Marne (Haute).
Indre-et-Loire.
Saône (Haute).

Corrèze.
Lys.
Gers.

Eure.

Pyrénées-Orientales.

Alpes (Hautes).

Mont-Tonnerre.

Lozère.

Ardennes.

Aude.

Aveyron.

Cantal.

Loir-et-Cher.

Manche.

Cher.

Creuse.

Deux-Sèvres.

Gard.

Meuse-Inférieure.

Pô.

Appenins.

Sénatus-consulte du 22 février 1806. (B. 76.)

1. Les députés au corps législatif, des départemens qui composent la première série, cesseront de faire partie de ce corps le 31 décembre 1806 ; ceux de la quatrième série, le 31 décembre 1807 ; ceux de la troisième série, le 31 décembre 1808 ; ceux de la cinquième série, le 31 décembre 1809 ; ceux de la deuxième série, le 31 décembre 1810.

Les dispositions ci-dessus sont applicables même aux députés qui, ayant été nommés au corps législatif en l'an 10, auraient fini leurs cinq ans d'exercice.

2. Les députés qui seraient nommés pour leur succéder, à compter de l'an 1807, commenceront à faire partie du corps législatif à la première session de l'année dans laquelle ils entreront en exercice.

3. Les renouvellemens successifs des députations de chaque série continueront ensuite à s'effectuer de cinq ans en cinq ans, par la sortie des anciens membres au 31 décembre, et par l'entrée de leurs successeurs à la première session de l'année.

N°. 1. *Tableau qui fixe le nombre de membres des colléges d'arrondissement et de département ; détermine le contingent à nommer par chaque assemblée de canton, dans le nombre des membres des colléges électoraux assignés a chaque arrondissement, et à chaque département : le lieu où se réunira l'assemblée du canton et le nombre de sections qu'elle devra former.*

On ne peut rapporter dans cet ouvrage, ce tableau, qui renferme pour chaque département les résultats ci-dessus annoncés ; mais on va indiquer la manière dont on a opéré pour obtenir ces résultats, afin de mettre tous les citoyens qui connaissent la population du département, de l'arrondissement et du canton, à portée de savoir le nombre des membres, qui doivent composer les colléges électoraux, et celui que chaque canton a à nommer pour chacun d'eux.

On se rappelle que les colléges électoraux d'arrondissement se composent d'un citoyen sur cinq cents habitans domiciliés dans l'arrondissement, et que cependant le nombre ne peut excéder 200, ni être au-dessous de 120.

Que les colléges électoraux de département ont un membre par 1000 habitans domiciliés dans le département, sans cependant que le nombre e ces membres puisse excéder 300, ni être au-dessous de 200.

EXEMPLE :

Le département de l'Ain renferme. 284,455 habitans.
L'arrondissement de Bourg. . . . . . 108,828.
Le canton de Bourg. . . . . 14,739.
Pour connaître le nombre des membres que doit avoir le collége électoral de département, il suffit de diviser la population par 1000, et le quotient donne 284.

On observe que la seule fraction de 500, et au-dessus, donne un membre de plus.

Pour connaître celui des membres du collége électoral d'arrondissement, on divise la population de l'arrondissement par 500, et le quotient donne 217, qu'il faut réduire au *maximum* de 200.

Pour connaître ensuite le nombre de citoyens que chaque canton doit nommer, à raison de sa population, soit au collége électoral de département, soit à celui d'arrondissement, on établi les règles de proportion qui suivent ; savoir, pour le collége électoral de département.

La population du département (de 284,455), est à la population du canton (de 14,739), comme le nombre des membres du collége du département (de 284), est au nombre, à trouver, que devra y nommer ce canton Multipliant le nombre 14,739 par 284, et divisant le produit par 284.455, on trouvera que le canton doit nommer 14 membres du collége électoral du département, plus un, parce que le reste de la somme divisée, est de moitié au-dessus de la somme du diviseur.

Pour le collége électoral d'arrondissement, vous dites : 108,828, population de l'arrondissement, est à 14,739, population du canton, comme 200, nombre des membres que doit avoir le collége, est au nombre à trouver. Multipliant 14,739 par 200, et divisant la somme 108,828, on trouvera que le canton doit nommer 27 membres de ce collége électoral, seulement, parce que le reste de la somme divisée n'égale pas la moitié de la somme du diviseur, ou de la population de l'arrondissement.

N°. II. *Ce tableau est divisé comme celui indiqué sous le n°. IV, qui suit.*

N°. III. *Extrait du rôle de la contribution.................. de la commune de............ pour l'an 11.*

Le citoyen....... (*on mettra les noms, prénoms et profession*), est imposé au rôle de la somme totale de.......
Certifié par moi, percepteur de ladite commune. Signé.......
Vu par le maire. *Signé.......*
Vu par le sous-préfet de l'arrondissement. Signé.....

N°. IV. *Etat des cent plus imposés de la commune de............*

Noms des contribuables. Départemens.

Montant des contributions payées dans le département du

domicile, *foncière, mobiliaire et somptuaire. Patenses. Total. Départemens.* Montant des contributions payées dans des départemens autres que celui du domicile , *foncière , mobiliaire et somptuaire , patentes. Total. Total général des contributions payées tant au département du domicile que dans d'autres départemens.*

Nota. Chaque a ticle sous-ligné doit former uné colonne; les articles non sous-lignés doivent former un titre commun aux articles qui les suivent, et n'en sont qu'une subdivision.

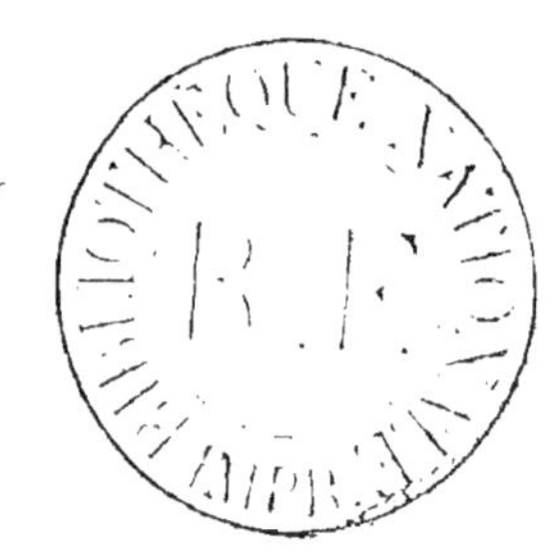

Fin du tome Ier*., deuxième partie.*

TABLE ALPHABÉTIQUE.

Nota. *Les articles suivis du chiffre romain* I *, appartiennent au premier volume. Tous les autres appartiennent au second volume.*

A.

ABANDON des caisses par les receveurs, trésoriers et payeurs publics (mesures à prendre en cas d'), 409. I.

Abonnement au bulletin des lois. — Mode établi, 824..

Abréviation dans les actes de l'état civil, 112.

Absence des percepteurs à vie des contributions directes, 384. — Des préfets, 4. I. — Celle des conservateurs, inspecteurs et sous-inspecteurs forestiers, ne peut avoir lieu sans congé, 211.

Abus commis par la garde nationale, 258. — Répression de ceux qui existent dans les compagnies de réserve, 305.

Académies. — Leurs biens sont déclarés nationaux, 567. I.

Accession (droit d'), 139. I.

Achat des chevaux pour la garde à cheval de la ville de Paris, 283.

Acquisitions par les communes , 123. — Par expropriation forcée , *ibid.* I.

Actes publics; langue dans laquelle ils doivent être écrits, 1. — Exceptions dans les départemens au-delà des Alpes, *ibid.* — En Corse, 2. I. — Dans l'île d'Elbe. *Voy. au Bulletin*, 22 fructidor an 13. — Dans les quatre départemens de la rive gauche du Rhin. *Voyez au Bulletin* 68, 2 nivose an 14.

Actes des autorités publiques : dans quel cas on peut les faire insérer dans les journaux, 21. — Des préfets sujets à l'approbation préalable des ministres, 17. — Des municipalités. Signification , 73. I. — Faits entre la république et les particuliers concernant les biens des émigrés amnistiés, 36. — De liquidation relative aux émigrés , *ibid.* — Passés par des officiers publics, relativement à la reconnoissance des créances sur les émigrés, 47. — Portant donation et libéralités faites par des émigrés, 48. — D'exécution des séparations et des divorces entre maris et femmes d'émigrés, 64. — Des corps administratifs et municipaux (enregistrement des), 82. — Des juges de paix pour faits de police : enregistrement en débet (droit des), 84. — Exempts de la formalité de l'enregistrement, *ibid.* — Des commissaires de police : enregistrement en débet, *ibid.* — Faits à la requête des commissaires impériaux près les tribunaux : enregistrement en débet, *ibid.* — Des gardes champêtres et forestiers : enregistrement en débet, *ibid.* — Sujets à la formalité de l'enregistrement (table alphabétique des), 85. — De ventes de prises, et

I. *Seconde Partie.* 49

au gouvernement, 5. — Appartenant aux communes, 7. — Des coupes de bois nationaux : le préfet peut déléguer les sous-préfets pour faire ces adjudications, et ceux-ci peuvent déléguer les maires pour les menus marchés qui ne s'élèvent pas au-dessus de 200 fr., 206. — Le jour en est fixé par l'inspecteur forestier, 207. — Des travaux militaires, 422. — Des octrois municipaux et de bienfaisance, 929.

Administrateurs des droits réunis, 418. I. — Des biens des pupilles : responsabilité relative au dépôt des titres de créances de ces derniers sur des émigrés.

Administration des biens communaux, 113. I. — Des eaux minérales, 1. — Des biens séquestrés des émigrés, 40. — Des bois d'émigrés vendus, 45. — Des biens des débiteurs émigrés insolvables, 62. — Des biens du pupille, 147. — Des biens de la femme ; toute autorisation générale, même stipulée par contrat de mariage, n'est valable que quant à l'administration de ses biens, 178. — Des forêts (organisation et composition de l'), 204. — Des bois communaux ; compétence y relative, 244. — De la garde municipale de la ville de Paris, à pied et à cheval, 284. — Des compagnies de réserve, 319. — Du sénat, 362. — Des bâtimens affectés aux sénatoreries, 364. — De la guerre ; attributions du ministre-directeur, 399. — Des travaux militaires, 422. — Des domaines nationaux, autorités qui en sont chargées, 589. I. — Des lycées, 709. — Du tuteur d'enfans mineurs, 891. — Liquidatrice des dettes des émigrés, 58.

Admission dans la garde municipale de Paris, quelles sont les qualités nécessaires, 280.

Adoption (cas où elle est permise), 144. — Du pupille à l'époque de sa majorité, 147. — Par acte testamentaire, *ibid.* — Faites avant la publication du code civil (validité), 148.

Adoption de la part de l'empereur (effets de l'), 340. — Elle est interdite aux successeurs de Napoléon Bonaparte et à leurs descendans, 340.

Affiches des ventes de bois nationaux, — doivent être rédigées par le conservateur forestier, 218.

Affirmation de la part des créanciers d'émigrés, 68.

Age apparent d'un enfant trouvé, 117. — Requis pour contracter mariage, 166.

Agens des autorités publiques et des communes près du gouvernement, 41. I. — De la répartition de la contribution foncière, 311. I. — Pour le service des eaux minérales, 6. — De l'administration militaire ; ils sont surveillés par l'autorité civile, 425.

Agens de l'administration générale des forêts, 238. — De l'enregistrement et des domaines, de la loterie nationale et des postes aux lettres ; peuvent être traduits devant les tribunaux sans recourir à la décision du conseil d'état, 386. — Ceux du gouvernement, dans le Piémont, ne peuvent être poursuivis pour des faits relatifs à leurs fonctions qu'en vertu d'une décision du conseil d'état, 386.

Agens des puissances étrangères (reconnoissance des), *ibid.*

Aliénation des terres, vignes et prés des émigrés, 43. — De leurs bois, 45.

Aliénations des domaines nationaux, 564 et 567. I.

Alimens dus par les enfans, 179.

appartenant à la nation, leur fermage, 638. I. — Ecclésiastiques, quels
sont ces biens, 553. I. — Des congrégations, — De la ci-devant
abbaye de Clairac, 536. I. — Des ecclésiastiques de la ci-devant Belgique, 557. I — Des religionnaires, 558. I. — Des jésuites. — Des
jésuites de Trèves et des congrégations étrangères, 555. I. — De
l'ordre de Malte, 562 I. — Des émigrés, 564. I. — De la liste civile,
565. I. — Des arquebusiers, 565. I. — Communaux, 566. I. — Dévolus
à la France par le traité de Lunéville et le récés de l'empire d'Allemagne, 577. I.

Biens de la femme non commune ou séparée de biens, 178. — De l'a-
dopté qui meurt sans descendans légitimes, 145. — Des enfans mineurs, leur administration, 883.

Biens des émigrés bannis à perpétuité, 18. — Affectés à l'indemnité due
à la nation, 35. — Mis sous la surveillance des corps administratifs,
ibid. — Des émigrés amnistiés qui sont entre les mains de la nation,
36. — Réunis au domaine par suite de partages de présuccession, 37.
— Des présumés émigrés rayés de la liste postérieurement à la vente
de ces biens, 37. — Echus à la république par les partages de succession et non encore vendus, 38. — Vendus antérieurement à la radiation définitive des émigrés, 43. — Réservés aux défenseurs de la patrie.
44. — Des débiteurs émigrés insolvables : administration et vente,
62. — De la communauté relativement aux émigrés, 63. — Déclaration des biens des émigrés, 64. — Partage, 65.

Biens des condamnés, 589. I.

Biens affectés au sénat conservateur, 365. — Ceux affectés aux sénatoreries, 366.

Biens des hospices civils, 659. — Biens hypothéqués, 671. — Biens ruraux, leur administration, 671. — Des bureaux de bienfaisance.
654. — Des hospitaliéres et des filles de charité, emploi de ces
biens, 674. — Biens des béguinages, leur emploi, 675.

Biens affectés aux dépenses de l'instruction publique, 750.

Bière (droit sur la), 422. I.

Bières pour l'inhumation des corps, 124.

Billets d'enterrement (tarif des), *ibid.*

Billets de garde de la garde nationale (frais des), 295.

Bois des émigrés. Administration, aliénation et vente, 43, 45. — Coupés
en délit : défense de les vendre et de les acheter, 203. — Tenus du
domaine national à titre de concession, engagement, usufruit ou
autre titre révocable : administration, 204. — Propres à la construc-
tion des vaisseaux de guerre; choix et martelage, *ibid.* — Indivis
entre la nation et des communes, — appartenant aux communautés
d'habitans, — possédés par les maisons d'éducation et de charité, — par
des établissemens de main-morte étrangers, et ceux appartenant aux
particuliers : administration, 204.

Bois de marine 218. — Recherche et reconnoissance, 232. — de délits dans
les forêts nationales, 220. — Indivis avec la république, — le conservateur forestier y exerce sa surveillance, 221. — Des communes :
Administration, garde et surveillance, 240. — Le conservateur forestier en fait la visite, 221. — Appartenant aux particuliers, 243. —
Non-clos, *ibid.* — Pour les corps-de-garde de la garde municipale
de la ville de Paris, 283.

Bois et forêts dont la jouissance est réservée à l'empereur, 343.

C.

organisation, 297 et 298. — De gendarmerie nationale pour le service des ports et arsenaux, 325.

Compétence des autorités sur la vente des biens nationaux, 590. I. — Des tribunaux pour le jugement des contestations sur l'exercice des droits dans lesquels les émigrés rayés, éliminés ou amnistiés ont été restitués, 39. — Relative à l'administration des bois communaux, 244. — De l'autorité administrative et des conseils de discipline concernant la garde nationale, 276.

Composition des registres de l'état civil, 150. — De la garde municipale de Paris à pied et à cheval, 280.

Comptabilité municipale : formes 242. I. — Poursuites, 244. I. — Nationale : Relations des commissaires de la comptabilité avec les ministres et avec les préfets, 245. — Règles de comptabilité relatives au nouveau système des poids et mesures, *ibid.* — Table de la valeur des francs en livres tournois, 248. I. — De la livre tournois en francs, 249. I. — Tableau comparatif de la valeur de toutes les monnaies ayant cours en France, et celle du franc, 262. I. — Proportions de la monnaie de cuivre dans les paiemens, 258. I. — Pièces de billon ou de 2 sols, *ibid.* — Pièces d'or et d'argent rognées — Effacées, *ibid.*

Comptabilité des compagnies de réserve, 303. — Du sénat conservateur, 362. — Des receveurs des hôpitaux et autres établissemens de charité, 681.

Compte analytique que doivent les préfets, 30. I. — Pécuniaire dû par les préfets, 40. I. — Par les sous-préfets, 53. I. — Par les maires, 71. I. — Des bouteilles d'eaux minérales reçues au bureau de distribution, 4. — Des opérations relatives à la liquidation des créances sur les émigrés, 58. — Dû par les co-propriétaires de biens d'émigrés, 72. — De l'administration des biens pupillaires, 147. — De la garde municipale de la ville de Paris, 285. — Du conseil ordinaire d'administration de la gendarmerie, 331. Annuel des dépenses du corps législatif, 374.

Comté de Sancerre, — de Ferrette, 563. I.

Concessionnaires des bois et forêts nationaux, 203.

Concierges des chambres de sûreté établies dans les casernes de la gendarmerie nationale, 331.

Condamnations judiciaires : elles privent des droits civils, 699.

Conditions auxquelles sont tenus les fermiers des eaux minérales, 6.

Condamnation emportant mort civile, de l'un des époux, — Dissout le mariage, 179.

Confection d'inventaire chez les émigrés; frais, 41.

Confirmation des officiers de santé attachés au service des eaux minérales, 1. — Du ministre de l'intérieur relativement à la fixation du prix des eaux minérales, bains et douches, 6.

Confiscations relatives aux droits réunis, 419. I. — Des biens des émigrés condamnés, 22. — Des biens immeubles des émigrés, 35.

Conflits. Effet ; jugement, 259. I. — Moyen de les prévenir, 260. I. — Décisions relatives aux biens d'émigrés ; partage ; rentes, 262. — Biens nationaux ; vente, 264. — Fermages, 266. — Vente ; paiement, 268. — Consistance, *ibid.* — Hospices débiteurs, 269. — Patentes, 270. — Police des communes, *ibid.* — Emprunt fait par une commu-

D.

Vichy, 566. — Biens des académies; — aliénations et engagemens de domaines et droits domaniaux antérieurs à la révolution; — inféodations et acensemens.; — baux à cens ou à rente; — échanges, 567. — Biens dévolus à la France par le traité de Lunéville, 577. — Des tribunaux consulaires, 580. — Matières d'or et d'argent, et effets déposés aux comités révolutionnaires, *ibid.* — Biens des communautés d'orfèvres et d'autres supprimées, *ibid.* Droits seigneuriaux; — prestations établies par des titres constitutifs de redevances seigneuriales et droits féodaux, 581. — Biens des protestans des confessions d'Ausbourg et helvétique. Exception. 583. — Bâtimens réservés pour le service public, *ibid.* — Pour les poudres et salpêtres, 585. Biens affectés au sénat, — à la légion d'honneur, — à l'instruction publique, — aux militaires vétérans, 586. — Biens échus par déshérence, *ibid.* — Des condamnés, 589.

Domaines nationaux : I. *administration.* Autorités, 589. — Compétence, 590. — Actions judiciaires nationales et contre la nation, 592. — Administrateurs locaux, 593. — Protection aux acquéreurs, 595. — Estimation des biens, — affiches, — séquestre, 596. — Dénonciateurs de biens soustraits; — administration des immeubles, — Vente du mobilier; — droits féodaux et incorporels non supprimés; — inventaire des titres d'anciennes aliénations, 597. — Biens de la liste civile et des émigrés du comtat d'Avignon; — forêts et bois nationaux, 598. — Mobilier national; administration et vente; — glaces et meubles de luxe, 599. — Établissemens publics; logement; — réparations aux édifices nationaux, 600. — Édifices dévastés par l'effet de la guerre de la Vendée. Remise aux propriétaires. — Scellés, gardiens et inventaires pour la conservation des biens, 601. — Poursuite contre les gardiens et dépositaires infidèles, 603. — Baux, 604. — Fermages; paiement. 608. — Créanciers sur les biens nationaux; liquidation, 610. — Biens des condamnés; — biens indivis, 612. — Usufruitiers des maisons, 613. — Bacs, 614. — Verrerie de Mescinthal; — remboursemens de rentes faits à la nation, 618.

Domaines nationaux. I. *Vente.* Garantie constitutionnelle, *ibid.* — Forme des ventes; classement de ces biens; — estimation, 619, 621. — Soumissions; affiche des biens à vendre, 623. — Police des ventes, 624. — Enchères et adjudications, 625. — Conditions des ventes, 625. — Franchises, 627. — Droits de chauffage et de pâturage; — mobilier national, 628. — Cloches des églises supprimées, — défense aux préposés à la vente du mobilier, d'acquérir; — frais d'expertise des effets mobiliers; — frais de vente des biens, 630. — Résiliation des baux, 631. — Biens des fondations dans les églises ecclésiastiques, 633. — De l'ordre de St.-Lazare et du Mont-Carmel; — des émigrés, 634. — Des collèges et des établissemens d'instruction publique; — usines et moulins, 635. — Salines et marais salans; — canal d'Essones; — biens de la Belgique, 635. — De la liste civile, 637. — Fermages des biens ruraux, 638. — Mode de partage des fruits et fermages entre la république et les acquéreurs, 640. — Baux emphitéotiques; | — baux à ferme; annullation, 641. — Vente aux administrateurs; — modes de ventes. Lois des 4 avril, 25 juillet 1793, 642. — Bois, bocquetaux et parties de bois; petites fermes et métairies enclavées dans les bois, 643. — Créances,

E.

F.

G.

Gouvernement

H.

I.

J.

L.

M.

                         Table alphabétique.

N.

de porter d'autre nom que celui inscrit dans l'acte de naissance, 901. — Formalités à remplir pour changer de nom, 902.

O.

P.

Q.

Quartiers-maîtres de la gendarmerie nationale : choix , 323.
Quartiers maritimes , 839.
Questeurs du corps législatif ; leur nomination, leurs fonctions et leur renouvellement , 374. — Du tribunat, 398.

R.

Rachat de droits féodaux et censuels d'un fief appartenant à une communauté d'habitans, 197.
Radiations de la liste des émigrés, 26.
Rang des corps de gardes nationales , 256. — Des compagnies de réserve, 306.
Rapport des commissaires chargés de la vérification et de l'examen d'une source d'eaux minérales découverte par un propriétaire sur son terrain , 5.
Rassemblement de la garde nationale , 257.
Ration de pain aux troupes de la garde municipale de la ville de Paris, 284.—De vivres et de fourrages dues aux officiers de gendarmerie, 327.
Ratures dans les actes de l'état civil, 112.
Réadjudication à la folle-enchère du fermier du bail des eaux minérales, 5.
Réception des registres de l'état civil, 106.
Recensement général des eaux ou sources minérales , 4.
Recettes départementales, 522. I. — Des revenus des hospices, 678.
Receveurs des communes, 219 et suiv. I. — Généraux et particuliers des contributions directes , 406. I. — Des hôpitaux et autres établissemens de charité : leurs fonctions, 680.
Recherche de la paternité : (interdiction) 119 — Admission de celle de la maternité, *ibid.*
Réclamations en matières de contributions, 368. I. — Contre le service des eaux minérales, 2. — De la part des prévenus d'émigration , 26. — De la part des émigrés amnistiés contre les partages de présuccession , succession , ou autres actes faits entre la république et les particuliers, 36. — De la part des présumés émigrés rayés définitivement de la liste postérieurement à la vente de leurs biens , contre la vente de ces biens , 37. — Contre la liquidation des créances sur des émigrés, 58. — Des créanciers d'émigrés contre la décision de l'administration centrale, 61. — Des droits d'enfant légitime par un enfant naturel reconnu , 118.—Contre la taxe de remplacement pour le service de la garde nationale : comment il y est fait droit, 273.
Récolement des ventes de bois, 215.— Des coupes ordinaires de bois communaux , 242.
Récompenses nationales à décerner aux militaires : mode et nature de ces récompenses, 453.
Reconnaissances de liquidation définitive des créances sur des émigrés, 67.—Du père d'un enfant naturel sans l'aveu de la mère, 118. — Faite pendant le mariage , par l'un des deux époux , au profit d'un enfant naturel , *ibid.* —D'un enfant naturel , *ibid.*

Recouvrement de la taxe de remplacement pour le service de la garde nationale, 273. — Des contributions directes, 377. I.

Rectification des actes de l'état civil. Demande, 130.

Redevables du trésor public : insolvabilité, 409. I.

Redevances fixes. Prescription, 170. I. — Qui tiennent lieu de dîmes : abolition, 195.

Réfractaires : peines, 524.

Refus du mari d'autoriser sa femme à passer un acte et à ester en jugement, 178. — D'obéissance de la part des chefs de la garde nationale et de la gendarmerie, 272. — De faire le service de la garde nationale ou de se faire remplacer, 274. — De la part des membres de la gendarmerie d'exécuter les ordres de l'autorité civile : comment il est puni, 338.

Régent : mode de nomination et fonctions, 344.

Régie des droits réunis : son organisation, 415. I. — Des douanes, de l'enregistrement et du timbre, 81.

Registres ou sommiers des maisons d'émigrés, 50. — Des trésoriers des ci-devant princes et autres émigrés, 52. — Tenus par les administrations, relativement au dépôt des titres de créances sur les émigrés, 54. — Des receveurs de la régie, 82. — De l'état civil : communication aux receveurs de la régie, 83. — Conservation et réception, 106. — Concernant les militaires : conservation, 129. — Tenus par les ministres du culte, 149. — Anciens registres : dépôts, 151. — Tenus par les juifs et tous autres sectaires étrangers au culte romain, 154. — Tenus par les sous-inspecteurs de l'administration forestière, 206. — Par l'inspecteur forestier, 207. — Par les conservateurs, inspecteurs et sous-inspecteurs forestiers, 212. — De la garde nationale : frais, 295. — Civiques : leur formation, 707.

Réglemens pour le maintien de l'ordre et de la discipline dans l'administration des eaux minérales, 2 et suiv.

Réintégration des émigrés amnistiés dans leurs droits civils, 79.

Relations extérieures : attributions de ce ministère, 403.

Remboursement des rentes et redevances foncières et droits réels dus par les émigrés, 45.

Remises et modérations pour les contributions directes, 371. I. — Des receveurs généraux et particuliers des contributions directes, 410. I. — Des employés des droits réunis, 418. I. — Aux administrateurs pour les ventes des biens nationaux, 657.

Remparts, fossés et murs inféodés aux communes, 173. I.

Remplacement des percepteurs à vie des contributions directes, 384. I. — Des officiers de santé attachés au service des eaux minérales, 1. — D'un maire pour la tenue des registres de l'état civil, 106. — Pour le service de la garde nationale, 252. — Taxe, 273. I. — Des conscrits faisant partie des compagnies de réserve, 302. — De la gendarmerie, 338.

Renardières : doivent être autorisées par le gouvernement, 865.

Rentes foncières : rachat, 156. I. — Des corps et communautés supprimés, 581. I. — Emphitéotiques ou à vie sur des biens nationaux, 648. I. — Viagères, dues par les émigrés, 40. — Et redevances foncières des émigrés, 45. — Sur des émigrés : liquidation, 55. — Viagères dues à l'état par des émigrés, 56. — Dues par la nation, et

S.

T.

U.

V.

gration , 35. — Des biens des émigrés , 44. — Par voie de loterie , des maisons et bâtimens provenant des émigrés, 46.—Des biens des débiteurs émigrés insolvables , 62. — Des biens d'émigrés dans le cas de la communauté , 63. — Des biens des pères et mères d'émigrés : sursis, 64. — Des biens immeubles possédés par indivis avec des émigrés , (prix de la) 75. — De prises et de navires , ou bris de navires : enregistrement des actes et procès-verbaux, 100.—De glandées dans les forêts nationales, 220. — Extraordinaires de coupes de bois communaux, 241. — Des biens du sénat conservateur et des sénatoreries, 567.

Vérification des caisses des receveurs généraux et particuliers des contributions directes , et autres chargés des deniers publics, 408. I. — Des certificats et factures relatifs à l'envoie des eaux minérales , 4. — Des ouvrages et fournitures faits à des émigrés , 51.—Des caisses et des registres des receveurs des régies, 81. — Des registres de l'état civil, déposés aux greffes des tribunaux, 158. — Des dépenses ministérielles, 406.

Verrerie de Meseinthal, 618. I.

Vêtemens et autres effets trouvés avec un enfant nouveau-né abandonné, 117. — Des troupes de la garde municipale à pied et à cheval de la ville de Paris, 286.

Vice-présidens du corps législatif; leur nomination et leurs fonctions, 373.

Vichy, (eaux de) 565. I.

Vins, (droits sur les) 431. I.

Visite des bois nationaux faite par les administrations locales , 206. — Des inspecteurs forestiers, 207. — A faire par les conservateurs forestiers , 213.

Vivres-pain et vivres-viande : vente, 431. — Aux troupes. — Réglement relatif à ce service, 611. — Fourniture de vivres aux militaires détenus et aux conscrits , 618. — Aux officiers de recrutement, 619. — Pour le service de la marine : ils ne sont point sujets aux droits d'octroi , 926.

Voitures pour les enterremens, 123.

Voitures publiques : droits qu'elles paient , 447.

Voiliers : leur appel dans les ports militaires, 837.

Vol des caisses des receveurs et percepteurs des contributions directes , 412. I.

Fin de la Table.